［ 海外客家研究叢書02 ］

東南亞客家及其族群產業

張翰璧◎著

中央大學出版中心 ｜ 遠流

目錄

《海外客家研究叢書》總序

蕭新煌

　　中央大學客家學院獲得李誠代校長的大力支持於2012年底正式成立「海外客家研究中心」，在中心的工作目標裡，明列出版《海外客家研究叢書》，以貫穿教學、研究和出版的學術三大宗旨。

　　「海外客家」，顧名思義是以原鄉中國和本國台灣以外的客家族群和社會做為研究對象。就客家族群歷史淵源來說，台灣客家也算是中國原鄉的「海外」移民客家，但客家在台灣經歷三百年的本土化、台灣化和國家化之後，已與台灣的新國家社會形成有機體。如此的國家化和「去離散化」的經驗乃構成台灣客家與其他全球客家很不同的族群歷史和政治文化樣貌。基於此，如果將台灣客家與其他海外客家進行比較研究的著作，當然也可以列入此一叢書。

　　到底「海外客家」有多少人？一直是人人有興趣、大家有意見，但彼此都不太確定的「事實」。偶爾會聽到的猜測竟高達8,000萬到1億，但根據1994年「世界客屬第十二次懇親大會」所公布的統計是6,562萬，似是比較嚴謹和實在的數字。在這6,562萬當中，中國原鄉大概有5,290萬、台灣有460萬，剩下來的812萬客家人口嚴格說來，就是本叢書系列著作要去探討研究的「海外客家族群」對象。

　　如何在這812萬海外客家裡，去做進一步的分類、理解和比較，恐怕也是見仁見智。我認為，至少也做以下的初步分類嘗試：

　　第一群是所謂海外華人集中的社會，即香港（125萬）、澳門（10萬）、新加坡（20萬）。在這三個社會裡客家族群（共155萬）如何形成、演變，並與其他華人族群如何相同相異，當是很有意義的研究主題。

　　第二群是亞洲和太平洋的海外客家，其總人數有360萬，僅次於

台灣的460萬，包括印尼（150萬）、馬來西亞（125萬）、泰國（55萬）、越南（15萬）、緬甸（10萬）、澳大利亞（4.3萬）、印度（2.5萬）、太平洋各島嶼（1.7萬）、日本（1.2萬）、菲律賓（6,800）和汶萊（5,000）。這些身處少數的亞太客家族群的變貌和如何維繫客家族群認同，及其與在地本土社會、族群和國家的種種生成、矛盾、辯證關係，即是有價值的探討課題。

第三群是北美洲和中南美洲的海外客家，共60萬。其中美國有28.4萬、加拿大有8.1萬，其餘的23.5萬則分散在秘魯、牙買加、古巴、圭亞那、巴拿馬和巴西等國。這些算是少數中的少數之海外客家族群經驗中，最難能可貴的恐怕就是如何去延續什麼程度的客家文化傳統和習慣的「微觀族群生活經驗」。

第四群是其他的海外客家，共28萬，包括歐洲的20萬和非洲的8萬。其中歐洲的英國有15萬、法國3萬，再次是瑞士、荷蘭、比利時，北歐的瑞典和丹麥也有少數客家人的蹤跡。至於非洲的模里西斯有3.5萬，算是可觀，南非有2.5萬，留尼旺約有1.8萬。

本叢書的目的就是計畫陸續出版有關上述這些分散五大洲，多達80個國家和社會海外客家族群之移民史、在地化歷程、「離散經驗」和維繫並延續客家文化認同的奮鬥和努力。

以上就是我做為本叢書總主編的出版想法和期許。

序　全球客家圖像的重要拼圖

　　客家作為一個人群分類似乎是近代才發生的事，但使用客家語言的人群，實際上更早就存在。19世紀時發生的「客家非漢事件」促使客家菁英替客家人選擇了「漢人」認同，在海外移民社會中，客家也一直被歸類在「華人」的分類項目裡面。就像在中國大陸作為漢人一樣，長時期以來，東南亞的客家人大多以華人的面貌出現。過去雖然也有一些研究東南亞客家人的專著，不過系統的將使用客家語言的人群從華人區分出來的「客家」研究，卻只在最近十年才變得比較明顯。

　　張翰璧博士從在中央研究院任職開始，從事東南亞的研究已經有一段時間，但是以客家族群為主要關注對象，也是在最近十年才比較明顯。十幾年來累積了豐碩的研究成果，例如，幾年前在中央研究院出版的《東南亞女性移民與台灣客家社會》，已經處理了許多東南亞客家女性與台灣客家社區的議題。《東南亞客家及其族群產業》一書，是其關於東南亞客家的第二本專著。

　　使用客家語言的人群具有怎樣的特質？除了要考慮其所處的自然環境之外，與周邊他者的人群關係，政治經濟的環境，國際分工的結構，都將影響其物質文化與非物質文化之形塑。在東南亞客家作為移民的客家和家鄉不同，和其他地方的移民客家也可能不同，過去台灣的客家研究著重在台灣客家本身的議題較多，也有一些與中國大陸相關的客家研究，東南亞客家的出版則從更廣的脈絡提供認識「客家性」的機會，有助於客家比較研究的開展。

　　在中國大陸，客家人群之間的關係好像一盤還沒有開始下的棋，梅縣客家、永定客家、大埔客家各自定位清楚。東南亞客家則不同，他們像是廝殺一陣之後的棋局，棋子之間縱橫交錯。東南亞的客家人群周邊多元而複雜，除了當地人外，有來自不同國家的移民，有來自

各地的華人，更有來自各地的客家人，使用客家語言的人群內部之間，其相異性可能比相同性更多，客家性不再可以由某一地的客家人來定義。本書的出版，對東南亞客家的特質，形塑的歷史脈絡，特別是此一人群的產業特質提供了深入、翔實的資訊，更提供了思考全球客家圖像的重要拼圖。

張維安

國立交通大學客家文化學院

2013.12.12

第一章　導論：比較脈絡下的東南亞客家

　　影響客家族群的社會文化形成的要素眾多，相關的因素有客家移民在原鄉的經驗，移民到台灣的在地化過程，以及遷移到海外所居住的地理氣候、不同的時間所遭逢的政治環境、社會結構性與維生方式的改變。過去談到客家族群的社會與文化特質，有相當多的研究是以大陸原鄉、台灣區域為研究範圍，大陸與台灣的比較研究，的確是一個瞭解「客家族群特質」的重要方式，它的重要性不僅僅是因為客家人從大陸遷移入台灣，更重要的是經由比較研究與不同區域資料的累積，才能建構出「客家族群」特質的多元性、差異性與同質性。這種研究方法對「客家研究」尤其重要，因為「客家」同時兼具「族群」與「移民」的特性，而「客家」族群的許多重要特質，也是在客家和其他族群的互動過程中形成。因此，客家族群特色的研究不能僅停留在大陸或台灣的客家區域，或是台灣與大陸的比較。東南亞（甚至其他區域）與大陸或台灣的比較研究，也應該納入「客家研究」的架構。

　　客家移民落腳在不同社會，會受到不同歷史文化脈絡、政治經濟發展與族群互動關係的影響，形成或是建構出不同的客家文化特質。因此，不同區域間的比較研究對釐清「客家」或是「客家文化」的概念，以及對客家族群的相關研究具有相當重要的意義。本書希望將新馬地區的客家產業發展置於上述的架構中，分析在地複雜性（local complexity）——包括移民的過程、人群的流動和現今居民社群的特性，以勾勒出「東南亞客家」的組織特性與文化內涵。讓「時間」（世界經濟、政權的轉變）與「空間內部的行動者」（族群關係）在區域中對話，並觀察與分析所產生的「客家」文化特質。

　　中國與東南亞間的貿易或政治關係從什麼年代開始，學者們一直有不同的看法。顏清湟（1982: 13-15）指出，中國與馬來亞的貿易關

係在15世紀初葉馬六甲王國建立之前，兩方的直接政治關係就已經穩固建立。1511年葡萄牙占領馬六甲港口時，當地已經存在一個華商集中的社區。這些早期的華商在利用馬六甲作為在東南亞貿易的轉口港時，部分的華商已經為了經商而永久移居馬六甲。

古鴻廷（1994: 7-8）則認為，自西元前206至西元220年間（漢代）中國就派遣使節乘坐帆船從廣東沿海南下，路經泰國與緬甸南部，再轉往印度。當時的帆船貿易經由以物易物的交換方式，將中國的「黃金雜繪」換成東南亞的「明珠、璧琉璃、奇石異物」。當時除了中國的使節陸續往東南亞各地往返，欲前往西天求法的僧侶若從海路前往印度也必經東南亞。自東晉高僧法顯從印度渡海東歸以後，促使更多的中國高僧由海陸兩路前往印度求法，不過，早期履足東南亞各地的這些使節與僧侶都僅僅是路過東南亞而已，並沒有出現定居的現象。直到西元960至1279年（宋代）以後，中國與東南亞之間的海上帆船貿易才逐漸擴展，19世紀末帆船貿易才漸趨萎縮。

雖然顏清湟和古鴻廷對中國與東南亞展開貿易關係的時間認定有所差異，但是兩者均強調早期中國人主要是因為貿易、經商的目的而履足東南亞。Purcell（1950: 2-3）指出，14世紀時，華人在東南亞只有在蘇門答臘（Sumatra）的巨港、新加坡（Singapore）有較長期的居留，其餘皆如流水來去。直到19世紀下半，東南亞華人也僅有數萬人，20世紀初才有移民潮出現。華人最初居留在新加坡，之後聚居馬六甲，到了1750年有2,500人左右，多來自廈門。

其後，18與19世紀，西方列強更擴大其在東南亞的勢力範圍，歐洲資本主義發展成以掠奪原料為目的的殖民經濟，將東南亞開闢成西方資本的投資範圍，東南亞各國也成為這些西方列強的殖民地。殖民地政府一方面努力維持殖民地的安定，以提供經濟開發的有利條件，另一方面也鼓勵西方國家把資本投資到東南亞各地。為了解決勞動力的問題，殖民地政府也積極引進外來移民，以提供殖民產業的迅速發展。在資本投入與勞力需求的有利因素推動下，東南亞的經濟在20世

紀初期迅速成長，華南移民浪潮也到達巔峰的狀態。隨著東南亞華人人口的激增，當地的社區組織也變得多元且複雜，經濟活動呈現多樣化的發展。

一、比較脈絡下的客家

（一）「台灣客家」到「海外客家」研究

1990年代開始，「客家研究」在台灣興起，並對「客家研究」進行系統性的研究。它不僅提供世界各國學者對「客家研究」有更為深入認識的平台，同時亦有其他學術領域的研究者從不同的角度來思索「客家」，例如「華人研究」、「族群」、「身份認同」以及「移民」等面向（王賡武 1994, 1998, 2007；Carsten 1996；王甫昌 2003等）。

台灣「客家研究」在開始建構的階段，其研究主要集中在對中國大陸及台灣客家人的研究。中國歷史學者羅香林在1930年代先後出版《客家研究導論》（1933 [1979]）[1] 以及《客家源流考》（[1950] 1989）[2]，由於羅香林的著作是最早對「客家」進行論述的文本，因此羅香林從「中原漢族血統」（kinship of Han decency）的「本質論」（essentialism）角度所奠定的「客家研究」基本論述，成為了台灣「客家研究」發展之初的論述基礎。羅香林對客家的論述，以及1990年代以前台灣學界（包括文史工作學者）對「客家」或「東南亞客家」的研究，主要還是延續「海外華人」研究的傳統。不但強調與大陸客家的文化延續，也將「海外華人」視為同質性的整體（蕭新煌、林開忠、張維安 2007: 566）。

1990年代之後，台灣的客家研究者逐漸將「台灣客家」作為論述

---

1 1979年出版的《客家研究導論》為1933年的再版。
2 1989年出版的《客家源流考》為1950年的再版。

的主體，強調「台灣經驗的探討」，而非「中原本質的辯論」，例如台灣民間風俗文化如語言與戲曲等（羅肇錦 1990；陳運棟 1991；劉還月 1999；黃榮洛 2000等）、台灣客家婦女（張維安 2001；張典婉 2004；張翰璧 2007等）、台灣客家產業（張維安 2000等）、台灣客家開墾史與分布（陳運棟 1983, 2000；戴寶村、溫振華 1998；Kiang 1992；尹章義 2003；施添福 1987等）以及台灣客家族群政治與族群關係（施正鋒 2004, 2007；楊長鎮 2007）等研究，2000年以後學者開始研究東南亞的客家。

2005年，台灣從事「客家研究」的學者開始關注海外客家的議題，較為主流的研究議題多集中對東南亞客家人的族群身份認同（ethnic identity）與族群意識（ethnic consciousness）進行描述與解釋（張翰璧、張維安 2005；陳美華 2006；Hsiao and Lim 2007等）。2005年，張翰璧與張維安透過訪問多位就讀於台灣國立中央大學的馬來西亞客籍僑生，檢視東南亞的客家族群意識，他們發現東南亞客家族群的認同，在系統與生活世界都出現隱形認同的現象。在相對於馬來族群與印度族群的多元社會裡，客家族群僅作為華人族群類屬的一個次集合，因此，客家認同在東南亞社會裡的公、私領域都不具備明顯的特性，客家認同呈現雙重隱形的現象（張翰璧、張維安 2005）。蕭新煌等（2005）則從結構限制的觀點分析，說明東南亞客家認同或客家性並未全盤消失，只是轉變了存活的形式，最顯著的方式就是會館組織和社團。之後，陳美華（2006）也針對馬來西亞客家族群的身份認同進行研究。透過馬來西亞客家公會聯合會（Malaysia Federation of Hakka Associations, MFHA）的統計資料分析，得到了相同的結論。

2000年以後的台灣客家研究，已經逐漸發展出客家的「主體性」研究，客家逐漸成為台灣社會中重要的一支族群，而東南亞客家只能是華人之中的一支亞族群（sub-ethnic）或方言群（dialect groups）（蕭新煌、林開忠、張維安 2007: 577）。過去台灣的東南亞客家研

究，多集中在新馬地區，近幾年則陸續延伸至印尼、泰國、越南等地，以及東北亞的日本。雖然同樣為客家人，但是東南亞與台灣兩地的歷史背景與社會屬性存在明顯的差異。在東南亞區域11個國家的政治、宗教、經濟、語言、文化、族群都存在非常大的差異，相較於台灣，東南亞客家人在社會行動中所遇到的「他者」（other）、歷史記憶與族群文化特質都存在非常大的差異性。「東南亞」客家研究，不僅分析個別國家的客家文化特性，也希望經由比較研究，勾勒整體「客家」文化的特性。

（二）客家性（Hakkaness）的異同

關於族群（ethnic groups）的探討，有幾種不同的理論類型。根基論的觀點認為族群具有的文化特質，是造成族群認同的基礎，也是一個天生自然的過程（Geertz 1973）。Barth（1969: 11-13）主張族群邊界是在文化區辨的互動過程產生的，所以族群往往是文化建構的產物。不同於根基論者著重文化的內在潛能，工具論者則強調行動者所聲稱的族群認同（或所爭取的族群權益），是基於族群所處的實際政治與經濟利益的考量。情境論者與建構論者則強調變動的社會情境因素，主張族群的邊界往往不是固定的，甚或是依據不同情況所建構或選擇的（Barth 1969）。換言之，所謂的族群性或族群文化並非一夕形成，也不是自然天成不會改變的。它往往具有特定的社會文化時空，例如客家會館的活動、宗教的慶典祭祀、經濟活動的內容，經過不斷地實踐與修正，逐漸形成一群人共享的文化象徵，並與其他族群有所區隔。

客家族群一直與移民遷徙的意象相連，早期客家人迫於經濟的壓力不斷由大陸往外遷移。在中國大陸、台灣與東南亞各地的客家人，擁有「客家」的共同稱號，但各地的客家文化是否都呈現一致的樣貌？還是有因地制宜的文化涵化情形？為了瞭解這個問題，比較方法對客家研究是有意義的。除了在新移居地的生活適應之外，許多客家

人還分享哪些家鄉的文化與風俗習慣？「客家」的整體圖像又是什麼？

　　為了回答「客家性」異同的問題，需要將不同類型的移民過程，帶回到個別地理範圍與社會脈絡中分析，首先是從移民史的觀點來討論客家人移民類型的歷史過程，以理解客家在東南亞各地的分布與型態。從東南亞客家移民史來看，東南亞商埠的興起，正好是東南亞客家移民人數快速增加的時候，東南亞客家移民的歷史形成，與殖民經濟需要勞動力密切相關，是海峽殖民地港口做為勞動力與苦力貿易中繼站的歷史結果。此外，東南亞客家移民的分布，與社會網絡有關，客家團體組織方式（包括地緣、血緣和業緣）的形成，主要是與其他華人團體的互動而來，較少是透過與在地原住民的接觸而形成。

　　從東南亞客家移民的方式與祖籍地（place of origin）分布來看，各地的客家文化風貌不盡相同，其中各方言群與移民時間和方式、從事的行業、人數的多寡等扮演重要角色，都是影響東南亞客家文化內涵的重要因素。經由海外客家的研究，除了可以從不同觀點分析海外華人移民史，也可以在比較研究的架構中，分析客家文化特質在遷移中的變與不變，找出「客家性」的異同。何以同樣的族群卻會在不同的地區有相同／不同的文化表現？有哪些因素是客家族群所共享的文化價值？有哪些是移民的適應策略？移民所在社會的政治經濟脈絡又如何影響客家文化的表現？透過在東南亞各國客家族群經濟、文化和移民史的比較研究，累積有關海外「客家」社會文化的個案，呈現客家文化的特色。不但有助於對客家人的文化傳統進一步的釐清，更有助於建立未來相關研究與跨族群比較的基礎。

二、海外客家研究中的「Hakka」

　　1980年代，客家人占新加坡華人人口中的7%（Khoo 1981: 59），根據2000年馬來西亞統計資料（*China Press*《中國報》，

2007/11/20），華人有600萬人，其中五分之一是客家人。「客家」或「Hakka」所指為何呢？

自16世紀以來的東南亞華人研究，多集中於商賈與藝術家；19世紀以後，英國開始統治檳榔嶼和新加坡，引進許多苦力（coolie），移民史與政策取向的研究遂逐漸增加。然而，華人移民的增加、華人內部關係的緊張等都對殖民政府引發新的統治問題，但是相關的研究卻無法提供解決上述問題的分析（Wang 1998: 1-3；王賡武 2007: 8-10）。因此，有關華人社群的著作以及管理部門的報告大量出現，例如海峽殖民地政府檔案（Straits Settlements Government Gazette）與海峽殖民地年度報告書（Annual Reports of Straits Settlerments），雖然有些學者會質疑上述資料所呈現出的東方主義觀點（Said 1979；Breckenridge and Van der Veer 1993），但也不足以否認上述資料在東南亞華人研究上的重要性。

在台灣對海外客家研究興起之前，新馬地區有關客家的著作與論述，大多散見於各會館、鄉團的紀念特刊中，大多以介紹當地客籍人物、客屬團體、鄉會的概述以及史略為主，主要是紀念特定血緣或地緣社團發展歷史，或領袖人物，並未成為學術研究的主要對象。相當程度而言，時代性資料的整理多於研究的論述，一些提及客家移民史的文章，其觀點幾乎都採取羅香林的中原遷徙論。但在進入80年代後，一些比較具有主題性的議題，譬如客家人在新馬當地的移民歷史、人口分布、宗教信仰、語言情況等的探討也開始出現（蕭新煌、林開忠、張維安 2007: 565）。

歷史上，英文「Hakka」的意涵涉及對於此團體的社會定位。Eitel（1873-74: 163）認為「Hakka people」是擁有不同於「Han」人起源的種族（race），非漢人的後裔。而 *Encyclopedia of Mission*（1912）中將「Hakka」描述成居住在廣東與汕頭山區的種族或部落（tribe），其社會等級（social rank）較華人（local Chinese）低（Campbell 1912: 473-480）。此外，1945年出版的 *Encyclopedia*

*Britannica*則指出，「Hakka people」可能不屬於真正的華人，在血緣上與Burmese和Siamese較有關係（轉引自Constable 1996: 14）。

研究東南亞華人的學者，使用「客家」（Hakka）多放在「華人」（Chinese）的類別下。G. William Skinner（1957: 35）與Richard J. Coughlin（1960: 6）研究泰國，指出客家只是說不同方言的華人，他們的研究中，語群（speech groups）與方言群（dialect groups）常被互用。Skinner並將泰國內的語群均視為「中文」（Chinese language），而非方言。持同樣看法的還有Tan Chee Beng（1998: 29），認為馬來西亞內的語群均為「中文」，而非方言。

麥留芳（1985: 15, 197）指出19世紀馬來亞華人的認同是「方言群的認同」（dialect group identification），同時指涉語言和祖籍地。Yen（1986: 198-202）在分析19世紀末檳城（Penang）華人社群的社會衝突時（例如1867年的檳城暴動），用的是方言群的概念，並進一步以「幫」（bang）的概念說明馬來亞移民社會中的職業分工。Yen（1986: 35, 195-202）認為「幫」的認同之形成，是混合了方言、區域（祖籍地）與職業的分類（其中包括經濟利益的衝突）。Kiang（1992: 82）不同意將客語視為中國的「方言」（dialect）之一，認為客語是獨立發展的語言。從上述研究中，可以看到學者們對「Hakka」呈現出相當不同且複雜的定義。早期的研究隱含較多種族的概念，將「Hakka」視為「漢人」（Han）中的族群團體（ethnic group），東南亞的研究中則較常使用「方言群」、「語群」或「幫」的概念。

殖民政府眼中的「華人」又是如何被分類的呢？1822年Stamford Raffles並未使用方言群的概念分類華人（Yen 1986: 117），到了1879年，Vaughan將華人畫分成六類（six heads）：澳門人（Macaos）、廣東人（native of Canton and neighbouring towns and villages）、客家人（Kehs from the interior of the province of Quantung）、潮州人（Tay Chews from Swatow and its vicinity）、海南人（Hylams, natives of the island of Hainan）、福建人（Hokiens from Amoy and other places in the province of Fuhkeen）（Vaughan 1854 [1971]: 6）。不論是西方的學者、殖民政府的官員或中國的學者，對19世紀馬來亞中國移工的社會與文化特色，並沒有太多的研究興趣，各自在不同的研究架構下，將華人移工或移民視為被統治者或研究的客體，並未將華人視為研究主體（Purcell 1967: 104-105），更遑論客家的相關研究。另外值得一提的是，海峽殖民政府的官方檔案中，「客家」的英文多是以「Kehs」和「Khehs」的拼音出現，「Hakka」的出現與使用是在19世紀末期以後，尚不清楚此種用法的改變，是因為殖民政府從香港的經驗學習而來，或是有其他的原因。

如果我們試圖以客家做為研究主題，重新分析東南亞的華人社會、在地歷史或殖民政策的影響時，就必須重視以下的觀點與資料。

1. 殖民統治的政策觀點：馬來半島的相關研究，過去多採取歐洲殖民政府的觀點（Swettenham 1907; Harrison 1923; Mills 1925等），其中Hodder（1953: 35-36）從生物地理學的觀點，以種族團體居住區隔的界限，將新加坡市區分成福建、廣東、潮州、海南和只占一小部分的客家，他使用的是Kheh，而非Hakka。早期的研究缺乏歷史資料的運用，若要研究海峽殖民政府的統治策略對族群分類的影響，就必須回到檔案資料中，例如海峽殖民地的官方文件（Straits Settlements official records）與國會資料（Parliamentary papers）（Parkinson 1960: v-vii）。Parkinson的觀點影響著Turnbull，後來使用了官方的檔案進行英屬馬來半島的研究（Turnbull 1972, 1977）。然而，使用官方檔案進行歷史研究有其限制，資料所顯示出的內容多為歐洲觀點（Andaya and Andaya 1982: xi-xiii）。

另一個統治結構的轉變，是1957年馬來西亞獨立，1950與1960年代以後的研究，多分析殖民政權對馬來西亞政治、經濟與社會的影響（Hodder 1953, 1959; Chai 1967; Sadka 1968; Philip Loh 1969）。

2. 在地社會的觀點：Andaya與Andaya（1982）和Baker（1999）

開始從在地社會與當地人的觀點研究馬來亞的歷史。Andaya與Andaya（1982: 136-137）指出，在海峽殖民政府的眼中，華人社群是非常具有價值的，因為他們經營的鴉片、賣豬肉、當店等生意，繳交非常多的稅。殖民政府不用自己去收稅，只要透過上述行業的餉碼制度，華人就會自動上繳稅款。此外，華人秘密會社之間的衝突，有時也會聯合馬來與印度人的組織相互抗衡。這些事件或是華人所處的社會位置，一直影響到華人的生存心態，以及現在的族群政治，所以必須從在地的觀點勾勒出華人、客家的社會形貌，進一步分析華人和客家人與在地社會的互動。

3. 華人內部的差異：19世紀馬來半島的華人社區，包括五個主要的人群團體：來自廣東省的潮州人、廣東人，來自福建的福建人，廣東山區的客家人，海南島的海南人（Andaya and Andaya 1982: 137）。五種團體的分別主要是語言使用的差異性，在華語尚未出現並流傳到東南亞之前，移到海外的華人多以地區的語言（祖籍地的語言）做為溝通工具，並形成人群團體的界限。地緣性雖然重要，但在廣東籍的人群劃分上（潮州、廣東、客家），不及語言的重要性。因此，華人社群內部的差異相當明顯。另一個造成華人內部差異性或衝突的原因，是來自於經濟利益的爭奪，例如雪蘭莪（Selangor）的客家社群，因為客家人分屬不同的秘密會社，為了爭奪採礦權而出現海山公司和義興公司的械鬥。

人們應該從現在瞭解過去，放在東南亞的客家研究上，就必須放在不同階段的「現在」（present），以瞭解不同階段的現在所理解的過去。換言之，不同的制度結構、族群互動的社會脈絡以及族群內部的分類與運作規則，將有助於理解「客家」的內涵與轉變。「客家」本身非不證自明的客體，而應該被當作「分析」的對象，過去的客家研究是隱沒在華人研究中。

三、新馬「客家」意涵：新馬客家研究的脈絡性

王賡武（2002: 60-77, 345-353）將東南亞華人研究分成四類：
1）殖民地政府的官方文書和駐在官的相關論述，2）中國官方與學者的「南洋研究」，3）新馬在地華人的著作，4）英美人類學者與社會科學研究機構的「國際研究」。第一與四類的研究，呈現的是殖民與西方社會科學的觀點，新馬的在地著作，多偏向對執政者的「政治效忠」，強調文化整合的面向，中國的官方與學者則強調「祖國認同」的論述。台灣的東南亞華人研究，亦多是在英美研究機構支持下進行的研究，例如田汝康（1949）在砂拉越與李亦園（1963）在麻坡（Muar）的研究。

王賡武（1998: 5）認為，英殖民政府在統治之初，只將華人移工視為經濟發展的工具，他們的勞動力多被安置在礦場與商業種植的農業部分（例如橡膠），忽視華人文化的變化。殖民政府管理華人是以移工所來的省份區分，這與祖籍地的概念不同（Vaughan 1854: 3; Pickering 1876: 440; Tweedie 1953: 217; Newbold 1971: 12-13）。中國學者（Chen 1967等）的馬來亞華人的研究，均未處理華人移民在英屬馬來亞的文化與社會發展。Sharon Carstens自1978年早期，在吉蘭丹（Kelantan）的客家社區Pulai進行人類學的田野研究，指出當地的年輕人漸漸以次族群（例如客家、福建等）的認同，取代「華人」的認同（Carstens 1983）。然而，通婚的社會互動過程，使得上述的次族群認同逐漸淡化（Carstens 1996）。

歷史學者Heather Sutherland（2003）認為，東南亞華人是移民的產物。客家移民大致分為兩種職業類別，一是規模較大的礦工幫，和相對較少的工匠幫。從過去的學術研究、在地文史工作者的著述，以及田野調查的訪談中，可以看到移民過程中的「客」（Kheh）常與下列各概念產生密切的關聯性。

（一）「客」與秘密會社

在處理19世紀的「客」的文獻中，同時會處理「Chinese polity」（華人政治組織），並在下列主題中被強調：秘密會社（secret societies）、甲必丹（kapitan）[3]與公司（kongsi）。其中最重要的是拉律戰爭（Larut War）。拉律戰爭引發了1860與1870年代秘密會社間的廣泛衝突。檳城海峽殖民地的Resident Councillor Skinner（1887-1897）在Precis of Perak Affairs（1874）首次記錄第三次拉律戰爭的細節，提及廣東人與客家的對立，他使用的仍然是「Kheh」（Mostly Ghee Hins and Cantonese on the one side, and mostly Hai Sans and Khehs on the other.）。Vaughan（1971: 103）也在相關研究中提及海山公司與客家的關係密切，文中所指的義興與海山就是所謂的秘密會社。

海峽殖民地統治期間的秘密會社是以方言為基礎的人群分類（dialect group-based），並與錫礦業、甲必丹、會館、華商有密切的關聯性（Gullick 1953: 12; Wong 1965: 41-42; Godley 1981: 27; Yen 1986: 125-128）。Freedman（1960: 36-37）、Blythe（1969: 175-176）、Khoo（1972: 201-225）等人不同意上述的論述，指出秘密會社同時包括不同方言群的人。Comber（1959: 73）認為，秘密會社不但跨方言群，也跨種族，也有馬來人和印度人。

Blythe（1969: 176）在分析三次拉律戰爭的成員身份，指出19世紀在拉律（Larut）的客家社群，主要有以下特性：客家具有管轄權（Hakka was prefectural based），客家在「廣東」的分類下可以是義興的成員，也可以是海山的成員，反之亦然；客家的分類是和廣東、潮州、福建一起出現的。

不只在拉律，19世紀的雪蘭莪州，吉隆坡（Kuala Lumpur）附近的礦場也是有兩派的客家人。自1840年代以來，嘉應州的客家人在雪

---

3 甲必丹制度是一個政治、社會和經濟的實體，甲必丹是政府的代理人以及華人社區的領袖，秘密會社和方言組織之間關係密切，二者都為甲必丹所利用，用來履行其職責並擴大他的利益。

蘭莪流域北方的間征（Kanching）附近開採錫礦，而在安邦（Ampang）與吉隆坡地區則是惠州客的天下。相關的研究與分析均指出，錫礦、客家、秘密會社三者間的關係密切。19世紀馬來亞的錫礦區中，客家分類法則是以秘密會社為基礎的經濟利益，較之祖籍地、方言、親屬意識等都重要。

（二）「客」與錫礦、勞動力

　　許多文獻中亦顯示，19世紀的馬來亞社會，「客家」與「錫礦」的關係密切。錫礦產業中有兩位最重要的甲必丹，葉亞來（Yap Ah Loy）和鄭景貴（Chang Keng Kwee），葉亞來是惠州客，自1868年至1885年擔任吉隆坡的甲必丹。1864年葉亞來在吉隆坡建立「惠州公司」（Fui Chiu Kongsi），到了1885年由葉阿石（Yap Ah Shak）領導時，改為「雪蘭莪惠州會館」（Selangor Fui Chiu Association）（Yen 1986: 125）。葉阿石是惠州客、海山的領導者；之後的繼承人是葉觀盛（Yap Kwan Seng），葉觀盛過世後，吉隆坡的甲必丹制度即被廢除。鄭景貴是增城客（Zengcheng，太平增龍會館創始者之一），自1873年即擔任霹靂州（Perak）拉律的甲必丹（Blythe 1969; Yen 1986）。

　　由於許多礦區不在英屬殖民地統治區域內，而是位在馬來聯邦。加上缺乏足夠的官員管理錫礦區的華人社群，英屬殖民政府沿用甲必丹的制度，以族群統治的方式共同維護社會秩序（Andaya and Andaya 1982: 176）。甲必丹並未從殖民政府取得經費，也未被賦予實質的權力，甲必丹只能將「秘密會社」與「地區會館組織」視為兩樣工具，維持地方秩序的運作（Purcell 1967: 116; Yen 1986: 124-128），成為「國中之國」的重要領導者。

　　這些客籍甲必丹在許多方面具有相似性：海山公司的領導人、會館組織的創始人、領導眾多的客籍礦工、從錫礦業累積大量財富。其中唯一的例外是葉觀盛，並未成為秘密會社領導者，原因在於1889年

殖民政府對秘密會社的鎮壓。

（三）「客」與公司、會館

Wang（1994: 2）指出，幾乎19世紀的華人組織都稱為「公司」（Kongsi），因此常與「秘密會社」、「會館」混用。甚至到了1879年，海峽殖民政府官員也還是分不清「公司」與「秘密會社」的差別（Vaughan 1854 [1971]: 102）。雖然，到了20世紀，「會館」、「同鄉會」、「公會」、「堂」的名稱紛紛出現，但是運作的方式還是和公司相同（Cheng 1995: 492）。在東南亞華人歷史中，第一個出現的蘭芳公司，就是客家人建立的，目的是開採婆羅洲的金礦。之後在蘭芳公司附近出現的十二公司、十五公司等也都是客家人在礦區建立的管理組織。馬來半島上則有海山公司、義興公司、惠州公司等，也是以礦工為主要成員的客家組織。

除了在礦區的公司組織，都市中的客家會經由成立會館組織，照顧同鄉的生活與工作。許多的會館都設在海峽殖民地統轄區域，以及錫礦區，第一個成立的客家會館，是1801年在檳城成立的嘉應會館。之後陸續在1805年成立馬六甲的惠州會館、1820年馬六甲的茶陽會館、1821年馬六甲的應和會館。新加坡最早的會館則是1823年嘉應的應和會館（Ying Fo Fui Kun），第二個是1890年惠州的五屬會館（Wui Chiu Association）（1822年稱為Wui Chiu Kongsi）。

四、客家人移民的脈絡：分析架構與資料來源

本書分析範圍限於海峽殖民地統治範圍，殖民政府的統治方式與人群分類，會在時間的過程中，因為對在地社會的逐漸掌握，以及人群知識的累積而有所改變。

（一）海峽殖民地的統治機構與人群分類

海峽殖民地是英國在18世紀建立的機構，稱為「英屬東印度公司」（British East India Company），總部在加爾各答（Calcutta）。1771年，英國希望在檳榔嶼設立港口，首次涉入馬來政治。英屬馬來亞（British Malaya）的行政單位包括三個部分，1）1826年成立的海峽殖民地（Straits Settlements），2）1895年加入的馬來聯邦（Federated Malay States），3）1909年加入的非馬來聯邦（Unfederated Malay States）。

表1-1：英屬馬來亞的行政單位（1826-1946）

行政單位	管轄州屬	時期
海峽殖民地（Straits Settlements）	1. 新加坡 2. 檳城 3. 馬六甲 4. 納閩島 （Labuan）	1826-1946
馬來聯邦（Federated Malay States）	1. 霹靂 2. 雪蘭莪 3. 森美蘭 4. 彭亨	1895-1946
非馬來聯邦（Unfederated Malay States）	1. 吉打 2. 玻璃市 3. 吉蘭丹 4. 丁加奴 5. 柔佛	1909-1946

資料來源：Heidheus 2000.

1870年代以前，海峽殖民政府對馬來半島的其他蘇丹領地採取「不干預政策」（policy of non-intervention），並向馬來的蘇丹王租地，進行錫礦的開採（例如森美蘭〔Negeri Sembilan〕的Ujong河）。

然而，1850年代在芙蓉市（Sungai Ujong）與柔佛州（Segamat in Johor）發生衝突。為了維護經濟利益與保障原物料的來源，海峽殖民政府開始積極介入馬來聯邦的政治（Jarman 1998 Vol. 1: 19）。自1874年開始，三個盛產錫礦的馬來聯邦（霹靂、雪蘭莪、森美蘭）就納入海峽殖民政府保護與管理的範圍。另一個讓海峽殖民政府可以趁虛而入的原因，是1874年發生了拉律戰爭（Andaya and Andaya 1982: 207）。當時的總督St. George曾在1873年的報告書上指出：

> 「……政府應該在政策上有所改變，對殖民地鄰近地區的半獨立土邦發揮影響力，基本上，部分在半島西岸的半獨立土邦是呈現無政府狀態。雖然，英國政府對其內部的爭吵，一直奉行不干涉的政策，英國政府對這些州屬產生的影響都不亞於今日。」（Jarman 1998 Vol. 2: 207）

19世紀，英國殖民政府統治馬來西亞的最主要目的，是希望取得錫礦與橡膠等原物料。為了開採錫礦（1820年代）與種植橡膠（20世紀初），殖民政府從中國和印度引進大批的勞工（Purcell 1967; Stenson 1980; Mispari and Abdul Wahab 2003）。殖民政府捨棄當地的馬來人或原住民，運用廉價的華人勞動力來進行錫礦的開採與經濟作物的種植，大量的華工（多數是客家人）被引進馬來半島，改變了半島上的人群組成。

殖民政府統治的首要目的，就是經濟掠奪。殖民主義的經濟掠奪，希望以最小的統治成本換取最大的經濟利益，加上統治人力的不足，以及對華人社會的不瞭解，殖民政府初期在經濟上採取族群分工政策，社會統治上則是運用甲必丹與港主制度，採取族群分而治之的策略，在華人社區部分面對的最大問題是華人秘密會社的逐漸擴張。上述的殖民統治策略、族群分類的歷史過程，除了明顯區隔馬來族群與華人外，也影響華人內部的競爭和合作，相當程度地劃分出「部

落」（tribe）的界限。

　　英殖民政府官員Purcell於1967年出版了 *The Chinese in Malaya*，書中運用大量殖民時期的檔案與文件，分析19世紀馬來亞華人社會。Purcell（1967: 84）指出，1911年以前，清政府對於移民的態度是不關心移民的生活，且將移民法律與規則交由地方官員處理，這種態度與政策也影響到華人移入馬來亞後的人群分類。1870年代以前，由於英殖民政府官員對華人社群知識的貧乏，沒有能力管理與控制華人。到了1877年，英殖民政府設立「華民護衛司」（Chinese Protectorate）後，主要是以「種族」的概念來分類華人（Purcell 1967: 85）。這種分類的轉變呈現在人口調查資料中。殖民政府最早一次的調查，是1871年4月2日，以國籍（nationality）做為人群分類的概念，包括華人、馬來人、歐洲人、印度人等，參見表1-2（Jarman 1998 Vol. 2: 108-109）。

　　十年以後，1881年開始第二次調查，縮減成六個國籍分類（Jarman 1998 Vol. 2: 511-513）。基本上，前三次人口調查（1871年、1881年、1891年）是以國籍來分類人群。至於華人社群內部的詳細區分，首次出現在1877年《海峽殖民地的年度報告書》中，華人人口加註了祖籍地，包括潮州（Tew Chew）、福州（Foo Chew）、廣州（Kyan Chew）、廣東（Cantonese）、福建（Hokkien）以及海南（Hylams）（Jarman 1998 Vol. 2: 348-349）。

　　1891年則開始納入馬來聯邦的人口統計資料（CO 273/272, Census 1901, Straits Settlements of Original Correspondence, 13/4/1901），負責人口調查的官員是G. T. Hare。比較1891年與1901年的兩次人口數，可以看出在每個馬來聯邦州屬的華人人口均大量增加，人數的增加主要是與礦場開採，需要大量的勞工有關。

　　1911年開始以「種族」作為分類的概念，分成六個主要的種族（Nathan 1922: 29），這種分類沿用至1931年的調查。同年，針對馬來聯邦的人口調查，採取了A. M. Pountney的建議，以語言為基礎將

表1-2：1871年與1881年海峽殖民地人口數

國籍	1871			1881		
	男性(%)	女性(%)	總和(%)	男性(%)	女性(%)	總和(%)
新加坡	74348(37)*(77)	22763(21)*(23)	97111(32)*(100)	105423(37)*(76)	33785(24)*(24)	139208(33)*(100)
歐洲人	1528(1)*(79)	418(0)*(21)	1946(1)*(100)	2207(1)*(80)	562(0)*(20)	2769(1)*(100)
歐亞人	1063(1)*(49)	1101(1)*(51)	2164(1)*(100)	1509(1)*(49)	1585(1)*(51)	3094(1)*(100)
馬來人	10059(5)*(52)	9211(9)*(48)	19270(6)*(100)	11471(4)*(52)	10684(8)*(48)	22155(5)*(100)
中國人	47104(24)*(86)	7468(7)*(14)	54572(18)*(100)	72571(26)*(84)	14195(10)*(16)	86766(20)*(100)
印度人	9492(5)*(83)	1948(2)*(17)	11440(4)*(100)	9619(3)*(80)	2439(2)*(20)	12058(3)*(100)
其他	5102(3)*(66)	2617(2)*(34)	7719(3)*(100)	8046(3)*(65)	4320(3)*(35)	12366(3)*(100)
檳島、威省	84149(42)*(63)	49081(46)*(37)	133230(43)*(100)	124205(44)*(65)	66392(47)*(35)	190588(45)*(100)
歐洲人	289(0)*(67)	144(0)*(33)	433(0)*(100)	565(0)*(84)	109(0)*(16)	674(0)*(100)
歐亞人	644(0)*(47)	739(1)*(53)	1383(0)*(100)	751(0)*(47)	846(1)*(53)	1597(0)*(100)
馬來人	35570(18)*(50)	34963(32)*(50)	70533(22)*(100)	42560(15)*(50)	42212(30)*(50)	84772(20)*(100)
中國人	30347(15)*(83)	6214(6)*(17)	36561(12)*(100)	55313(20)*(82)	12507(9)*(18)	67820(16)*(100)
印度人	13943(7)*(76)	4470(4)*(24)	18413(6)*(100)	20337(7)*(75)	6699(5)*(25)	27036(6)*(100)
其他	3356(2)*(57)	2551(2)*(43)	5907(2)*(100)	4679(2)*(54)	4019(3)*(46)	8689(2)*(100)
馬六甲	41876(21)*(54)	35811(33)*(46)	77756(25)*(100)	52059(18)*(56)	41520(29)*(44)	93579(22)*(100)
歐洲人	31(0)*(62)	10(0)*(38)	50(0)*(100)	31(0)*(78)	9(0)*(22)	40(0)*(100)
歐亞人	1056(1)*(47)	1169(1)*(53)	2225(1)*(100)	1075(0)*(49)	1138(1)*(51)	2213(1)*(100)
馬來人	28165(14)*(49)	29372(27)*(51)	57537(19)*(100)	32784(12)*(49)	34729(25)*(51)	67513(16)*(100)
中國人	9876(5)*(73)	3606(3)*(27)	13482(4)*(100)	15721(6)*(80)	4020(3)*(20)	19741(5)*(100)
印度人	1946(1)*(59)	1331(1)*(41)	3277(1)*(100)	1148(0)*(61)	743(1)*(39)	1891(0)*(100)
其他	802(0)*(68)	323(0)*(32)	1185(0)*(100)	1300(1)*(60)	881(1)*(40)	2181(1)*(100)
總和	200373(100)*(65)	107655(100)*(35)	308097(100)*(100)	281687(100)*(67)	141697(100)*(33)	423375(100)*(100)

註：表中＊號括弧數字為欄數百分比（column percentage），後面括弧數字為列數百分比（row percentage）。
資料來源：Jarman（1998 Vol. 2: 108-109）.

表1-3：1891年與1901年馬來聯邦人口數

州屬	1891年人口數	1901年人口數	增加數目 (%)
霹靂	214,254	319,530	105,276(33)
雪蘭莪	81,592	167,194	85,602(51)
森美蘭	65,219	95,685	30,466(32)
彭亨	64,000	82,500	18,500(22)
總和	425,065	664,909	239,844(36)

資料來源：CO273/272, Census 1901, Straits Settlements Original Correspopndence, 13/4/1901.

華人內部的差異以「部落」的概念呈現，包括福建（Hokkien）、廣東（Cantonese）、潮州（Tie Chiu）、海南（Hailam）、客（Kheh）、鶴釗（Hok Chiu）、福州（Hok Chia）、興化（Hin Hoa）、廣西（Kwongsai）、北部省份（Northern Provinces）、其他（Other Tribes）（Nathan 1922: 77-78）。1921年調查沿用上述分類，直到1931年做了些修正，興化、廣西、北部省份的分類消失，Hakka取代Kheh的拼法，Tiu Chiu取代Tie Chiu，Hok Chhia取代Hok Chia（Vlieland 1932: 78）。

Keh、Kheh 如何轉變成Hakka？19世紀英殖民政府的文獻與官員均使用「Keh」或「Kheh」。1911年的人口調查（*1911 Census of the Federated Malay States*），Mr. Pountney用「tribe」（語言為基礎）區分華人內部的差異性。1921年和1931年的統計中，「Hakka」已經用來取代「Kheh」（Vlieland 1932: 78）。這是「Hakka」一詞首次為英屬殖民政府所使用。

（二）三層架構

本書主要的分析架構有三層，強調國際政治經濟結構的時空脈絡、海峽殖民地制度與族群政策、在地社會的整合模式（華人內部的族群關係和客家的職業），強調多元鑲嵌的結構。

1. 國際政治經濟結構的時空脈絡

全球資本主義的擴張，既是華人移出大陸沿海各省的推力，也是吸引華人移入馬來半島的吸力。15世紀末歐洲人即開始經由海路前來亞洲做生意（陳國棟 2000: 10），海外華人社會與英國殖民勢力共同推動這個區域的發展。英屬東印度公司第一任總督Warren Hastings，為了抑制白銀大量流入中國，除了以票據（在倫敦兌換白銀）代替白銀，更以印度出產的棉花及鴉片作為替代性商品，進行茶葉的貿易（陳慈玉 1984: 131-173）。期間，英國商人於馬來半島沿岸商港以及廣東販售當時還是違禁品的鴉片。

華人很早就是歐洲人的生意夥伴，是東南亞貿易系統的一部分，從事中國商品的貿易，屬於買辦階級（中間商人），雖是處於弱勢團體的位置，卻在殖民貿易中取得利益。華人移民是歐洲殖民政府的稅收與勞力來源，克服歧視和語言的障礙，打開貿易的通路，成為殖民政府在經濟上不可或缺的夥伴，但也造成原住民與華人間的緊張關係。在大航海時代，歐洲人來到東南亞，占領馬六甲等地，但仍有許多地方由原本的蘇丹統治，而殖民帝國占領的地區，華人扮演買辦、城市建立者與賦稅來源者的角色。

馬六甲海峽及安達曼海域的經濟，在明初即為「華化區域」的一部分（王賡武 2002），「檳榔嶼」的位置於15世紀即標示在《鄭和航海圖》上。1420年代鄭和曾率領船隊到達馬六甲，並建立華人社區。1511年馬六甲被葡萄牙人征服，成為其在東印度群島擴張的戰略基地。到了16世紀晚期，華人人口愈來愈多，葡萄牙任命華人領袖擔任「甲必丹」，以管理華人社區。1641年荷蘭人得到柔佛蘇丹的幫助，擊退葡萄牙人占領馬六甲，一直統治到1795年。

到了19世紀下半葉，歐洲列強為開發東南亞地區之殖民地，積極招募中國大陸的華人勞工，以助其迅速開發殖民地。由於當時的清廷面對英法聯軍之役的壓力，因此清廷被逼放棄以往的海禁政策，准許中國華工往海外移動。在當時，中國由於與東南亞各地之間建立定期

輪船航線，因此更加促進了華南地區的中國華工向東南亞地區大量移民。由於英屬殖民地對華工之待遇較荷屬東印度群島及菲律賓等地為佳，而馬來亞地區之橡膠種植業及錫、鐵礦之開發又需大量人力，故華工前往英屬馬來半島之人數遠較東南亞其他地區為多（古鴻廷1994: 1-4）。

相對於全球資本主義的擴張和東南亞區域經濟的發展，中國內部社會環境，以及中國與國外勢力在中國的消長，也是將中國移民往東南亞推的重要因素。Purcell（1950: 4）分析清朝政府的檔案指出，1711年至1749年間（康熙至乾隆年間），中國面對嚴重的人口過剩與糧食饑荒問題，使得中國人口大規模移民海外。雖說東南亞的華人移民的增加與中國大陸的天災人禍和人口過剩有極大的關係，但為何移民多是來自於閩、粵兩省？

Purcell認為，閩、粵兩省的沿海地理位置是促成大批當地人民提早移民海外的動機。在面對人口過剩、糧食饑荒以及對抗滿清政府部隊等因素，再加上閩、粵兩省在地理上較接近馬來亞，馬來亞風土與閩、粵兩省也無太大差別，因此成為鼓勵閩、粵兩省大批人民離開祖國，向外尋找環境更優裕的地方居住的主要原因（Purcell 1950: 2-4）。

相對於古鴻廷指出勞動力短缺的拉力因素，Purcell進一步說明閩、粵兩省大批人口移民東南亞，是因為貧窮與生存問題。大量華人人口移民東南亞的現象，驗證了國際人口遷徙的「推拉」理論（push and pull theory）。在「推拉理論」的作用下，18、19世紀東南亞華人移民境況與人口迅速增加。

　　「一七八六年英國占據檳榔嶼（檳城）與一八一九年之開闢新加坡，吸引了大量的華人來該兩大中心從事貿易，此後移民更大量湧到。如一八四○年時，即有為數五、○六三人的華人來到由新加坡、馬六甲、檳榔嶼（檳城）三地所組成的英屬海峽

殖民地（Straits Settlements）；廿五年後的一八六五年，全年內移民抵達者更劇增至三倍多，達一七、四三九人；當然直到一八八〇年代大規模的華人移民潮開始以後，在馬來亞半島部分大量華人的永久居留區才算發展起來；這主要歸因於英國在一八七四年後建立起對馬來亞半島的政治控制所致。英人所進行的經濟發展和所建立的法律與秩序，進一步刺激了中國的新移民，因此使新加坡和馬來亞的華人人口大量增加；以新加坡為例，一八七〇年華人移民抵達該埠者尚只有一四、〇〇〇人，至一九〇〇年的一年內，新移民的數量則劇增至十四倍多，達二十萬人之眾。」（顏清湟 1982: 18）

　　另一個重要的因素是中國對海外移民政策的轉變。女性移民人數的增加，代表著移民基本形態的改變。早期，移民到馬來亞的華人絕大多數是男性。Buckley指出，1837年以前從來沒有華人女性從中國移民到馬來亞的新加坡，另一名史學家Braddell也指出，19世紀中葉海峽殖民地的華人社區，男女性別的數目相差懸殊，例如1860年的新加坡的男女比例為14.4比1。由於華人婦女的缺乏，華人社區也出現不穩定的現象，因為華人移民中的已婚者想著早日返回中國與家人團聚，未婚者則想返國娶妻，而當時也唯有在經濟上無法返國的男性移民，才願意與當地的土著婦女成親。然而，隨著閩、粵兩省與東南亞之間航運交通的改善，再加上中國逐漸解除婦女出洋的禁令，在19世紀最後的十年內，女性華人移民在數量上已經大為增加，1900年，女性華人移民的人數就達到11,982人，占男性華人移民的6.6%。移民性別比例的改變，也使得華人社區的結構與文化產生變化。顏清湟指出，禁止女性移民的政策解除，除了導致華人可永久性地僑居海外、改變過去華人因為環境所逼而與土著婦女通婚的現象，同時也導致東南亞華人社區在種族上和文化上更為認同中國（顏清湟 1982: 22-23）。

2. 海峽殖民地制度與族群政策*

　　針對海峽殖民地的殖民政策，馬來西亞中學歷史教科書的作者Masariah與Johara（2003）在書中指出，早期英國殖民馬來亞的動機純粹為了掠奪馬來亞的天然資源。為了更有效的進行掠奪以追求最大的經濟效益，英國也在殖民馬來亞期間完成了基本設施的建設工作，而其殖民政策也深刻影響了馬來亞的社會與經濟結構。在天然資源當中，受到英國重視的三個領域分別有錫礦、商務農業種植（commercial agriculture）（包括胡椒、檳榔、荳蔻、丁香、甘蔗、木薯與鳳梨）以及木材砍伐。而在19世紀末至20世紀初，英國也大力推行種植新品種農業，例如橡膠、咖啡、油棕、煙草與茶等農業種植，進而把英國在殖民馬來亞的經濟效益推向高峰（Masariah and Johara 2003: 124-127）。

　　在上述有關的經濟殖民政策當中，Masariah與Johara（2003）認為英國殖民政府皆有意圖地把不同的族群放到不同的經濟領域去經營相關的農、工業。有關各個族群被安排到不同經濟領域的情況，Masariah與Johara指出，在1820年代，華人（*orang Cina*或Chinese）勞工開始被殖民政府引進，許多的華人勞工都被安排到霹靂與雪蘭莪州去當錫礦工人。由於擁有開採錫礦的技術與知識，歐洲人與華人隨後也被殖民政府鼓勵開採錫礦。另一方面，在商務農業種植方面，殖民政府僅僅開放給歐洲或來自外國的資本家經營，馬來亞的原住民（indigenous people）則被禁止種植相關的商業農作物。

　　在20世紀初，由於錫礦與橡膠在國際市場供不應求，英國殖民政府於是大力引進來自中國與印度的勞工。來自中國的華人勞工大多以契約勞工（system contract）的形式安排到霹靂、雪蘭莪、森美蘭等地的錫礦場去當開採工人，另外則有一部分的華人進行種植的工作，或

---

*此節的部分內容改寫自張翰璧、黃靖雯，2009，〈海峽殖民地的族群政策與族群分工：以新馬地區的典當業與中醫藥產業為例〉。論文發表於2009年台灣的東南亞區域研究年度研討會。

者到城市地區當技術學徒。來自印度的勞工則大多以肯嘉尼制度（system *kangani*）的形式安排到橡膠園裡當割膠工人，不同族群之間出現職業區別的現象也就逐漸形成。與此同時，英國也採取族群分居的居住策略，華人大多居住在錫礦與城市地區，印度人則大多居住在橡膠園，馬來人則居住在未開發的鄉下地區（Masariah and Johara 2003: 141-144）。

根據Masariah與Johara的分析，英國殖民馬來亞時期的經濟形態可分為傳統經濟與商業經濟，並列出這兩種經濟形態的差異（參見表1-4）。

表1-4：英國殖民馬來亞時期的經濟領域特徵

特徵	傳統經濟	商業經濟
經營形式	自給自足	出口貿易
經營規模	小資本	龐大的國際資本
經營技術	傳統手工器具	先進技術與機器
勞力資本	不需勞工	需要大量外來勞工
領域	捕魚與種植稻米	主要乃錫礦與橡膠
主要族群	馬來人	歐洲人、華人、印度人

資料來源：整理自Masariah & Johara, 2003, *Sejarah Tingkatan 2: Buku Teks (Text Book of History, Form 2)*, p. 141. Kuala Lumpur: Dewan Bahasa dan Pustaka.

對於上述經濟殖民政策的發展，Masariah與Johara（2003: 144）指出，由於英國殖民政府的經濟政策，只注重海峽殖民地以及馬來西亞西海岸的發展，因而造成許多馬來人居住的鄉間地區被嚴重忽略，而上述不公平的經濟發展也造成了各個族群之間出現懸殊的經濟鴻溝。馬來西亞第四任首相Tun Mahathir（2002）曾在其著作*Growth and Ethnic Inequality: Malaysia's New Economic Policy*指出，造成馬來西亞族群之間出現經濟鴻溝的罪魁禍首乃英國殖民政府，因為在長達一百七十一年

（1786至1957年）的殖民時期之中，英國殖民政府為來自中國與印度的勞工製造了許多累計財富的機會，相反地卻不斷剝削與歧視馬來族群，導致馬來族群不但無法在殖民經濟的發展中改善自己的生活素質，反而變得愈來愈貧窮（轉引自Mukhriz與Khairy 2004: viii）。針對英國殖民政策對馬來族群帶來的影響，Mukhriz與Khairy（2004: xvi）認為英國殖民政府長久以來對馬來族群採取了邊緣化與歧視的殖民政策：

> 「英國殖民大官對我們進行洗腦，讓我們相信馬來人就是懶惰的民族（無論在生理或心理），所以最好在甘榜與河邊過一些簡單平靜的生活。」

Baker（1999）則從區域史的角度來論述馬來西亞與新加坡的文化變遷與國家發展。Baker認為，19世紀的錫礦發展與中國勞工的大量移入，乃是導致馬來亞區域（Malay Peninsular）政治不穩定的兩大主要因素，因為英國人不使用馬來籍的原住民作為勞力資本，反而大量引進並依賴中國籍勞工為其開採錫礦；再加上族群的區隔，使得移入的大批中國籍勞工無法融入馬來土著社群的情況，馬來亞的原有社會結構也因而產生了巨大的改變（Baker 1999: 127, 129）。換言之，海峽殖民政府採用分而治之的殖民統治模式，以最小的統治成本換取最大的經濟利益，把不同族群分配到不同的經濟領域去，形成產業與族群居住地重疊的現象，成為不同族群產業發展的基礎。這可以透過以下有關海峽殖民地於1921、1931與1947年的人口普查調查資料中的人口分布圖表與資料得到驗證。

《1931海峽殖民地人口普查報告》的作者Vlieland（1932）指出，由於東方人士（Oriental peoples）對國籍、地域與民族起源（geographic and ethnographic origin）、政治忠誠（political allegiance）等概念沒有認知，因此在人口普查調查中，Vlieland採用「種族」

（race）一詞來界定海峽殖民地與馬來亞半島內複雜且多元的居民（Vlieland 1932: 73）。另外，Vlieland（1932: 77-78）也採用Pountney在《1911馬來聯邦人口普查報告》書中的分類概念，將華人種族內部具有方言差異的群體稱為「部落」（tribe），以此概念來界定華人內部的次級分類（sub-division）。Vlieland（1932）當時便指出，隨著中國北京推行華語（Mandarin）作為官方語言，以及馬來亞華人種族使用華語作為教學媒介語，各「部落」之間的方言差異將被逐漸同化。

表1-5至表1-9是1921、1931與1947年海峽殖民地人口普查報告中的資料。表1-5是1947年馬來亞聯邦與新加坡（英國皇家殖民地）的各種族人口分布；表1-6呈現馬來亞聯邦地區各種族之間產業類型分布；表1-7呈現馬來亞各地區的產業分布（包括所有種族）；表1-8與表1-9則分別呈現1921與1931年華人社會內部各個「部落」的人口與區域分布。

表1-5顯示，英國在宣布解散殖民地後的隔年，當地的馬來人、華人與印度人人口比例為43%、44%以及10%，顯示華人與馬來人口數相當。而在錫礦地區與海峽殖民地的華人人口比例皆比其他種族來得高。居住在錫礦地區如霹靂、雪蘭莪與森美蘭的華人人口分別為47%、51%與42%；居住在新加坡與檳城的華人人口則占了當地總人口的75%與55%，唯有馬六甲的華人人口比馬來人口來得少，但也占了當地總人口的40%。

雖然表1-6與表1-5的樣本數出現差異，但是從表1-6中依舊可看出各個種族在不同產業的明顯分布。表1-6顯示，除了捕魚業、農業與公共行政，華人在其他產業類別皆占了最高的百分比。雖然在海峽殖民地年度報告書中顯示，英國殖民政府最早針對三個海峽殖民地進行祖籍地調查的年份乃1881年，但是較為系統性的華人祖籍人口調查來自1921年的人口普查資料（請參見表1-8與表1-9）。

從表1-8的資料來看，馬來西亞客家人於1921年分布在馬來聯邦的州屬居多，占了客家總人口的70%；而分布於海峽殖民地與非馬來

聯邦的州屬則分別為17%與13%。然而，若從各個州屬的華人總人口來觀察，客家人多分布於玻璃市（Perlis）、雪蘭莪、森美蘭與霹靂，各占了上述州屬華人總人口的40%、33%、32%與30%。對比表1-9的1931年華人社會內部各個「部落」的人口分布，客家人的分布依舊與1921年大同小異，即分布在馬來聯邦的州屬居多，其中霹靂、雪蘭莪、森美蘭與玻璃市各占了當地華人總人口的27%、33%、33%與28%。Vlieland（1932: 81）指出，從客家人於馬來亞各州屬的分布看來，縱然客家人的人口數量緊迫在福建與廣東人之後，但是客家人似乎較為偏好居住在鄉村或未開發的地區。另一方面，值得一提的是，「興化」人沒有出現在表1-9中的華人「部落」分類中；另外，在1921年與1931年的人口普查報告中，對「潮州」與「福清」的英文名詞則有些許變化，即從Tie Chiu變成Tiu Chiu；Hok Chia成為Hok Chhia。

從這些表格資料可以看出，英國海峽殖民地政府採取的族群分類政策，間接或直接影響族群的分工，以及族群產業的形成。

3. 在地社會的整合模式（華人內部的族群關係和客家的職業）

在不同的移民過程中，不同的歷史階段與社會型態，會形成不同的資本組合。在客家移民普遍「不擅經商」的趨勢中[4]，新加坡、馬來西亞典當業與中藥產業中客家人壟斷的現象是如何出現的呢？要回答這個問題，除了探討華人移民史與殖民政府的族群統治脈絡，也必須回到移民與社會整合的模式探討，以瞭解典當業與中藥產業如何成為客家的獨占產業。

針對移民與接收國間的社會整合程度而言，Portes（1982）指出

---

4 幾位研究台灣客家人職業與社會文化特職的學者（范楊松 1994；張典婉 1994；黃毅志、張維安 1999 等）認為，雖然閩、客在職業分布上沒有太多的不同，然而，客家人從事農林礦業的比例高於閩南族群，而閩南在商業的比例較高。學者指出（張典婉 1994），或許是受到客家文化「不得借貸」、「有幾分錢，做幾分事」的影響，形成保守性格，在行業的選擇上也以保守、不具風險性的行業為主。

表1-5：1947年馬來亞聯邦與新加坡（英國皇家殖民地）的種族人口分布

區域/州屬	馬來人	華人	印度人	歐洲人	歐亞人	其他	總和
馬來亞聯邦	2427853(95)*(49)	1884647(72)*(38)	535092(88)*(11)	16836(35)*(0)	10062(52)*(0)	48331(74)*(1)	4922821(83)*(100)
檳城	136163(5)*(30)	247411(9)*(55)	57536(9)*(13)	2325(5)*(1)	2413(13)*(1)	2039(3)*(0)	447707(8)*(100)
馬六甲	120334(5)*(50)	96144(4)*(40)	19718(3)*(8)	308(0)*(0)	1978(10)*(1)	881(1)*(0)	239363(4)*(100)
霹靂	360631(14)*(38)	444509(17)*(47)	140755(23)*(15)	2762(6)*(0)	1182(6)*(0)	5868(9)*(1)	955707(16)*(100)
雪蘭莪	187334(7)*(26)	362755(14)*(51)	147149(24)*(21)	4791(10)*(1)	2816(15)*(0)	10686(16)*(1)	715531(12)*(100)
森美蘭	110560(4)*(41)	114411(4)*(42)	39053(6)*(15)	1420(3)*(1)	880(5)*(0)	2980(5)*(1)	269304(5)*(100)
彭亨	135772(5)*(54)	97325(4)*(39)	14744(2)*(6)	849(2)*(0)	79(0)*(0)	1467(2)*(1)	250240(4)*(100)
柔佛	323682(13)*(44)	354788(14)*(48)	55618(9)*(7)	3771(8)*(1)	478(2)*(0)	3454(5)*(0)	741791(13)*(100)
吉打	377075(15)*(68)	115928(4)*(21)	51417(8)*(9)	314(0)*(0)	161(1)*(0)	9632(15)*(2)	554581(9)*(100)
吉蘭丹	412918(16)*(92)	22938(1)*(5)	4982(0)*(1)	130(0)*(0)	25(0)*(0)	7637(12)*(2)	448630(8)*(100)
登嘉樓	207874(8)*(92)	15864(1)*(7)	1761(0)*(1)	60(0)*(0)	14(0)*(0)	423(1)*(0)	225996(4)*(100)
玻璃市	55185(2)*(78)	11788(0)*(17)	1684(0)*(2)	8(0)*(0)	7(0)*(0)	1818(3)*(3)	70490(1)*(100)
不詳	325(0)*(9)	782(0)*(22)	801(0)*(23)	98(0)*(3)	29(0)*(1)	1446(2)*(42)	3481(0)*(100)
新加坡	116406(5)*(12)	730603(28)*(75)	73496(12)*(8)	30631(65)*(3)	9112(48)*(1)	16951(26)*(2)	976839(17)*(100)
總和	2543899(100)*(44)	2615250(100)*(44)	608588(100)*(10)	47467(100)*(0)	19174(100)*(0)	65282(100)*(1)	5899660(100)*(100)

註：表中＊號括弧數字為欄數百分比，後面括弧數字為列數百分比。
資料來源：Del Tufo (1949: 132-133).

表1-6：1947年馬來亞聯邦各種族的產業類型分布

職業類型	馬來人[5]	華人	印度人	歐洲人	歐亞人	其他	總和
捕魚業	40864(5)*(69)	18004(3)*(30)	586(0)*(1)	-	68(2)*(0)	80(0)*(0)	59602(3)*(100)
農業[6]	552956(73)*(51)	335734(47)*(31)	182546(61)*(17)	1151(20)*(0)	97(3)*(0)	9452(57)*(1)	1081936(60)*(100)
錫礦業	5040(1)*(11)	35300(5)*(75)	6056(2)*(13)	492(9)*(1)	57(2)*(0)	95(1)*(0)	47040(3)*(100)
製造業[7]	41097(5)*(27)	95704(13)*(64)	12404(4)*(8)	239(4)*(0)	283(10)*(0)	845(5)*(1)	150572(8)*(100)
運輸與通訊	16890(2)*(28)	26864(4)*(45)	14348(5)*(24)	194(3)*(0)	301(10)*(1)	956(6)*(2)	59553(3)*(100)
商業與金融	26461(4)*(15)	117063(16)*(68)	25930(9)*(15)	513(9)*(0)	244(8)*(0)	987(6)*(1)	171198(10)*(100)
公共行政	55156(7)*(50)	13201(2)*(12)	35245(12)*(32)	2517(45)*(2)	1415(49)*(1)	2791(17)*(3)	110325(6)*(100)
專業人士	3754(0)*(20)	11440(2)*(62)	2078(1)*(11)	408(7)*(2)	250(9)*(1)	527(3)*(3)	18457(1)*(100)
娛樂與運動	1404(0)*(20)	4273(1)*(60)	1144(0)*(16)	44(1)*(1)	44(2)*(1)	162(1)*(2)	7071(0)*(100)
服務業	10610(1)*(12)	55983(8)*(64)	19509(6)*(22)	43(1)*(0)	97(3)*(0)	578(3)*(1)	86820(5)*(100)
不詳	1657(0)*(27)	3327(0)*(54)	1049(0)*(17)	27(0)*(0)	23(1)*(0)	69(0)*(1)	6152(0)*(100)
總和	755889(100)*(42)	716893(100)*(40)	300895(100)*(17)	5628(100)*(0)	2879(100)*(0)	16542(100)*(1)	1798726(100)*(100)

註：表中＊號括弧數字為欄數百分比，(後面括弧數字為列數百分比。
資料來源：Del Tufo (1949: 442-445).

5 不包括遊牧的土著或原住民群體。
6 包括橡膠、椰子、油棕、稻米、鳳梨、花卉、水果等農作物。
7 製造業當中包括陶器、磚瓦、玻璃、化學物品、金屬、機械、紡織品、皮革、飲料、煙草、家具、罐頭食品、紙張與文具製造、印刷、建築與設計、水電與煤炭等相關產業。

表1-7：1947年馬來亞聯邦地區的產業分布[8]

職業類型	檳城	馬六甲	霹靂	雪蘭莪	森美蘭	彭亨	柔佛
捕魚業	6764(5)*(11)	3480(4)*(6)	9598(3)*(16)	5960(2)*(10)	463(0)*(1)	2680(3)*(4)	7845(3)*(13)
農業[9]	45409(30)*(4)	43052(52)*(4)	215433(58)*(18)	141320(50)*(12)	85303(71)*(7)	71805(71)*(6)	195425(69)*(17)
錫礦業	231(0)*(0)	223(0)*(0)	27296(7)*(57)	13021(5)*(27)	1332(1)*(3)	2497(2)*(5)	841(0)*(2)
製造業[10]	21650(14)*(14)	11501(14)*(8)	28861(8)*(19)	29953(11)*(20)	7352(6)*(5)	5286(5)*(3)	15810(6)*(10)
運輸與通訊	13189(9)*(22)	3577(4)*(6)	9228(2)*(15)	12451(4)*(21)	3035(3)*(5)	1926(2)*(3)	6197(2)*(10)
商業與金融	29320(20)*(17)	9380(11)*(5)	32527(9)*(19)	30290(11)*(17)	7738(6)*(4)	53825(3)*(3)	22622(8)*(13)
公共行政	13001(9)*(11)	5171(6)*(5)	21827(6)*(19)	22013(8)*(19)	8669(7)*(8)	6488(6)*(6)	18464(7)*(16)
專業人士	2852(2)*(15)	1108(1)*(6)	3883(1)*(21)	3596(1)*(19)	915(1)*(5)	671(1)*(4)	2633(1)*(14)
娛樂與運動	1429(1)*(19)	395(0)*(5)	1814(0)*(24)	1880(1)*(25)	224(0)*(3)	236(0)*(3)	747(0)*(10)
服務業	15200(10)*(17)	4541(5)*(5)	18316(5)*(21)	19939(7)*(22)	5091(4)*(6)	3406(3)*(4)	10836(4)*(12)
不詳	799(1)*(13)	295(03)*(5)	879(0)*(14)	1136(0)*(18)	223(0)*(4)	244(0)*(4)	1031(0)*(16)
總和	149844 (100)* (8)	82723(100)*(4)	369642 (100)* (19)	281019(100)*(15)	120345 (100) (6)	100621(100)*(5)	282451 (100)* (15)

8 不包括遊牧的土著或原住民群體。
9 包括橡膠、椰子、油棕、稻米、鳳梨、花卉、水果等農作物。
10 製造業當中包括陶器、磚塊、玻璃、化學物品、機械、金屬、紡織品、皮革、飲料、煙草、家具、醴頭食品、紙張與文具製造、印刷、建築與設計、水電與煤業等相關產業。

表1-7：1947年馬來亞聯邦地區的產業分布（續）

職業類型	吉打	吉蘭丹	登嘉樓	玻璃市	不詳	總和
捕魚業	3778(2)*(6)	6855(4)*(11)	12136(14)*(20)	728(2)*(1)	1(0)*(0)	60288(3)*(100)
農業	177111(77)*(15)	128542(76)*(11)	44376(53)*(4)	26707(81)*(2)	190(13)*(0)	1174673(62)*(100)
錫礦業	571(0)*(1)	59(0)*(0)	565(1)*(1)	1017(3)*(2)	37(2)*(0)	47690(3)*(100)
製造業	11094(5)*(7)	9316(6)*(6)	11509(14)*(8)	721(2)*(0)	143(9)*(0)	153196(8)*(100)
運輸與通訊	3719(2)*(6)	3232(2)*(5)	3261(4)*(5)	275(1)*(0)	261(17)*(0)	60351(3)*(100)
商業與金融	16420(7)*(9)	10751(6)*(6)	6579(8)*(4)	1696(5)*(1)	415(27)*(0)	173120(9)*(100)
公共行政	8495(4)*(7)	4500(3)*(4)	3451(4)*(3)	1046(3)*(1)	302(20)*(0)	113407(6)*(100)
專業人士	1517(1)*(8)	1077(1)*(6)	369(0)*(2)	126(0)*(1)	20(1)*(0)	18767(1)*(100)
娛樂與運動	398(0)*(5)	238(0)*(3)	141(0)*(2)	30(0)*(0)	5(0)*(0)	7537(0)*(100)
服務業	6349(3)*(7)	3135(2)*(4)	1882(2)*(2)	525(2)*(1)	121(8)*(0)	88801(5)*(100)
不詳	837(0)*(13)	446(0)*(7)	261(0)*(4)	147(0)*(2)	23(2)*(0)	6311(0)*(100)
總和	230289(100)*(12)	168151(100)*(9)	84520(100)*(4)	33018(100)*(2)	1518(100)*(0)	1904141(100)*(100)

註：表中＊號括弧數字為欄數百分比，（後面括弧數字為列數百分比。
資料來源：Del Tufo（1949: 446-447）.

表1-8：1921年華人社會內部各「部落」（tribe）人口分布

地區	福建（Hokkien）	廣東（Cantonese）	潮州（Tie Chiu）	海南（Hailam）	客家（Kheh）
海峽殖民地	218619(58)*(44)	115707(35)*(23)	75004(58)*(15)	28455(42)*(6)	37277(17)*(7)
新加坡	136823(36)*(43)	78959(24)*(25)	53428(41)*(17)	14547(21)*(5)	14572(7)*(5)
檳城	64085(17)*(47)	30846(9)*(23)	19236(15)*(14)	3883(6)*(3)	14293(7)*(11)
馬六甲	17783(5)*(39)	5902(2)*(13)	2340(2)*(5)	10025(15)*(22)	8412(4)*(18)
馬來聯邦	105435(28)*(21)	178208(54)*(36)	20458(16)*(4)	22558(33)*(5)	152188(70)*(31)
霹靂	41997(11)*(19)	93878(28)*(42)	9470(7)*(4)	4861(7)*(2)	66939(31)*(30)
雪蘭莪	45242(12)*(27)	49861(15)*(29)	8512(7)*(5)	6449(9)*(4)	56022(26)*(33)
森美蘭	11549(3)*(18)	19188(6)*(29)	1589(1)*(2)	8884(13)*(14)	20757(10)*(32)
彭亨	6647(2)*(19)	15281(5)*(45)	887(1)*(3)	2364(3)*(7)	8470(4)*(25)
非馬來聯邦	55869(14)*(31)	38128(11)*(21)	34660(27)*(19)	17295(25)*(10)	28385(13)*(16)
柔佛	31112(8)*(32)	20938(6)*(22)	17915(14)*(18)	11809(17)*(12)	12112(5)*(12)
吉打	15491(4)*(26)	11647(4)*(20)	16065(12)*(27)	2768(4)*(5)	12455(6)*(21)
玻璃市	1161(0)*(32)	683(0)*(19)	182(0)*(5)	1320(0)*(4)	1439(1)*(40)
吉蘭丹	6113(2)*(48)	2707(1)*(21)	262(0)*(2)	607(1)*(5)	1699(1)*(13)
登嘉樓	1992(1)*(27)	2153(1)*(30)	236(0)*(3)	1979(3)*(27)	680(0)*(9)
總和	379923(100)*(32)	332043(100)*(28)	130122(100)*(11)	68308(100)*(6)	217850(100)*(19)

表1-8：1921年華人社會內部各「部落」(tribe) 人口分布（續）

地區	福州 (Hok Chiu)	福清 (Hok Chia)	興化 (Hin Hua)	廣西 (Kwongsai)	其他[11]	總和
海峽殖民地	7315(53)*(1)	3845(95)*(1)	1659(100)*(0)	87(9)*(0)	9121(42)*(2)	497161(42)*(100)
新加坡	5583(40)*(2)	3845(95)*(1)	1659(100)*(1)	33(3)*(0)	6865(31)*(2)	316314(27)*(100)
檳城	1326(10)*(1)	-	-	14(1)*(0)	1464(7)*(1)	135147(12)*(100)
馬六甲	406(3)*(1)	-	-	40(4)*(0)	792(4)*(2)	45700(4)*(100)
馬來聯邦	4858(35)*(1)	40(1)*(0)	-	879(88)*(0)	8947(41)*(2)	493571(42)*(100)
霹靂	3417(25)*(2)	40(1)*(0)	-	702(70)*(0)	2573(12)*(1)	223877(19)*(100)
雪蘭莪	937(7)*(1)	-	-	6(1)*(0)	3429(16)*(2)	170458(15)*(100)
森美蘭	294(2)*(0)	-	-	99(10)*(0)	2782(13)*(4)	65142(6)*(100)
彭亨	210(2)*(1)	-	-	72(7)*(0)	163(1)*(0)	34094(3)*(100)
非馬來聯邦	1648(12)*(1)	173(4)*(0)	-	32(3)*(0)	3761(17)*(2)	179951(15)*(100)
柔佛	864(6)*(1)	173(4)*(0)	-	32(3)*(0)	2086(10)*(2)	97041(8)*(100)
吉打	646(5)*(1)	-	-	-	275(1)*(0)	59347(5)*(100)
玻璃市	5(0)*(0)	-	-	-	-	3602(0)*(100)
吉蘭丹	101(1)*(1)	-	-	-	1226(6)*(10)	12715(1)*(100)
登嘉樓	32(0)*(0)	-	-	-	174(1)*(2)	7246(1)*(100)
總和	13821(100)*(0)	4058(100)*(0)	1659(100)*(0)	998(100)*(0)	21829(100)*(2)	1170683(100)*(100)

註：表中*號括弧數字為欄數百分比，後面括弧數字為列數百分比。
資料來源：Nathan (1922: 186).

11 包括其他「部落」與返回中國的移民人數（Others and Not Returned）。

表1-9：1931年華人社會內部各「部落」（tribe）人口分布

地區	福建（Hokkien）	廣東（Cantonese）	潮州（Tiu Chiu）	海南（Hailam）	客家（Kheh）
海峽殖民地	287125(53)*(43)	141975(34)*(21)	115123(55)*(17)	35679(37)*(5)	52369(16)*(8)
新加坡	181287(34)*(43)	95114(23)*(23)	85163(40)*(20)	20040(21)*(5)	19716(6)*(5)
檳城	79546(15)*(45)	40041(10)*(23)	28920(14)*(16)	5359(5)*(3)	17704(5)*(10)
馬六甲	26292(5)*(40)	6820(2)*(10)	3687(2)*(6)	10280(11)*(16)	14949(5)*(23)
馬來聯邦	143429(27)*(20)	226181(54)*(32)	33040(16)*(5)	30107(31)*(4)	211906(67)*(30)
霹靂	53471(10)*(16)	121401(29)*(37)	19060(9)*(6)	7145(7)*(2)	87885(28)*(27)
雪蘭莪	64311(12)*(27)	63191(15)*(26)	10464(5)*(4)	10097(10)*(4)	80167(25)*(33)
森美蘭	15554(3)*(17)	26750(6)*(29)	1762(1)*(2)	8468(9)*(9)	30115(9)*(33)
彭亨	10093(2)*(19)	14839(4)*(28)	1754(1)*(3)	4397(5)*(8)	13739(4)*(26)
非馬來聯邦	109345(20)*(33)	49325(12)*(15)	60607(29)*(18)	31870(33)*(10)	53459(17)*(16)
柔佛	73270(14)*(34)	29585(7)*(14)	35935(17)*(17)	23539(24)*(11)	33588(11)*(16)
吉打	21984(4)*(28)	13079(3)*(17)	23045(11)*(29)	2761(3)*(3)	13718(4)*(17)
吉蘭丹	8949(2)*(51)	1975(0)*(11)	452(0)*(3)	917(1)*(5)	3052(1)*(17)
登嘉樓	3242(1)*(24)	2998(1)*(23)	472(0)*(4)	4449(5)*(34)	1264(0)*(10)
玻璃市	1900(0)*(29)	1688(0)*(26)	703(0)*(11)	204(0)*(3)	1837(1)*(28)
總和	539899(100)*(32)	417481(100)*(24)	208770(100)*(12)	97656(100)*(6)	317734(100)*(19)

表1-9：1931年華人社會內部各「部落」(tribe)人口分布（續）

地區	福州 (Hok Chiu)	福清 (Hok Chhia)	廣西 (Kwongsai)	其他[12]	總和
海峽殖民地					
新加坡	8958(28)*(1)	9796(64)*(1)	1469(3)*(0)	11024(35)*(2)	663518(39)*(100)
檳城	6548(21)*(2)	8842(58)*(2)	949(2)*(0)	6809(22)*(2)	421821(25)*(100)
馬六甲	1887(6)*(1)	704(5)*(0)	412(1)*(0)	1945(6)*(1)	176518(10)*(100)
	523(2)*(1)	250(2)*(0)	108(0)*(0)	2270(7)*(3)	65179(4)*(100)
馬來聯邦					
霹靂	17962(56)*(3)	3189(21)*(0)	35021(76)*(5)	10705(34)*(2)	711540(42)*(100)
雪蘭莪	13650(43)*(4)	1869(12)*(0)	16963(37)*(5)	4083(13)*(1)	325527(19)*(100)
森美蘭	3094(10)*(1)	657(4)*(0)	5658(12)*(2)	3712(12)*(2)	241351(14)*(100)
彭亨	920(3)*(1)	506(3)*(1)	5894(13)*(6)	2402(8)*(3)	92371(5)*(100)
	298(1)*(1)	157(1)*(0)	6506(14)*(12)	508(2)*(1)	52291(3)*(100)
非馬來聯邦					
柔佛	4993(16)*(2)	2318(15)*(1)	9609(21)*(3)	9331(30)*(3)	330857(19)*(100)
吉打	3540(11)*(2)	1856(12)*(1)	7519(16)*(3)	6244(20)*(3)	215076(13)*(100)
玻璃市	1284(4)*(2)	335(2)*(0)	1075(2)*(1)	1134(4)*(1)	78415(5)*(100)
吉蘭丹	54(0)*(0)	89(1)*(1)	541(1)*(3)	1583(5)*(9)	17612(1)*(100)
吉蘭丹	57(0)*(0)	38(0)*(0)	385(1)*(3)	349(1)*(3)	13254(1)*(100)
登嘉樓	58(0)*(1)	-	89(0)*(1)	21(0)*(0)	6500(0)*(100)
總和	31913(100)*(2)	15303(100)*(1)	46099(100)*(3)	31060(100)*(2)	1705915(100)*(100)

註：表中＊號括弧數字為欄數百分比，後面括弧數字為列數百分比。
資料來源：Vlieland (1932: 180).

12 包括其他「部落」與不詳人數（Others and Indeterminate）。

下面三個重要的分析層次：1）政府政策，政府針對不同移民團體所採取的不同對應政策。2）公民社會與公眾輿論，有些少數的移民會受到移入國的歡迎，有些會受到主流社會的抗拒。3）族群社群／社區的支持，有些社群會提供一些防護，以對抗外在的偏見以及同化的衝擊。當其規模很大，也會提供少許的經濟機會，提供新移民者不可多得的經濟流動性的機會。以上三種接受度的結合構成特定的移民團體，形成特有的整合模式（mode of incorporation）。

　　就新古典學派的模式，移民經濟上的成功（藉由他們平均收入來測量），被教育、工作經驗、其他他們帶來的人力資本的要素所決定（Portes 1995: 23）。社會學者不滿意此種方式，顯然教育、英文知識、工作經驗，雖是影響新來者就業前景的重要因素，但不足以解釋職業的流動性與收入。相較於墨西哥人，古巴移民似乎在人力資本相當的條件下，可得到高於平均的報酬。拉丁族裔之間的差異非常大，以至於企圖將他們歸在同一族群的標籤下是無意義的（Portes 1995: 23-24）。

　　這些差異現象導致移民社會學對於長時間的經濟適應，產生不同的分析觀點。移民不單只是掌握某些個人技能，還包括廣大社會結構中的團體成員與參與者，以不同方式影響他們經濟的流動性。不能以單一解釋模型，還要強調社會脈絡解釋的模型。而這些解釋必須包含三種層次的接受度。首先是政府政策，針對不同移民團體有不同對應政策。其次，公民社會與公眾輿論，因為歷史的理由，部分少數的移民會受到當地的歡迎，但仍有些會受到主流社會的抗拒。最後為移民族群社群／社區，部分數量過少的移民，無法形成社群，而是分散在移入地的社會中，以至於無法提供新移民經濟流動性的機會（Portes 1995: 24-25）。這三種層次必須整合起來，方足以分析特定的移民族群整合模式。在這樣整合模式裡頭，其中一個最重要的概念：鑲嵌。某一個特定的移民團體，其整合程度以及他們整合的方向，完全鑲嵌在那三層次的接受程度裡，所以它包含的是一個關係鑲嵌，一個結構

鑲嵌。

從歷史與政府政策層次分析，海峽殖民地政府所採取的各種族居民的劃地分居、扶植海峽華人的經濟勢力以及引進礦工等的政策都是間接或直接促使族群分工現象的形成。因為不同祖籍地的人群分區而居，也強化內部的凝聚力並創造出網絡（network）關係，兩種因素的共同發展，看到典當業和中藥業與客家族群的高度關聯性。從新加坡和馬來西亞的例子中，典當業和中藥業逐漸發展成為客家的族群經濟。

典當業和中藥業在逐漸發展成為客家族群產業的過程中，也形成特有的制度性文化，進一步篩選希望進入這個產業的族群身份。制度性的文化指的是一些傳統，以及這些傳統對某些社會結構與社會行為的影響力，這些傳統是經過長時間建立的社會制度或行為規範，並在特定的社會空間展現出來的歷史現象。強調制度性文化的歷史特性，是要指出制度性文化本身並非同質性的概念，在社會發展過程中，會隨著不同理念的強調、成員社會關係的改變、制度存在的法律框架等而改變。制度性文化除了體現在組織架構的設計上，尚包括組織運作的原則和內部成員的行為習慣。例如新加坡典當業的議價術語是以客家話為基礎而發展出來的。

（三）資料來源與章節安排

本書所使用的資料包括三部分，1）海峽殖民地檔案，屬於西方、官方的觀點。2）新加坡口述歷史檔案館的口述資料，受訪者多是重要的社團領袖，或是生活經驗豐富的人物。3）作者針對過去海峽殖民地的三個港口城市（檳城、馬六甲、新加坡）中，現在經營典當業、中藥業的客籍人士的訪談稿。

1. 海峽殖民地檔案

研究19世紀以來東南亞華人社會的幾份重要資料有：南京中國第一歷史檔案館，1998，《清代中國與東南亞各國關係檔案史料彙

編》；南京中國第二歷史檔案館，1998，《有關南洋暨新馬地區檔案史料選編》；以及《海峽殖民地時期檔案，1867-1942》，可以透過新加坡國家檔案館編輯的《海峽殖民地檔案目錄》（*Index to papers and reports laid before the Legislative Council of the Straits Settlements*, 1867-1955）檢閱，其中大都已經製成微卷，供研究者查閱，新加坡國立大學圖書館購置了其中重要部分。

本書主要引用的資料是《海峽殖民地檔案目錄》，海峽殖民地檔案，包括A至Z, FF, COD, COD/C, GD, GD/C等系列，總數超過600冊。有關的行政公文，如往來公函、土地紀錄、總督日記等文獻大多載於A-Z, FF系列，時間上限是1800年，下限是1867年。COD, COD/C, GD, GD/C等系列則刊載1867年以後海峽殖民地總督公署與英國殖民部門的往來公文，包括機密文件。本書所使用的資料為：1）Straits Settlements Original Correspondence in series CO273（1870-1935），2）Census Reports of British Malaya 1871, 1881, 1901, 1921, 1931 and 1947，3）Annual Reports of the Straits Settlements（1855-1941）；以及用CO273為資料寫作的書籍，Purcell（1967）、Yen Ching hwang（1986）、Wu Xian An（2003）、Blythe（1969）。

海峽殖民地的檔案資料（CO273 Straits Settlements Original Correspondence, 1838-1946），根據以下七個關鍵字搜尋：Chinese, Labor, Census, Emigrate, Immigrate, Pawnbroker, Indian，共蒐集到介於1838至1910年之間的80批海峽殖民地的官方書信與文件，其頁數為1,000頁左右。這80批官方書信與文件內容大略可分為以下六類：

1）19世紀末的人口普查資料。

2）19世紀末中國籍（Chinese）勞工的移民狀況。

3）英國殖民政府的馬來亞勞工政策。

4）秘密會社對海峽殖民地與勞工分配的影響。

5）當商法令的制定。

6）英國殖民官員回應華人社會內部差異的族群政策。

2. 新加坡口述歷史檔案館的口述資料，包括24份口述歷史訪談的文字資料、13份口述歷史訪談的錄音資料（參見附錄一）。這部分的資料是作者在過去幾年內，到口述歷史檔案館查閱、蒐集、影印的成果。

3. 作者過去幾年在新加坡與馬來西亞的深度訪談資料。深度訪談資料的蒐集，始於2006年到2009年在新加坡與馬來西亞進行的相關訪談。共有26位當商與25位中藥商的深度訪談資料。

訪談大綱內容分為兩部分：第一部分為訪問參考大綱，主要針對新加坡的族群產業與分工、新加坡客家族群產業與分工、新加坡當鋪發展的歷史、當鋪網絡、國家政策的發展、國營當鋪，以歷史與制度脈絡分析新加坡客家族群與典當業的關係。第二部分為個別當鋪的資料，主要針對當鋪內部發展關係進行訪問，透過受訪者基本資料、進入產業的過程、經營層面相關問題、當鋪發展等相關問題，瞭解當鋪內部族群分工與客家文化特性。大綱擬定後針對個別的受訪者進行半結構式深入訪談。在訪談過程中，依據事先擬好的訪談大綱訪問受訪者，並透過受訪者的回答延續相關問題作後續的探討，以利進行關於新加坡典當業發展與客家文化之相關研究。在訪談對象的選取上，以立意抽樣（Purposive Sampling）方式來進行。受訪者多是經由新加坡和馬來西亞當商公會與中藥公會，引薦相關人員並安排訪談行程。

本書章節安排，第一部分是導論，包括檢視東南亞客家研究的現況，分析英國海峽殖民政府的族群政治與人群分類的脈絡，以及本書的分析架構與資料來源。第二章則希望與當代族群經濟的相關研究對話，探討族群經濟的相關文獻。並利用殖民政府的人口調查資料，說明官方觀點的族群分類政策，及其對客家族群產業發展的影響。接下來的三、四、五章，將分別討論海峽殖民地三個重要的港口，也是華人聚集的地方：檳城、馬六甲和新加坡。三個港口都市的差異，在於華人移民的時間，城市的發展過程，以及在海峽殖民中的地位不盡相同。相同的是，三個城市中的典當業與中藥業，多是客家族群在經

營，並集中在大埔與永定籍的客家族群手中。本書的研究顯示，不同方言群集中從事某些產業，除了受到同鄉連帶的影響外，也受到殖民政府政策與當代民族國家政策的影響。

第六章是本書的結論，主要討論移民、網絡與族群經濟間的關係。近十年來台灣關於客家族群的研究，已經累積相當的成果。其中經濟活動的部分，一般認為相較於閩南族群，客家人傾向於吃頭路，尤其是吃公家的頭路者居多，自我創業或自己做生意的比較少，即使做生意，也比較傾向於進行生產性的事業。整體來說，客家經濟特色的研究已有成果，但是以客家族群的社會關係作為族群資本的討論並不多，過去僅見於個案分析。本書對海外客家的貢獻，是以新馬客家族群產業的發展主體，將其發展放回海峽殖民地的制度脈絡，華人移民過程和社群內的族群互動，客家移民結構與不同網絡的建立過程，希望在上述三層架構下，說明東南亞客家及其族群產業的發展。

五、小結

遷徙是客家移民往外謀求生活的方式，也是族群建構和擴散的重要過程。19世紀前的香港客家研究，主要是1847年以後在客家地區的傳教士建立起的「客家研究」（客語辭典、德客文法等書、客家地區的描述），以及殖民政府的人口調查資料，許多的相關記載和資料都存在瑞士巴色會檔案館與圖書館（Basel Mission Archives and Library）。

由於20世紀初期的廣東省鄉土教材中，客家人常被視為非漢種。例如1907年，黃節編的《廣東鄉土地理教科書》，其中一章便指出客家、福佬兩族非漢種的言論。引發了鄒魯、溫廷敬、鐘用龢等客家學者成立「客家源流調查會」，形成一種有意識的客家認同建構。按照羅香林說法，1920年上海商務印書館編英文《世界地理》，又將客家描述成蠻族，引發北京、上海、廣州等地客家人的抗議，並設立客屬

大同會。為了證明客家民族的優越性，賴際熙編製了15卷本的《崇正同人系譜》，以地方志及譜碟的體例結合，敘述客族源流與分布，並從文化源流上，證明客家民族的優越性（陳麗華 2005: 5）。

羅香林延續族譜研究的方法，利用大量中、英文文獻，於1933年出版的《客家研究導論》一書來證明客家人的中原正統性，藉此書證明客家人非夷族、為漢種的證據，為日後客家研究建立一個典範。並在1950年香港崇正總會30週年紀念特刊上發表《客家源流考》，這兩本書成為以後客家歷史研究的主要探討依據。20世紀60年代以前的香港客家研究，多是相對於「蠻族說」而進行的研究，從歷史學與種族論的角度切入，希望證明客家具有中原漢族的血統。

台灣的客家研究起步較晚，沒有受到英國殖民政府與傳教士的影響，早期主要是在羅香林「客家源流」的基礎上發展。然而1980年代以後，嚴謹的客家研究並未多加引述羅香林的論點。原因即在於台灣的「國家」發展，使得台灣「社會」逐漸朝向多元社會，開始重視在地的歷史與調查。脫離以「漢」的思考框架，進入現代性的「國家」制度中，「自主性」和「多元性」成為理解「台灣社會」的重要基礎。因此，1990年代以後的台灣，成為客家研究的重鎮，側重「台灣經驗的探討」，而非「中原本質的辯論」的觀點。2003年以後，台灣更成為海外客家人建構客家認同，和學習客家研究重要的基地，逐漸成為海外客家建構「客家文化」的文化資源中心。

而要瞭解海外客家的擴散與文化發展，除了鉅觀層次的國際政治經濟架構，也不能忽略移民過程的各種複雜關係，例如移民網絡、親屬關係等面向，維生方式的發展也是關注的重點，關係到「成為客家」（being a Hakka）的文化發展。

第二章　客家移民與族群產業

一、脈絡性的移民研究與客家移民類型

　　移民研究是一種針對各種人口移動的研究。Wood（1982）將以往移民研究區分成兩種分析觀點。首先是移民的均衡模型（The Equilibrium Model of Migration）觀點，在新古典經濟學中，人口的移動（population movement）是因為土地、勞動力、資本與自然資源空間分配不均衡，而造成勞工在地理上的移動（geographical mobility of workers），不同地區的生產因素，決定了不相等的報酬，因而產生吸引移民的機會空間（Wood 1982: 300）。這些空間上就業機會的差異，或多或少代表區域間經濟發展的不同程度（Kearney 1986: 331），直接影響著移民趨勢的方向與規模。此種微觀經濟（microeconomic）的移民模型中，個別行動者會經由理性計算，再藉由地理移動，影響到生產因素在空間分配上的均衡性，例如1850年代以後的中國移民，因為天災人禍，大量移民到東南亞。

　　另一種是歷史結構（The Historical-Structural）的觀點，不像微觀經濟的移民模型，此類觀點涵蓋許多移民理論（Wood 1982: 302）。包括依賴理論（dependency theory）（Portes and Browning 1976; Cardoso and Faletto 1979）、內部殖民理論（internal colonialism）（Walton 1975）、中心－邊陲（center-periphery）架構（Cornelius & Kemper 1978），以及全球性資本積累（global accumulation）的分析（Portes & Walton 1981; Sassen-Koòb 1980）。持此觀點的學者，認為移民現象不能脫離其所在的社會、經濟與政治脈絡，必須參照時間性和整體性的發展過程，才能完整分析移民現象（Wood 1982: 301-302）。移民現象被認為是一種鉅視的、社會的現象，而不只是個人的、微觀的過程（Wood 1982: 302）。

以上兩種觀點盛行於1970至1980年代（Boyd 1989: 640），但Wood也批評他們過度歸因、過度化約的傾向（Wood 1982: 306），因空間上薪資不平等、就業、文化吸引會影響個別的行動者，在決定移民的過程中，隱含著一個理性行動者，會把所有影響決策過程因素考量在這個計算過程中，無法從結構性的架構中，辨識出成本與效益的考量如何影響移民的決策（Wood 1982: 306）。因此，移民現象的分析，必須將關懷重點從現代化理論、依賴理論等觀點，轉移到決策（decision making）、文化（culture）、性格（personality）與心理議題（psychological issue）等面向（Kearney 1986: 341）。

　　以行動者做為研究單位，指涉的是關於「決策單位」（decision-making unit）的研究，例如核心家庭、三代同堂家庭或其他社會團體，這些單位擁有勞力、技能、土地等資本，而眾多決策單位的集結，最後會形成整個社群（community）向外遷徙的現象（Kearney 1986: 335）。在這個觀點下衍生出其他重要的分析概念，例如社會網絡（social network），藉由社會網絡的分析，可以找出影響移民流向與文化形成的因素（Dinerman 1978; Portes 1978）。

　　1980年代開始，學者開始注意移民現象代表移出國（sending）與接收國（receiving）間的網絡連結（Lim 1987; Salt 1987），社會網絡指的就是移民系統的連結，可以產生跨時空的網絡，移民一旦開始流動，通常會形成一種持續不斷的資訊、協助與義務的網絡建立過程，包括個人、家庭、社會團體、社群與國家政策。這種移民系統（immigration system）的研究取向，可以連結微觀與鉅觀的研究方法，研究者可增加移民的結構面向解釋，同時也可以分析移民是個體的決定，還是團體的行動（Boyd 1989: 641）。過去的研究方式無法完全反應移民的整體現象，若強調行動者個人的移民動機，會產生低度社會化（undersocialized）的移民現象；若移民過程強調集體行動的偏好，則是有過度社會化（oversocialized）的風險，而社會網絡概念的引入，可以降低上述移民研究的兩難（Boyd 1989: 641）。

研究移民網絡，特別是與其聯繫的家庭或家戶，主要是將移民現象視為社會產物（social product），而非行動者自己的決定，也不是經濟與政治因素單獨導致的結果，而是所有因素互動的結果（Boyd 1989: 642）。以東南亞的華人移民而言，社會連帶（social ties）（可以是血緣、地緣）扮演傳達移民接收國及移民方式等訊息。因此，移民網絡研究通常會關注以下幾類議題：1）移出國與接收國的經濟、政治與社會結構因素；2）對勞工和移民的雙邊協定；3）政府對於跨國移民的管制政策；4）移民的匯款（remittances）與回流（returns）的趨勢；5）移民人口的定居與社會整合（Boyd 1989: 643）。

Fawcett擴展了Boyd的移民系統理論，將移民研究區分成四種情境與三種連結（linkages）的排列組合。四種情境類型分別是國與國的關係（State-to-State Relations）、大眾文化連結（Mass Culture Connections）、家庭與個人網絡（Family and Personal Networks）與移民代理機構活動（Migrant Agency Activities）；三種連結類型則為實體連結（Tangible Linkages）、管制性連結（Regulatory Linkages）與關係性連結（Relational Linkages）（Fawcett 1989: 673）。本章將參考Fawcett的理論，深入說明東南亞客家的移民模式與特性。

Wang Gungwu（王賡武 1998: 4-7）將過去的海外華人研究分成四類。王賡武（1994: 4-25）使用歷史學方法，分析18世紀以降的兩個世紀，東南亞華人移民的各種類型。按照王賡武的觀點，華人移民活動在這二百年間存在著四種類型，即：華商型、華工型、華僑型以及華裔或再移民型。

1. 華商型（the trader pattern）

華商是東南亞各地早期移民的主要類型，早在18世紀華商型移民已經成為主流，直到1850年以前是唯一重要的移民類型。此移民類型的特徵是宋代以來中國國內的商業、手工業及礦業延伸，他們主要是為了海外的貿易與事業而到海外工作的商人、工匠、代理人、家族成

員等。王賡武指出，這些以男性為主的移民在經過一、二代之後，往往會在當地成家並定居下來，當他們的生意越發達，這些家族便越保持其華人特徵，縱使他們已經斷絕和中國的所有聯繫。然而在居留地巨大的政治壓力下，這些家族的一部分成員將放棄其華人屬性（Chineseness）而變成當地的名門，與此同時，也因為生意上的需要，這些家族多半不允許所有成員都完全拋棄與華人間的必要聯繫。以馬六甲為代表，形成峇峇和娘惹文化，以省籍而言多為福建人。

2. 華工型（the coolie pattern）

也稱作中國苦力，此移民類型與華商型比較，華工型仍然處於次要的地位。華工型為出賣勞動力者，他們通常是農村無土地的勞動者及城鎮貧民。這種類型的移居活動是過渡性的，其過渡性質在於，大部分合約勞工在合約期滿後就會返回中國，因此這類型的東南亞移民活動在1920年代便宣告結束。

3. 華僑型（the sojourner pattern）

「華僑」一詞是中國自19世紀末開始為了能準確概括所有居住在外國的中國人而使用的辭彙，而「華僑」也具備了政治、法律與民族主義的意識形態內涵。在政治層面的意識形態，所有華僑必須在政治上宣稱效忠中國與滿清政府。在民族主義的意識形態方面，華僑被灌輸「所有的中國人，無論他居於何處，都屬於中華民族的一部分」的價值。「華僑」這個辭彙與「華商」、「華工」不同，因為它不反映移民的職業身份，而是泛指所有的海外華人，包括華商、華工以及有教養的知識份子如教師、記者、官員、黨務工作者等。華僑型移民雖在1900年才真正開始發展，但是隨著孫中山的革命運動，在1911年後很快地在情感上就達到非常高的水準。直到1950年代，這個在海外居於主導地位的華人移民類型的某些特質依然延續至今。

4. 華裔或再移民型（the descent or re-migrant pattern）

此類型的移民，指的不是18世紀移民東南亞的華人移民類型，而是當代在外國出生並已經取得公民權，並具有中國血統的華人，並再移居到其他國家的移民活動，例如東南亞的華人再移民到英國、法國、荷蘭或澳洲等現象。相對於其他的華人移民，華裔或再移民型更屬於國際化的移民，因為他們主要是受過良好教育的專業人士，而他們只要在不受歧視的環境下就可以安心定居下來。

綜合王賡武對上述的四個移民類型活動與發生年代加以排列，四種移民類型呈現以下面貌：華商型是最古老及最基本的；華工型增加了移民數量，但僅僅產生於19世紀50年代至20世紀20年代，是過渡性；華僑型囊括全體，主要存在於20世紀上半葉，直到1950年代；而華裔型則是最新近的移民類型，目前尚在發展之中。

海外華人社會是移民社會，其特徵是人口構成的不穩定性，前幾代多保有旅居而非定居的心態。這種性質決定了華人社會結構的特性。基本上，是個都市型的社會，成員不是商人就是勞工，財富是決定社會流動的主要條件（顏清湟 1991）。相對於王賡武以移民時間和身份將華人分成四類，顏清湟從移民的方式區分兩類華人移民的類型。第一類是強制勞工移民，由於當時清政府嚴禁人民移居海外，人口販子以不正當之手段公然誘騙、強擄華工，開啟了馬來西亞「豬仔貿易」的門戶，南來的時期以19世紀的40年代中至50年代為最多，客家人在19世紀中葉後大批的移往馬來西亞，便多是透過此種「苦力貿易」（Coolie Trade）或「豬仔貿易」的方式。所謂的「豬仔」是指被販賣的契約華工，外人稱之為「苦力貿易」，當時香港、澳門、汕頭、廈門等地皆是「豬仔」的「販賣市場」。

第二類則是契約勞工移民，1860年，清與英簽訂《北京條約》，其中第三條規定：「中國不得禁止華人應英人雇傭往外洋工作。」於是，英國資本主義者在得到法律上的許可後，便明目張膽的誘騙處於困苦中的人民，以契約勞工之名，將其運往南洋作苦力，此類移民多

是19世紀下半葉的產物。客家移民也多是在此時期移入東南亞地區。

19世紀時，客家人的大量移民是由於西方帝國主義勢力侵入南洋，為了發展殖民式的墾殖經濟，英國殖民政府引入大量的華人。當時大規模移居東南亞的客家人主要是從事小生意與手工業，或是在礦區採礦，其職業多半是農人、工人和小商人（張翰璧、張維安 2005：130）。生意規模大的，或社會經濟地位特別高的商人也有，但相較於其他移民（閩南、潮州、廣東等）而言不算多。

華人或是客家人的社會特性與經濟位置，除了受到移民時間早晚的影響外，殖民政府的族群政治更是形塑華人社會的重要因素。首先是港腳貿易（country trade）的影響。港腳貿易可區分為兩種，一是指原本盛行於印度以及東南亞沿海的散商（private trader），多為歐洲商人、長年縱橫海上的亞美尼亞人以及波斯祆教徒。其二是在亞洲境內從事區間貿易的商人，英人稱為「country trader」，華人稱為「港腳商人」（陳國棟 2005）。華人移民的經濟動機，與殖民政府的經濟目的一拍即合，使得華人的職業特性與「商」產生密切的關聯性。接下來則是清朝與中國的關係變化，促使更多的人到東南亞工作，將華人與「工」關聯在一起。

結構性的殖民管制策略，是研究移民網絡的重要架構，不僅可以分析族群政治在不同時期的變化，華人社會結構的轉變，更可以從族群政治的角度進一步說明華人社會內部以及經濟位置的差異。

二、殖民政治中的族群政策與族群分類

1911與1921年的調查中，海峽殖民政府使用「tribe」分類華人社群，Tibi（1991: 136）指出，歐洲的歷史學者在分類前現代的非歐洲團體時，多使用「tribe」的概念，以「ethnic」區分歐洲的社會團體。「race」和「tribe」的使用，相當程度反應歐洲殖民者的心態，對被殖的社會成員具有文化與種族上的偏見。除了種族與族群文化

的偏見外，英國殖民政府也採取族群分而治之的策略，有意圖地把不同的族群，放到不同的經濟領域去經營相關的農、工業。Masariah與Johara（2003）指出，在1820年代，華人（*orang Cina*或Chinese）勞工開始被殖民政府引進，許多的華人勞工都被安排到霹靂與雪蘭莪州去當錫礦工人。由於擁有開採錫礦的技術與知識，華人隨後也被殖民政府鼓勵開採錫礦。

在農業種植方面，殖民政府僅僅開放給歐洲或來自外國的資本家經營，馬來亞的土著居民（indigenous people）則被禁止種植相關的商業農作物。在20世紀初，由於錫礦與橡膠在國際市場供不應求，英國殖民政府於是大力引進中國與印度的勞工，多以契約勞工的形式安排到霹靂、雪蘭莪、森美蘭等地的錫礦場去當開採工人，另外則有一部分的華人進行種植的工作，或者到城市地區當技術學徒。因此，不同族群之間出現職業區別的現象也就逐漸形成。與此同時，英國也採取族群分居的居住政策，華人大多居住在錫礦與城市地區，印度人大多居住在橡膠園，馬來人則居住在未開發的鄉下地區（Masariah and Johara 2003: 141-144）。

由於英國殖民政府的經濟政策，只注重海峽殖民地以及馬來半島西海岸的發展，因而造成許多馬來人居住的鄉間地區被嚴重忽略，而上述不公平的經濟發展也造成了各個族群之間出現懸殊的經濟鴻溝（Masariah and Johara 2003: 144）。Baker（1999）則從區域史的角度來論述馬來西亞與新加坡的文化變遷與國家發展。Baker認為，19世紀的錫礦發展與中國勞工的大量移入，是導致馬來亞區域（Malay Peninsular）政治不穩定的兩大主要因素，因為英國人不使用馬來亞土著居民作為勞力資本，反而大量引進並依賴中國籍勞工為其開採錫礦；再加上移入的大批中國籍勞工無法融入馬來土著社群的情況，馬來亞的原有社會結構也因而產生了巨大的改變（Baker 1999: 127, 129）。換言之，海峽殖民政府採用分而治之的殖民統治模式，以最小的統治成本換取最大的經濟利益，把不同族群分配到不同的經濟領

域去。

英國海峽殖民地政府採取了族群分而治之的政策，影響華人社會結構的發展，也間接或直接影響族群的分工。1870年代以前，華人社會處於自我管理的狀態，其中秘密會社扮演重要的治理功能。利用秘密會社作為控制海峽殖民地華人社區的工具，受到兩位官員的鼓吹，一是當時的警察總監鄧洛普（Dunlop）少校，另一位是之後出任華民護衛司的畢麒麟（Pickering），這種觀點形諸於文字是在華民護衛司的第一份年度報告書中（顏清煌 2010: 107）。

> 「我以為，無論如何，當我提出洪門（秘密會社）在幫助政府與中國人的下階級打交道中常常是很有用之時，警察應該支持我。而一旦放手讓這些會社去幹、並允許他們獲得權力與財富時，無疑又是危險的。」

從上述的發展可以看出，在大量華工進入東南亞（檳榔嶼是個重要的轉運站）、苦力貿易興盛以前，殖民政府的確希望藉助華人內部的組織維持華人內部的社會秩序，秘密會社作為穩定的社會力量，也受到殖民政府的肯定。但是，當殖民政府與華人社會有利益衝突，以及華人內部因為經濟力產生重大分裂時，殖民政府開始介入社會秩序的維持，並於1889年查禁秘密會社。苦力貿易的興起，不但改變以往移民貿易的性質，也改變了新馬華人的社會結構，與秘密會社的組織性。

1870年代，華人社群內部的紛爭不斷，尤其是秘密會社對苦力的不人道對待，使得海峽殖民政府開始規範與壓制秘密會社的活動，以保護移入的華工。1871年5月23日，70位華商與市民，遞交一份文件給海峽殖民政府的立法局（Legislative Council of the Straits Settlements），希望當局出面設立監督系統，以約束幫派活動，保護華人移工免於不人道的對待（CO273/69, Protection of Chinese Immigrant,

Straits Settlements of Original Correspondence, 30/9/1873. App. 3）。同年的10月23日，新加坡發生嚴重的華人暴亂，暴動起源於戲院內的扒手事件，後來衍生成福建與潮州間的團體對立，並使得三分之二的華人均涉及此暴動（CO273/50, Riots Between Hokkien and Teochew, Straits Settlements of Original Correspondence, 27/10/1871）。另一件衝突發生在1873年，一群買賣甘蜜與胡椒的商人於6月23日提出請願書，希望海峽殖民政府出面解決移工被挾持的問題，免得移工一上岸，就被秘密會社帶走（CO273/69, Protection of Chinese Immigrant, Straits Settlements of Original Correspondence, 30/9/1873. App. 4）。同一時間，第三次拉律戰爭也在錫礦區爆發。

上述事件接二連三的出現，促使海峽殖民政府開始正視華人社區的問題，逐步涉入社會秩序的統理。在1873年與立法局的會議中，地方行政官員建議立法局建立華人移民登記系統（Registration of Chinese Immigrations）。會議成員包括總督（Governor）Sir Harry St. George Ord.、殖民地政府秘書長（Colonial Secretary）Mr. Birch、檢察總長（Attorney-General）Mr. Braddell、財務長（Treaurer）Mr. Willans、審計長（Auditors-General）Mr. Major McNair，以及相關的行政官員Mr. Thomas Scott、Mr. A. K. Whampoa、Dr. Little和Mr. W. R. Scott。當時的總督Sir Harry St. George Ord.同意委員會的建議，官員必須上船登記苦力的所有資料，等到有相關的職缺時，苦力才可以下船工作。Mr. W. R. Scott卻以苦力貿易是掌控在「中國人」（Chinaman）手中為由，反對上述的法令。

> 「真的沒有奴役，中國人會照顧好他們的苦力、餵養他們，讓他們得以好好工作，從中國載運到這裡的人，證明了來到這裡的中國苦力可以存錢……這裡並非是個糟糕的地方。」
> （CO273/69, Protection of Chinese Immigrant, Straits Settlements of Original Correspondence, 30/9/1873）

認為英國政府沒有權力干涉苦力貿易，並建議由清朝官負起保護人民的責任（CO273/69, Protection of Chinese Immigrant, Straits Settlements of Original Correspondence, 30/9/1873）。然而，當時每個星期約有7,000到8,000名苦力湧入海峽殖民地，而且一上岸就落入秘密會社手中，因此，Mr. Scott還是建議政府應禁止秘密會社的活動。委員會對是否對苦力採取保護措施有不同的意見，原因在於秘密會社掌控著苦力貿易，Mr. Birch引用警政署長（Inspector-General of Police）Mr. Plunket的描述，說明兩者間的關係。

> 「警政署長Plunket先生，對於1871事件知之甚詳，他相信有這樣一個組織，也在從英國回來的途中聽說了相關事件，並接到一些在汕頭和福州英國領事的投訴，之後也詢問了一些中國人關於秘密會社的事，他們認為這些說法是可信的。此外，汕頭領事也給他一份在汕頭和福州街上發放的印刷海報的英文翻譯，上面說Sin-khehs正要抵達這裡並被送到德里和其他地方，他們均無異議……這個系統會存在乃因為這些人名義上屬於載運和監視他們的人。」（CO273/69, Protection of Chinese Immigrant, Straits Settlements of Original Correspondence, 30/9/1873）

　　會議結束時，大家一致同意必須建立苦力的註冊系統，一方面可以讓海峽殖民政府掌握整個馬來亞華人苦力的狀況，也可以提供苦力們資訊，找到適合且被保護的工作環境。提議變成法案後，於1873年10月17日在立法局三讀通過，在此之前的9月，「華人移民法令」（Chinese Immigrant Ordinance）即已開始運作（CO273/70, The Chinese Immigration Bill, Straits Settlements of Original Correspondence, 20/10/1873）。

　　此外，1873年10月21日，英殖民官員Dr. Little認為，單有「華人

移民法令」不足以有效的防範秘密會社涉入苦力貿易，寫了封信給總督，建議殖民政府開始對所有的秘密會社展開登記作業，針對華人苦力貿易中的移民費與契約進行監控（CO273/70, The Chinese Immigration Bill, Straits Settlements of Original Correspondence, 20/10/1873）。1874年的《海峽殖民地年度報告書》中，可以清楚看到殖民政府態度的轉變，希望介入華人秘密會社的管理，即使無法防範械鬥的發生，也希望可以降低暴動的嚴重性。

> 「已經通過法律，加上那些理事會仍在審議的法律，會對我們的司法系統進行重大的重建，以維持法律與政治管理的正義性。重組的法律系統，企圖取得對中國和其他族群的秘密會社一定的控制權，雖然這些騷亂並沒有完全停止，但其數量已漸減少，且不太嚴重，檳城自1867年以來僅有一次暴動，而新加坡亦如此。政府針對此部分通過的措施，已可控制幫派活動，並有信心最終可終止其活動。」（Jarman 1998 Vol. 2: 207-207）

「華人移民法令」通過後，還陸續建立一些規則與制度，例如華民護衛司、社會法令與華語翻譯官等，正式將移民納入政府的管轄。政治制度的介入，使得海峽殖民地的華人逐漸將尋求保護的對象，從秘密會社轉向殖民政府。

> 「中國社群中可尊敬的部分成員已經表達，非常滿意政府對其貧困同胞所提供的保護和援助。這些苦力們，自己也相當滿意政府對他們所採取的保護，並對護衛司深具信心。毫無疑問的，這些措施最終將會讓人民心向政府，他們將轉而向政府尋求幫忙與援助，使得秘密會社的力量逐漸削弱，殖民政府獲得尊敬。」（Jarman 1998 Vol. 2: 348）

然而，海峽殖民地政府並未對秘密會社採取激烈的手段，因為當時的經濟發展需要靠大量的勞動力，苦力貿易又掌控在秘密會社手中。雖然秘密會社危害社會秩序，但是苦力從中國的引入，到在馬來亞的分配，都必須倚賴秘密會社。一群歐洲商人（包括銀行家、貿易商和種植園主）與新加坡商人於1874年向立法局提出請願書，指出「華人移民法令」不足以保護苦力。請願書並未建議對秘密會社採取鎮壓的措施，而是強調必須維持「絕對自由的移入」（absolute freedom Immigration）（CO273/80, Ordinance 10/1873 Protection of Chinese Immigrant, Straits Settlements of Original Correspondence, 29/4/1875）。

　　殖民政府的政策，是希望從瓦解秘密會社與苦力貿易間的關係，逐漸掌控海峽殖民地的社會秩序，因為華人的幫與苦力貿易間有保護的關係，且幫與幫之間的排他性相當強。開放秘密會社的登記，是英國殖民政府企圖掌控社會秩序的第一步，卻也看出秘密會社的確是華人社會中的重要組織。1881年，檳城的檔案中可以看到，2,417名苦力登記在六個祕密會社團體之下。

> 「來自中國東南部廣東和福建省的新加坡早期中國移民，具相當異質性，殖民地自由放任的商業環境中的方言差異和激烈競爭，導致了每個方言族群的強烈排他性，即使在今天，上述的排他性仍在方言族群集聚的市區範圍和貿易專業中，形成一定程度的幫派結構。」（Jarman 1998 Vol. 2: 522-523）

　　同時期（1879至1881年），馬六甲的祕密會社在華民護衛司的登記也增加（表2-1）。

　　新加坡的狀況也類似。海峽殖民地內，最大的秘密會社當屬義興（Ghee Hin）（Blythe 1969: 539）。

　　1877年，華民護衛司的組織系統正式成立第一間辦公室，1881年檳城辦公室成立，馬六甲的辦公室於1911年成立。因為華人移民主要

表2-1：1879年至1881年馬六甲登記之秘密會社及其成員數

秘密會社 ＼ 年	1879	1880	1881
Ghee	1,380	1,778	2,549
Ghee Hin (Macau)	282	282	344
Ghee Boo	556	556	581
Hock Beng	1,126	1,126	1,802
Hye San	156	357	440

資料來源：Jarman 1998, Vol. 2: 556-557.

散布在海峽殖民地與馬來聯邦州屬，因此，馬來聯邦州屬的保護官也於1883年在霹靂州的太平市（Taiping）成立，並於1893年移至怡保（Ipoh），各設有不同人數的官員管理（參見表2-3）（CO273/613, Restriction of Chinese Immigration, Straits Settlements of Original Correspondence, 1935）。

William Pickering是第一任的保護官（CO273/93, Mr. Pickering, Protector of Chinese, Straits Settlements of Original Correspondence, 3/1/1878），保護官的職責包括視察與督導華人移入人口的登記、處理政府與秘密會社的關係、保護女性與女孩、禁止賭博等華人社區的相關事務（CO273/373, Procedures for Introduction of Labour from India and China, Straits Settlements of Original Correspondence, 28/3/1911）。1919年左右，這些華人保護官為了有效執行職務，必須取得華商的協助，而華商也開始在政治領域中扮演重要的角色，襄助華人保護官維持社會秩序。華人的政治參與，代表在地化的開始（CO273/483, Staff of Chinese Protectorate, Straits Settlements of Original Correspondence, 4/7/1919）。

1876年9月26日，殖民地政府秘書長John Douglas起草一份名為

表2-2：1889年海峽殖民地登記之秘密會社及其成員數

秘密會社名稱	成員數
新加坡	68,316
Ghee Hin (Hokkien)	18,973
Ghee Hok	14,487
Ghee Khee Kwang Hok	6,466
Hok Hin	14,317
Kwong Wai Shiu	4,877
Ts'ung Paak	7,413
Hong Ghee Thong	402
Lee Seng Hong	407
Yuet Tong Kun	415
Heng Sun	559
檳城	113,300
Ghee Hin	75,000
Kien Tek	21,000
Ho Seng	14,000
Chun Sim	2,450
Hai San	850
馬六甲	7,529
Ghee Hin	6,487
Ghee Hin (Macau)	527
Hai San	515
總和	189,145

資料來源：Blythe 1969: 539.

表2-3：華人事務部門官員委任情形

管理單位	部門資深官員
海峽殖民地	
新加坡	1. Assistant Protector of Chinese
	2. Second Assistant Protector of Chinese
	3. Extra Assistant Protector of Chinese
	4. Lady Assistant Protector of Chines
檳城	1. Protector of Chinese
	2. Assistant Protector of Chinese
馬六甲	1. Assistant Protector of Chinese
馬來聯邦	
怡保	1. Protector of Chinese
	2. Assistant Protector of Chinese, Perak
吉隆坡	1. Protector of Chinese, Selangor and Pahang
	2. Assistant Protector of Chinese, Selangor and Pahang
芙蓉	1. Protector of Chinese, Negeri Sembilan

資料來源：CO273/613, Restriction of Chinese Immigration, Straits Settlements of Original Correspondence, 1935.

「預防海峽殖民地華人內部暴動或暴動時所應採取措施之備忘錄」
（memorandum on the precautions necessary to prevent, and the measures to be adopted in quelling, Riots amongst the Chinese in the Straits Settlements）。備忘錄指出，華人的暴動原因大致可區分兩種，一是反抗殖民地政府的措施，另外就是華人內部的衝突。華人內部衝突的部分，John Douglas特別強調必須區分是秘密會社間，抑或是不同宗族（clan）、部落（tribe）間的衝突，例如福建和廣東（CO273/84, Riots Among the Chinese in Straits Settlements, Straits Settlements of Original Correspondence, 26/9/1876）。

　　秘密會社間的衝突較具組織性，規模較大；相對於有領袖的秘密

會社暴動，部落間則多屬臨時起意的動亂，規模也較小，主要是以「省籍」為分類基礎。因為秘密會社領袖在華人社群的重要性，John Douglas也在草案中建議，必須借重他們在華人社區中的威望，授予類似保安官（Special Constable）的職務，一方面就近監控他們的行蹤，遇到部落間的騷動時，更借助他們的力量敉平衝突，殖民地政府也必須努力消除會引起暴動的所有原因，並保有相當的警力（CO273/84, Riots Among the Chinese in Straits Settlements, Straits Settlements of Original Correspondence, 26/9/1876）。John Douglas的備忘錄草案，於1876年正式被採用，殖民地政府也開始管理馬來亞的秘密會社。

自1877年開始，「華民護衛司」在警政的協助下，進行秘密會社登記的業務。1878年的《年度報告書》指出「1878年，秘密會社的重新登記在1月底完成，紀錄的最後成員總數為17,906，其中有3,862個幫派是在過去的一年內加入。」（Jarman 1998 Vol. 2: 383-384）到了1879年，登記的秘密會社數目已達23,588，檳城則有39,627（Jarman 1998 Vol. 2: 410-411）。由於擔心保護官與警力無法有效壓制秘密會社的發展，海峽殖民地政府制定「1889社會法令」（Societies Ordinance, 1889），以補充鎮壓行為的法源基礎（CO273/168, Suppression of Secret Societies, Straits Settlements of Original Correspondence, 6/10/1890）。

此外，華人社群與秘密會社對於殖民政府的壓制措施也有反彈，兩位檳城華人領袖具名請願[13]，希望殖民政府重新思考鎮壓秘密會社的政策（CO273/250, Chinese Triad Societies, Straits Settlements of Original Correspondence, 20/1/1899）。從檔案中觀察到商人和社群領袖與秘密會社間關係密切。然而，華人社群的請願，還是無法動搖殖民政府掃蕩秘密會社的決心。到了1934年底，在殖民地與馬來州屬登記、並在華民護衛司控制之下的會社共有1,577個（表2-4）。到了19

---

13 Li Phi Yau與Koh Seang。

表2-4：1934年海峽殖民地與馬來聯邦登記與取消之會社數目

管理單位	登記的會社	取消的會社
海峽殖民地	841	750
新加坡	379	498
檳城	340	139
馬六甲	117	109
納閩島	5	4
馬來聯邦	736	497
霹靂	355	193
雪蘭莪	264	185
森美蘭	74	82
彭亨	43	37
總和	1,577	1,247

資料來源：CO273/613, Restriction of Chinese Immigration, Straits Settlements of Original Correspondence, 1935.

世紀末期，秘密會社在苦力貿易中的重要性已大為消除。

　　海峽殖民地政府所使用的「華人」概念（英殖民政府用 societies，非secret societies），在不同時期具有不一樣的意涵。1880年修改的法令中，「華人」具有政治的意涵，包括1840年以來，清朝政權統轄下的香港、澳門與其他區域。到了1900年時，當時的檢察總長 W. R. Collyer建議立法局，將「華人」的政治表意改成地理意涵，因為許多地方已經不在清政權的統治範圍（CO273/258, Ordinance 15 of 1900 Chinese Immigrants Amend, Straits Settlements of Original Correspondence, 1/9/1900）。

　　在壓制秘密會社的發展過程中，海峽殖民地政府重新用「部落」的概念分類華人，此概念是以方言的差異為基礎。「部落」不只是個名詞，還具有政治與統治的意涵。1870年代是個統治基礎（秘密會社到殖民政府）與人群分類（race到tribe）轉變的分水嶺。其中，值得一提的是，在人口統計資料中，19世紀「客家」的英文是使用

「Kheh」，但是1931年開始，則換成「Hakka」。這種語詞使用上的轉變，或許是受到英國殖民政府在香港統治經驗的影響，將香港地區對「Hakka」的相關瞭解，擴散到馬來半島的統治知識中。

三、經濟面向的社會整合：移民與族群經濟的內涵

人類的歷史上有各種移民的現象，不管是自願或被迫的移民，如何在另一個社會生存，一直是一個重要挑戰，通常這些移民必須靠著互相幫助扶持共同在移入國找到維生策略，從而發展出具有族群特色的經濟。同樣是海外華人，但落腳在不同的社會而從事不同型態的職業，例如在美國的華人早期經營洗衣店、或後來的旅館業；而在馬來西亞的客家人則是以開採金、錫礦為主，新加坡的客家人從事中藥、當鋪和打鐵業。族群產業或族群經濟的形成，是移民在接收國經濟生活的方式，也呈現出社會整合的經濟面向。

族群經濟（Ethnic Economy）運用於移民與少數族群團體的研究相當多，最早這個概念追溯至Weber比較經濟史發展所衍生出來的「異地人的交易」（alien trader）。由於歷史經驗的影響，使得某些團體在某些交易與商業活動上非常專業，而這些歷史經驗包含特定的專業知識與經營方式。Weber認為從傳統主義過渡到理性中產階級為主的資本主義，需要一個決定性的發展，而猶太人並未完成，他們只是作為一個外來者，不需講求情面、短暫停留的商人。而新教徒所成立的企業強調的普遍性（univeralism）使得理性的中產階級資本主義出現，並逐漸超越傳統資本主義。普遍性的「一視同仁」的匿名性基礎，使得法律的契約關係得以運作，而降低社會層面的信任與文化面向的理解，也促使科層組織出現。Weber將前資本主義到資本主義過程區分開來。傳統資本主義或族群資本主義企業，因為無法以科層組織方式經營、無法採用簿記制度，被認為無法擴大規模，使得現代的、普遍性、獲利極大化的企業被預期會取代傳統企業，傳統企業的

重要性會逐漸下降。

　　然而上述情形並未完全出現，非現代性的經濟模式，例如道德經濟、族群經濟的運作處處可見。Bonacich與Modell是最早對族群經濟進行操作型定義的學者，族群經濟指的是任何族群或移民團體的雇主、其同族群的員工以及他們未支付薪資的家人都包含在內。社會科學最早討論族群經濟的書，是1972年Ivan Light所寫*Ethnic Enterprise in America*。Light在書中比較1880年到1940年華裔、日裔、非裔美人在美國的自雇情形，將族群經濟視為由社會信任支持的企業，包含社會與文化資本，以及借貸給少數族群的貸款信用組織（Light 1972; 1994; 2000; 2005）。

　　但是該如何定義族群團體？許多研究族群經濟的學者採取「國籍」觀點，以區分不同的族群團體，然而國籍不是區別族群的一項完美指標，例如華人為主體組成的國家和社會，新加坡、台灣、香港本身有不同的官方語言和方言。族群經濟所立基的族群性，無法完全以國家來區別他們的界線，國家只是一項便利的族群指標。一個族群經濟屬於某個族群，是因為他們的網絡連結屬於相同族群，族群經濟的概念不能確保在區域上群聚或密集程度，平均分配在鄰里間或某個產業上。

　　Light（2005）指出族群經濟包含同族群自雇者（self-employed）或稱雇主（employer），以及相對前者的受雇者（employee），這是研究移民與族群少數團體的最狹義的定義（Light and Gold 2000）。在此定義下，族群經濟被認為屬於移民或少數團體的維生方式，他們會使用不同於一般勞動市場的管道，創造自己的就業機會。換言之，族群經濟是基於族群性（ethnicity）而不是理性。Light與Gold（2000）認為族群經濟這個名詞的定義可追溯三個主要研究的傳統，第一來自歐洲歷史社會學的創始；第二是有關中間少數人團體的研究；第三來自非裔美國經濟思想家Booker T. Washington。相對於同時代美國黑人領袖William E. B. Dubois強調政治行動與教育的重要，

Washington則是強調經濟所有權與家庭所有權是作為美國黑人優勢的策略。Washington在1900年創立一個「National Negro Business」聯盟，是由當地黑人商業組織的一個社團。Washington認為黑人經濟發展應優先於政治與教育的層面，希望藉由這個聯盟幫助美國黑人改善經濟狀況。

1. 族群群聚經濟模式

　　不同於族群經濟源自中間人少數團體的理論，這個概念是在1980年代提出，族群群聚經濟（Ethnic Enclave Economy）是屬於制度經濟學下勞動市場的雙元理論。勞動雙元理論在1960年代開始發展起來，主要解釋為何就業市場上有持續的不平等現象，說明女性與少數族群較低的薪資與地位。某些族群無法在一般勞動就業市場找到工作，必須透過他們所屬的社群來維生，因而使得族群經濟集中在某個區域。

　　族群群聚經濟的出現有以下幾項特色，首先，需要一種能符合移民團體文化的商業特徵，例如使用移民本國的語言，而不是使用當地的語言。第二，相較於中間少數人團體（middleman minority）集中在較小規模的金融業或零售業；族群群聚經濟則在經濟的型態上較為多樣化，因其產業的生產與服務比較多是提供同族群的市場。最後，此種經濟可以發展成完整的制度化生活，使得新來者能在族群社區中生活，並取得包含各種經濟、社會功能的服務（Portes 1995）。這種族群群聚經濟，基本上在一、二代之間就會產生變化。因為移民會愈來愈適應當地社會，小孩出生後，在受當地教育、職業選擇的可能性增加，使其可能離開原來的社會位置，也不一定會繼續留在族群社區內。

2. 族群擁有權與族群經營權

　　Bonacich與Modell在1994年出版的第一版 *The Handbook of Economic Sociology* 中對族群經濟有所定義。族群經濟指的是族群擁有權經濟

（ethnic ownership economy）的概念，並進一步細分族群經濟應該包含族群擁有權與族群經營權。後者延伸出以族群控制的經濟（the ethnic-controlled economy）（Light 2000: 20）。

Light（2000: 21）認為，控制（control）的意思比較多是影響力（influence）的概念，所謂的族群經濟，指的應該是群聚（clustering）效應，而不是實質的擁有權（ownership）。另外，Light也指出Bonacich與Modell並未處理同族群受雇者，如何在族群經濟以外的領域也同時具有優勢的問題。許多學者指出在美國公部門，許多移民利用已建立的族群利基（ethnic niches），進入政府部門、特定職業及產業，例如建築業是愛爾蘭人的利基，公共衛生是義大利人的利基，學校教職是猶太人的利基。這些族群利基使得族群以高度集中的方式，在不同領域發揮影響力。當同族群員工可以影響某些工作的雇用、支薪、工作條件時，他們在實質運作上就可以對雇主發揮強勢的影響力（Light 2000: 22）。在雇用條件上，他們可以保留一些工作給同族群者，以減少他們族群的失業率；在工作條件上可以提升工作品質，減少危險的工作條件等（Light 2000: 46）。

經濟社會學與族群經濟的關係，同樣適用於移民的族群身上。傳統經濟社會學只針對固定領域進行研究，甚少考慮外來者（移民）對移入國的經濟影響，也沒有提出系統性的觀點。事實上，族群經濟是屬於移民社會學下的一個範疇，移民經濟的討論是因為經濟社會學的復甦。當經濟理論無法解釋真實經濟生活，亦無法反映真正的社會事實時，經濟社會學可以更貼近人們的生活，分析經濟領域的運作。在過去，移民被當地視為一個「社會問題」，也缺乏經驗性資料支持理論的論點。為了更有效的理解當代社會的發展，社會學者可以藉助Merton的概念，將族群經濟視為「策略性研究場域」（Strategic Research Site; SRS），結合經濟社會學與移民理論（特別是跨界、全球化移動所帶來的改變）進行研究，補充以往經濟社會學的不足（Portes 1995）。

二次大戰後很多國家都湧入許多移工，譬如法國、德國。當時的移民現象，通常是邊陲國家的人移至核心國家（即已開發國），尤其是曾經被殖民國家的人移到以前的殖民母國，像西、北非的人移至法國、印度或南非的人到英國。這些人所做的工作大多為體力勞動的工作（接受較為低薪及出賣勞力為主的工作）。因為他們來自弱勢、邊陲的國家，必須適應移入國的社會、文化，如果適應不好便會有心理疾病。當時學者對於此現象的解讀，大多以偏差社會學（視其為一種社會問題）的角度來看移民的現象。此種觀點在1970到1980年代開始轉變，此時期發生的經濟大恐慌，許多國家不再引進外籍勞工（怕其本國人的工作機會被廉價薪資的移工所搶走），唯一例外的是家庭團聚，政府當局鼓勵移民家庭的團聚。

　　1970、1980年代以前，多從適應、同化的觀點分析移民在移入國的生活，之後開始重視移民與移入國間的「相互影響」，移工不僅適應移入社會的生活，也會影響當地社會文化及其母國的社會發展。例如移民對移入國的經濟貢獻外，也會將自己所賺取的錢，透過跨國匯款（外匯）的方式寄回家鄉的親人，帶動移出國經濟的發展。

3. 核心／邊陲的影響以及結構不對稱

　　在古典經濟學的架構下，是以個人主義的觀點解釋移民現象產生。因為邊陲國的勞工多、資本（金）少，薪資水平較低；核心國則是勞工稀少、資本（金）充沛，薪資水準較高。新資的差異促使移民往薪資高的國家流動，使得資金充沛國家薪資下降、讓勞動力充足的國家薪資上升，產生新的國際均衡。換言之，國際間薪資結構的不平等，促使國際遷移市場的出現，而且低工資低所得國家的勞工會到高工資高所得的國家去工作（Portes 1995: 19）。

　　然而移民社會學許多實證研究的發現，是無法完全以上述的經濟學原理來解釋。例如移民不見得會移往薪資最高的國家；或是移民如何在薪資結構相同的國家間取捨？而且，國際勞工多是來自發展中的

國家，並不是所謂薪資最低的國家（最貧窮的國家）。進一步分析這些發展中國家的移民，非常貧窮的人與失業並不是第一波的移民，也不是向外移民的主要人口。換句話說，有能力進行跨國移動的勞工，多半擁有一些資源，例如小型鄉村的老闆或店主、都市工匠、技術工人，或是能取得移動成本的人。此外，移民是一個高度選擇性的過程，移動的目標並不是隨便可以決定的，其中牽涉到社會環境因素的考量。例如歐洲的移民模式說明，會移民到這些國家的人，不是和這些國家在文化上有類似性，就是過去歷史上具有關連性。

針對移民的社會性分析，學者提出鉅觀層面的觀點解釋移民的路徑與方式，歷史接觸、殖民經驗等都是決定移民目的地的重要考量，國際移民的模式反映出全球力量所主導的治理特性（Portes 1995: 20）。其次是微觀層次，移民的傾向不但有個人差異性，不同團體間的移民動機或是過程亦不同。從社會網路的觀點，移民就是一種網路創造的過程（network-creating process），促使原鄉與異鄉間的互動愈來愈密集（Portes 1995: 22）。例如移民時候會找親朋好友一起行動，大家在移入國相互照顧或是取得類似的職業，創造出族群產業。因此，新加坡的當鋪大多是大埔人在經營，吉隆坡則是惠州人。這種網絡一旦被建立，就會發展成一種自我維持（self-sustaining）與不易改變（imperviousness）的狀態。因為這些跨國境的社會網絡，可以降低移民的風險與成本。從移民社會學的觀點，個人主義式的移民方式，反而變成是一種例外。大部分的移民，都是藉由跨國建立的社會連結，決定移民的目的地與方式。

4. 整合的模式（Modes of Incorporation）

新古典學派認為移民在經濟領域發展的成功與否，是由個人的教育、工作經驗、其他人力資本要素所決定（Portes 1995: 23）。社會學者則強調移民過程的脈絡性分析。

西方當代族群經濟源自上述學派傳統，但大部分都歸因於中間少

數人團體的理論。每個中間少數人團體都有一個族群經濟,但不是每種族群經濟都扮演中間少數人的角色。因此,族群經濟所定義的範圍遠比中間少數人團體來得更大。

　　無論是古典經濟學者與社會學者在經濟與社會的研究上,對於其族群性其實都沒有太大的興趣。無論是Weber與Sombart都認為現代資本主義會取代先前原初的、族群的經濟起源。Sombart認為現代資本主義企業的特色就是去個人化(impersonally)。即決策者把獲利視為優先考量,並超越個人的關係,亦包含同族群的關係。相較之下,傳統廠商的決策者是受到如兄弟般與互助的情誼所影響。傳統廠商營運的每個階段包含某些特徵,像是偏袒主義(favoritism)、傾向重用親戚(nepotism)、社群主義(communalism)以及特殊主義(exceptionalism)。從Weber的觀點,前資本主義是以價格─道德雙元(dual-price ethic)的運作方式,反映了對族群宗教團體完全的忠誠而不是追求自身極大化利益。

　　中間少數人團體的研究源自Weber在談到賤民資本主義(paraiah capitalism)的概念,是同族群為主的少數團體,在前資本主義市場交易所形成的專業化結果(Light 2005: 650)。不同於資本主義所談論的外商公司,族群經濟所涉及的是較為傳統的當地貿易商,因而產生Light(2005)所指出的三角衝突關係。這三角指有三種行動者,其一為當地居民;其次為殖民地統治者或稱為殖民地掌權者;最後為少數族群,移民者,屬於殖民地最下層。例如印尼的華人就是屬於少數中間人團體,華人通常擁有一定的經濟實力,卻沒有政治實權。而當統治者試圖要合法化其政治權力時,其透過操弄衝突與仇恨(例如聲稱印尼國家經濟70%都掌控在華人身上,但是華人只占印尼人口30%,這些華人享受大部分經濟成果),將華人塑造成代罪羔羊的角色。

　　中間少數人團體的理論,除了指出少數或外來族群在經濟結構所扮演的中介角色,也會強調對族群內部成員的經濟生活保障。這些團

體會發展出特定資源以支持族群企業的發展，這些特定的資源包含企業價值、社會網絡（使他們小孩、同族群的人容易進入商業領域）。如果將「族群文化」的觀察層面放進來，族群經濟不僅看到相同族群的人透過網絡維持經濟生活，更可進一步分析經濟生活、產業類型與族群文化的辯證發展過程。

四、客家：雙重的「中間少數人團體」位置

（一）華人：殖民政府與馬來人間的中間少數人團體

殖民政府統治時期，馬來半島與新加坡的土地大多屬於商業性的種植，為了在香料貿易中獲利，殖民政府強調胡椒、甘蜜、荳蔻等經濟作物的種植（Mispari & Abdul Wahab 2003: 135-146）。其中，胡椒與甘蜜的大量種植始於19世紀的柔佛，1818至1825年間，大量的潮州人在廖內（Rhio）與新加坡發展胡椒與甘蜜的種植（Yen 1986: 120），這種種植方式衍生出所謂的港主制度（kangchu），直到1917年才被廢除（Purcell 1967: 100-101）。

1850年代以後，種植的經濟作物換成橡膠、咖啡、荳蔻等（Jarman Vol. 2 1998: 532-535; Vol. 5: 6, 69-72）。成就上述農業商品經濟發展的要素是歐洲的科技與華人的勞動力（Jarman Vol.1 1998: 31）。殖民政府為什麼捨當地的馬來人或原住民，而要運用廉價的華人勞動力來進行錫礦的開採與經濟作物的種植呢？

> 「馬來亞農民很懶惰、無知且不思進取，他們很難改掉舊習慣和想法，且不住在城鎮和村莊，而是離群索居地住在鄉村中（Compong）。然而，他們卻有很強烈的榮譽感，只要他們相信酋長被不公平的對待時，就會隨時準備好支持他們的領導者。」（Jarman 1998 Vol. 1: 20）

海峽殖民政府曾於1913年頒授「馬來保護區法令」（Malay Reservation Enactment of 1913），強調馬來半島的土地歸馬來人所有，禁止非馬來人擁有土地外，也限制土地的使用僅限於農業目的，只能種稻，不能種植經濟作物（Baker 1999: 198）。不論是港主制度的設計，或是引進華人作為種植業的勞動力，都是將華人放在殖民政府與馬來人間，處於經濟和社會的中間少數人位置。

除了土地使用政策的影響外，1911到1931年間，英屬馬來半島的都市人口從25%上升至30%，主因是華人勞工的移入（Vaughan 1971）。華人勞工的移入也使得華人在海峽殖民地人口比例躍居首位，在非馬來聯邦（如吉打、柔佛與玻璃市）的人口數也最多。

華人移入馬來半島影響人口的分布，加上殖民政府的土地使用政策，使得華人多聚居在都市（表2-6）。非馬來聯邦中，馬來人還是占多數，這樣的人口分布幾乎一直延續到1970年代。馬來人居住在城鄉的比例，在1947年是93：7，1957年是89：11，1970年代為85：15，比例都在15%或以下。相對的，華人居住在城鄉的比例，在1947年是69%，1957年是55%，1970年代為47%，一半的華人還是居住在都市（Chander 1972），網絡的關係也就相對密集，並且容易維持。

（二）客家：華人內部的中間少數人團體

華人族群遍布海外的創業傾向早有其歷史。客家作為華人內部的中間少數人團體，一方面是人數無法與最多的閩南比較，卻也不是人數最少的團體。1871年4月，海峽殖民地政府在馬來半島進行第一次人口普查，人群的分類是以「國籍」為基礎，1870年代以前，則是以「種族」屬性為基礎（Jarman Vol. 2: 19）。到1911年的人口普查資料，以「種族」區分人群的方式才出現，1921年的資料呈現出六種「種族」的分類（Nathan 1922: 29）。基本上，1911年的調查分類使用「部落」的概念，以語言作為分類的基礎（不以祖籍地，而是以方言群為分類基礎）。統計資料顯示，從1911年至1931年，華人人口從

表2-5：1911-1931年英屬馬來亞都市人口比

州屬	都市人口比例（%）		
	1911	1921	1931
海峽殖民地	57	60	61
新加坡	84	83	79
檳城	44	47	52
馬六甲	18	22	12
馬來聯邦	22	22	25
霹靂	23	23	26
雪蘭莪	28	31	34
森美蘭	14	14	16
彭亨	6	7	13
非馬來聯邦	No figure	No figure	No figure
柔佛	10	16	16
吉打	4	7	9
吉蘭丹	4	4	7
丁加奴	10	11	12
玻璃市	3	3	4
英屬馬來亞	25	28	30

資料來源：Vlieland, C. A., 1932, *British Malaya: a Report on the1931 Census and on Certain Problems of Vital Statistics*, p. 45. England: Office of the Crown Agents For the Colonies.

35%上升到42%，主要居住在海峽殖民地與馬來聯邦（Vlieland 1932: 105），例如新加坡、霹靂、雪蘭莪與檳城（參見表2-7）。1931年資料顯示，海峽殖民地中最多的華人人口是福建人。

　　1911年的人口調查，華人內部的人群分類是使用「部落」的概念，以語言作為分類的基礎，根據1921年的調查，福建人數目最多，占華人人口的32%，集中在海峽殖民地、柔佛與吉蘭丹；馬來聯邦州屬中最多的華人是廣東人與客家人；潮州人聚集在吉打（Kedah）。廣東人與客家人的人口分布類似，都集中在錫礦產區，因此馬來聯邦州屬中錫礦場的勞動力最多的是廣東人，然後是客家與福建。客家人

表2-6：1911、1931年都市人口中的族群分布

州屬	馬來人 (%)			中國人 (%)			印度人 (%)		
	1911	1921	1931	1911	1921	1931	1911	1921	1931
海峽殖民地	13	12	12	71	74	72	11	10	12
新加坡	11	10	9	75	78	76	9	7	9
檳城	16	15	15	63	65	64	17	17	18
馬六甲	24	22	18	60	65	67	7	7	9
馬來聯邦	12	10	12	67	65	65	18	22	22
霹靂	12	10	11	67	66	66	19	21	21
雪蘭莪	11	9	11	67	63	63	18	24	23
森美蘭	14	9	10	64	69	69	16	18	21
彭亨	23	16	25	57	66	66	16	15	21
非馬來聯邦		No figure			No figure			No figure	
柔佛	40	33	29	49	53	53	7	11	11
吉打	36	30	33	52	51	51	7	16	17
吉蘭丹	88	79	69	9	15	15	2	5	6
丁加奴	92	87	82	7	11	11	0	0	2
玻璃市	36	27	42	48	56	56	8	1	10

資料來源：Vieland, C. A., 1932, *British Malaya: a Report on the 1931 Census and on Certain Problems of Vital Statistics*, p. 4. England: Office of the Crown Agents For the Colonies; Del Tufo, M. V., 1949, *Malaya Comprisingthe Federation of Malaya and the Colony of Singapore: a Report on the 1947 Census of Population*, p. 42. London: Crown Agents for the Colonies.

除了在錫礦場工作外，也逐漸從事農業的種植。Nathan（1922: 81）比較1911與1921年的調查資料，有以下的改變：

> 「與1911年人口調查相比，1921年的數字有幾個變化趨勢。最引人注目的是客家（Kheh）在吉隆坡的人口比例下降，而在芙蓉（Seremban）增加，在海峽殖民地的三個大型城鎮中，廣東人的比例增加，而福建人在新加坡和檳城的人口比例則下降。整體而言，除了在巴生（Klang）、安順（Telok Asson）、新山（Johor Bahru）、吉隆坡、怡保、太平、芙蓉和金寶（Kampar）是廣東人占多數外，其他地方都還是福建人占多數。在金寶，廣東人與福建人是8比1。」（Nathan 1922: 85）

除了人數外，客家人因為移民時間較晚，又遇上錫礦業需要勞動力，人口多分布在馬來聯邦。馬來聯邦中的客家人，較多是從事體力勞動。海峽殖民地的檔案資料中顯示，1899年時，馬來聯邦的行政長官P. A. Swettenham，曾經建議開放馬來聯邦的港口（例如Pork Dickson、Klang與Teluk Anson），讓運送苦力的船可以直接上岸，到鄰近的錫礦場工作（CO273/250 & CO273/252, Chinese Immigrants, Straits Settlements of Original Correspondence, 17/2/1899 & 14/12/1899）。除了1850年代，因應錫礦開採所引進的華人勞工外，1900年代，因為橡膠經濟的興起，華人移工也被大量引入馬來聯邦的州屬（CO273/365）。

錫礦的開採一方面成就了殖民經濟的收入，一方面又吸引大批華人進入馬來半島。馬來半島錫礦的蘊藏於15世紀被發現，首先是在馬六甲的北部（Chen 1967: 89）。1820年代以前，錫礦的開採，主要是馬來人以傳統的方式挖掘（Purcell 1967: 235-239）。直到19世紀早期，由於錫礦產業的發展，引起英國的介入，歐陸的資本加上華人的勞動力，推動了錫礦產業的發展。 兩個主要發現錫礦苗的地方是

表2-7：1911、1921和1931年人口調查數

州屬	歐洲人（%）			歐亞人（%）			馬來人（%）		
	1911	1921	1931	1911	1921	1931	1911	1921	1931
海峽殖民地	7368(0)	8149(0)	10003(0)	8072(0)	9138(0)	11292(0)	240206(9)	255353(8)	250864(6)
新加坡	5803(0)	6231(0)	8417(0)	4712(0)	5451(0)	6937(0)	46952(2)	58520(2)	43055(1)
檳城	1262(0)	1476(0)	1526(0)	1774(0)	1919(0)	2348(0)	114441(4)	110382(3)	115721(3)
馬六甲	303(0)	442(0)	330(0)	1586(0)	1768(0)	2007(0)	78813(3)	86451(2)	92088(2)
馬來聯邦	3284(0)	5686(0)	6350(0)	2649(0)	3204(0)	4251(0)	420840(16)	510821(15)	443618(11)
霹靂	1396(0)	2047(0)	2359(0)	845(0)	973(0)	1270(0)	199034(8)	239128(7)	208159(5)
雪蘭莪	1348(0)	2467(0)	2723(0)	1255(0)	1596(0)	2137(0)	64952(2)	91787(2)	64436(1)
森美蘭	403(0)	894(0)	878(0)	464(0)	519(0)	699(0)	69745(3)	77648(2)	80109(2)
彭亨	137(0)	278(0)	390(0)	85(0)	116(0)	145(0)	87109(3)	102258(3)	90914(2)
非馬來聯邦	413(0)	1084(0)	1295(0)	147(0)	302(0)	468(0)	755750(29)	860943(26)	923912(23)
柔佛	205(0)	618(0)	722(0)	75(0)	183(0)	302(0)	109983(4)	157852(5)	113247(3)
吉打	86(0)	300(0)	411(0)	60(0)	75(0)	108(0)	197702(7)	237031(7)	279897(7)
吉蘭丹	108(0)	127(0)	124(0)	11(0)	35(0)	32(0)	268914(10)	286363(9)	327097(8)
丁加奴	10(0)	34(0)	35(0)	0(0)	8(0)	15(0)	149553(6)	145523(4)	163955(4)
玻璃市	4(0)	5(0)	3(0)	1(0)	1(0)	11(0)	29589(1)	34165(1)	39716(1)
總和	11065	14919	17648	10868	12644	16011	1416796	1627108	1618394
	(0)	(0)	(0)	(0)	(0)	(0)	(53)	(49)	(40)

表2-7：1911、1921和1931年人口調查數（續）

州屬	中國人（%）			印度人（%）			其他（%）		
	1911	1921	1931	1911	1921	1931	1911	1921	1931
海峽殖民地	369843(14)	498547(15)	663518(16)	82055(3)	104628(3)	132277(3)	6525(0)	7954(0)	11609(0)
新加坡	222655(8)	317491(9)	421821(10)	27990(1)	32456(1)	51019(1)	3873(0)	5763(0)	8352(0)
檳城	111738(4)	135288(4)	176518(4)	46565(2)	53339(2)	58020(1)	2223(0)	1931(0)	2607(0)
馬六甲	35450(1)	45768(2)	65179(2)	7500(0)	18833(1)	23238(0)	429(0)	260(0)	650(0)
馬來聯邦	433244(16)	494548(15)	711540(18)	172465(7)	305219(9)	379996(9)	4517(0)	5412(0)	17228(0)
霹靂	217206(8)	224586(7)	325527(8)	73539(3)	130324(4)	159152(4)	2037(0)	1997(0)	5135(0)
雪蘭莪	150908(6)	170687(5)	241351(6)	74067(3)	132545(4)	155924(4)	1505(0)	1927(0)	8194(0)
森美蘭	40843(2)	65717(2)	92371(2)	18248(1)	33658(1)	50100(1)	496(0)	872(0)	2556(0)
彭亨	24287(1)	34104(1)	52291(1)	6611(0)	8692(0)	14820(0)	497(0)	616(0)	1343(0)
非馬來聯邦	112796(4)	180259(5)	330857(8)	12639(1)	61781(2)	110951(3)	18223(1)	19584(1)	27180(1)
柔佛	63410(2)	97253(3)	215076(5)	5659(0)	24180(1)	51038(1)	1080(0)	2148(0)	3751(0)
吉打	33746(1)	59403(2)	78415(2)	6074(0)	33004(1)	50824(1)	8318(0)	8745(0)	13671(0)
吉蘭丹	9844(0)	12755(0)	17612(0)	731(0)	3575(0)	6752(0)	7143(0)	6445(0)	7223(0)
丁加奴	4169(0)	7246(0)	13254(0)	61(0)	211(0)	1371(0)	280(0)	743(0)	550(0)
玻璃市	1627(0)	3602(0)	6500(0)	114(0)	811(0)	966(0)	1402(0)	1503(0)	1985(0)
總和	915883	1173354	1705915	267159	471628	623224	29265	32950	56017
	(35)	(35)	(42)	(10)	(14)	(15)	(1)	(1)	(1)

資料來源：Nathan (1922: 29); Vlieland (1932: 75, 120-121)。

1848年霹靂州北部拉律，和1880年代的晉打區（Kinta）（Purcell 1967: 194-208）。此時期的開採範圍包括蘆骨（Lukut）、芙蓉市、拉律、巴生。

此外，19世紀末期在吉隆坡附近的安邦和Lembah Kinta也發現錫礦苗，也促使大量的華人移入雪蘭莪（Mispari & Abdul Wahab 2003: 136）。1920年代以後，歐洲公司挾其政治、資本與科技的優勢，幾乎控制整個錫礦業的開採。

似乎，海峽殖民地的經濟發展與華人人口的移入，產生正相關的關係。而錫礦開採的發展也和客家人與廣東人的移入產生密切的關聯性。雖然，礦區背後的資本還是來自歐洲商人，客家人也不是最大的獲利者，這樣的歷史發展卻使得客家族群的職業集中在「礦工」。

（三）客家族群產業的形成

早期東南亞客家移民多從事開礦產業，尤以金礦和錫礦為主。從18世紀中至19世紀中期，客家人幾乎壟斷了馬來亞的金／錫礦之開採。在將近一世紀的採礦產業優勢中，許多位在馬來半島的客籍礦家，譬如霹靂州的李銘興、胡子春與丘思東、吉隆坡的葉亞來等，均成為富甲一方的客籍商人。除了礦業以外，客家人也在典當業、藥材行、鐘錶行、洋行等行業上獨占鰲頭。然而，隨著歲月的前進，這些職業上的壟斷似乎已經逐漸淡化，只有典當業與藥材行還可以看到客家壟斷的現象。其中，典當業的集中程度又較中藥業為高。

不同方言群體集中從事於某一行業是可以理解的，先來的移民進入某一行業，奠定經濟基礎後，為了要擴展，總是會引介同族或同鄉幫忙。這些晚來的移民，先是寄人籬下充當學徒或勞工，但卻不斷學習、吸收經驗，日子久後，便熟悉東家的行業。待有積蓄或機會，便會自行創業，從事與東家相同的老本行。當然，不同方言群的人從事同一行業的情形也是有的。福建幫的人數最多，多經營商業與對外貿易、航運業、銀行與信匯局等金融機構。潮州幫經濟勢力居次，商業

方面如東南亞土產橡膠、胡椒和甘蜜等，另外是經營一些工廠，從事工業生產。廣東幫多經營醬油業、金銀首飾業、鋼鐵業、飲食業、煙業、油漆與印刷等業。客家幫則活躍於典當業、藥材業、眼鏡業與鞋業，海南幫多經營飲食業，福清人掌控交通業，三江人（上海、寧波、溫州等地人士）則擅長木器製造業、建築業與眼鏡業（崔貴強1994: 147）。

有關方言集團與行業間的關聯性，麥留芳（1981）曾提出兩個問題，1）為什麼某一特定的方言集團會壟斷某一特定行業？2）這一行業壟斷的模式又是如何長期保持下來的？他列舉了一些因素，諸如自然環境、移民的先後次序、行業職業化的延續以及秘密會社的干預等。顏清湟（1991）認為麥留芳忽略了宗親和方言組織的作用。不同方言集團之所以集中於某一行業，並長期保持族群間的行業劃分，是因為宗親和方言組織發揮了職業介紹的功能。

海外的方言和宗族組織不僅可以照顧移民的福利、社會娛樂的需要，而且也發揮著同業行會的作用，以保護其成員的行業利益。有時候這些組織也提供空間，作為雇主和受雇者見面討論的場所，那些需要學徒或店鋪夥計的雇主當場提出雇用條件，那些需要工作的移民則當場給予回答。經由這些組織的幫助，宗親或會員得以獲得工人或工作。此外，作為娛樂與社交的場所，親戚及同鄉在會所的互動，使同一行業的人們建立起更為密切的關係。他們不僅在一起回味家鄉舊事及新聞，而且也交流有關他們行業的消息、市場訊息以及新的生意前景。

這種職業介紹的功能，使得職業壟斷的現象逐漸產生，產生後也得以長期的保持。這就是為什麼客家人和廣府人（Ahyas），從事工藝性的工作居多，因為工藝的特殊技藝需要透過師徒制學習，再加上語言的差異性，廣府籍店主不會接收一個福建人為徒，而客家的工匠也不會將技藝傳給其他族群的人。簡言之，方言和宗族組織是創造產業／職業網絡的重要機制，這種機制的信任性基礎就是血緣或地緣，

族群產業的出現是將方言和宗族組織的族群資源，運用在經濟領域中。

這些族群的創業過程經常運用族群資源，所以社會學者稱他們為「族群企業主」（Ethnic Entrepreneurs），而且有很高的比例會雇用同族群的員工（曾嬿芬 2001: 207）。族群資源是指相同族群，享有某些共同的社會文化特徵，族群創業者或是直接運用這些社會文化特質，或是因這些特徵而間接獲利（曾嬿芬 2001: 270）。族群資源在當代的企業經營中，具有一定的作用，從經濟社會學的角度來看，族群資源作為一種社會資本運用在企業經營中是一件相當普遍的現象，並不是一個落後、傳統或將被淘汰的經濟型態。基本上，新馬客家的族群產業，是鑲嵌在以方言和宗族組織為核心的整體華人社區結構中（結構鑲嵌），主要運用的是族群資源。

上述的例子說明移民的時間、網絡、移入地的社會條件和政經架構都會影響移民的維生方式。通常相對於其他華人的群體（閩南、潮州），客家人經常在經濟上相對弱勢，在台灣的客家人也表現出保守的「重農輕商」，即使從事工商業活動，也是重貿易而輕生產（張維安 2001），似乎展現了不擅於從事冒險的經濟行業。同樣的文化特性似乎也出現在馬來西亞與香港的客家人的經濟表現上，Carstens（1996）甚至認為客家人因為過去在中國相對貧困的經驗，使得他們在移居海外的過程中也相對缺乏資源，從而影響到他們適應海外的環境。

然而，移民的維生方式以及所從事的行業，除了受到文化價值的影響，政治經濟的政策有時影響更大，已經將不同人群放在不同的社會位置上。從歷史與政府政策層次分析，海峽殖民地政府所採取的各種族居民的劃地分居、扶植海峽華人的經濟勢力以及引進礦工等的政策都是間接或直接促使族群分工現象的形成。因為不同祖籍地的人群分區而居，也強化內部的凝聚力並創造出網絡關係，兩種因素的共同發展，看到典當業和中藥業與客家族群的高度關聯性。

五、小結

　　Hsu與Serrie（1998）在 *The Overseas Chinese: Ethnicity in National Context* 一書中分析華人使用資本的方式，認為華人較其他族群節儉，節儉所累積的資金，不只用來投資或購買不動產，還會轉投資到其他產業，這就是所謂的企業倫理，例如雙親辛苦工作，為的是讓小孩受教育。因此，族群文化中兩個關鍵的文化要素是「節儉」跟「教育」。節儉不是為了存錢，也並非為了養老，節儉是為下一代的社會流動累積資本，不會只投資在企業的經營上。華人族群產業或企業家所顯現出的文化或價值規範，也算是另一種族群資源。因為，族群文化或價值規範對個人的經濟行動會有所影響。

　　同樣是海外華人，但落腳在不同的社會而從事不同型態的職業，如在美國的華人早期經營洗衣店或後來的旅館業（曾嬿芬 2001）；而在馬來西亞的客家人則是以開採錫礦為主（Carstens 1996: 124-148），新加坡的客家人從事中藥、當鋪和打鐵業（張翰璧 2007）。值得注意的是，有關海外華人的族群經濟，傾向於將華人族群視為一個同質的集體類屬，直到當前因為台資外移到東南亞之後，才開始有台商和海外華僑的區別出來。而學者也漸漸發現到同樣是華人，來自於香港和來自於中國、台灣是必須加以區別的（Light 2005）。但除了移民的地區不同之外，華人族群內部也不是同質的，即使同樣來自中國，也因為來自不同的省份而有不同的語言與風俗習慣，也可能因此而影響其移民過程與選擇的經濟型態。

　　新馬客家的典當業與中藥業所呈現的族群產業現象，相當程度說明華人內部除了跨國的差異性（台灣、香港、新加坡的華人）外，即使是同一時間移到東南亞的華人，內部也呈現異質性的發展。這種異質性的發展受到鉅觀的國家政策（族群分工）、中層的方言和宗族組織（將社會網絡轉為職業與經濟網絡）、以及個人的社會關係（家庭、朋友）的影響。過去的族群經濟研究，發現了跨國華人內部的差

異性，卻未注意到華人內部的不同（閩南、潮州、客家、廣東、海南），當然也不會看到客家內不同祖籍（大埔、惠州、梅縣等）所產生的職業差異。例如客家中的大埔人，相對於在東南亞的其他客家人，以及大埔人在台灣所從事的職業，在東南亞社會中經商的比例相當高。

不論是華人或是客家內部的差異性，在經濟領域所形成的族群經濟現象，除了是鑲嵌在上述的三層結構中，似乎也顯現出某種族群文化與價值規範，影響著個人的經濟行動。所謂的族群資本則為同一團體所分享的技術、經驗和抽象的看法（outlook）（Light and Gold 2000: 106），抽象的看法指的就是集體的共存心態（collective mentality），是族群文化的核心要素。客家的產業經營者，並不是原子化的個體，相反的，是置身於族群網絡中。會館和職業公會正是族群網絡的核心組織，不但提供基本的社會信任基礎，也提供多重社會網絡發展的空間。

第三章　海峽殖民地的基石：檳榔嶼的客家產業

一、海峽殖民地的統治範圍與華人社會

　　19世紀乃西方殖民勢力入侵東南亞，也是大量客家族群移民到馬來半島與新加坡的重要時期。1786年，萊特（Francis Light）以每年6,000英鎊的代價，為東印度公司自馬來人手中取得檳城，做為廣州至加爾各答的中途站。此後福建人辜禮歡（Koh Lay Huan）被指派為首任甲必丹，檳城也逐漸朝向國際性的商業中心發展，成為東西方商品貿易的重要港口，其中，華商扮演重要的角色。英國以武力保護華商免於海盜搶掠，並藉以抽取稅金，歐洲商人從馬來半島、蘇門答臘與緬甸運來日用品，這些商品的販售則由華商所把持（Debernardi 2009: 17）。當時的檳城是海峽殖民地的重要港口之一，海峽殖民地是英國在1826至1946年間對位於馬來半島的三個重要港口和馬來群島各殖民地的管理制度，殖民地區包括新加坡——含科科斯群島（Cocos-Keeling Group）和聖誕島（Christmas Island）、檳城（包含Province Wellesley）以及馬六甲。

　　1824年，荷蘭為了獲得整個蘇門答臘島的統治權，與英國簽訂了《1824年英荷條約》。在此條約中，荷蘭將馬來半島上的馬六甲分割給英國，以換取英國放棄蘇門答臘島上的「明古連」（Bencoolen）地區。1826年，為了整合在馬來亞的三個港口屬地，英國決定將新加坡、檳城和馬六甲這三個主要港口，組成「海峽殖民地」。海峽殖民地的首府在成立初期設於檳城，1836年遷往新加坡。1867年4月1日，英國倫敦政府殖民地部門正式從英屬東印度公司手中接管海峽殖民地，並將其劃入英國皇家殖民地（Crown Colony）之列，總督也被委派駐守於新加坡。1916年，位於沙巴州西南部的納閩港口也劃歸為第四個海峽殖民地。

在二次大戰期間，海峽殖民地（除了科科斯群島外）皆被日軍占領，直到二戰過後，海峽殖民地各個港口才重歸英國統治。1946年4月1日，英國宣布解散海峽殖民地，檳城與馬六甲分別被規劃成馬來聯盟（Malayan Union）的州屬成員之一，進而在1957年獨立為馬來西亞；新加坡則在1946年成為唯一獨立的英國皇家殖民地，負責管轄科科斯群島和聖誕島；納閩則規劃到英屬北婆羅洲。科科斯群島與聖誕島則分別於1955年和1957年劃歸到澳洲屬下。

除了英國之外，法國、荷蘭與西班牙也分別殖民中印半島（Indo-China）、印尼與菲律賓。為了避免馬來亞半島蘊藏著的豐富天然資源（譬如錫、金、鐵與煤等）落入其他西方殖民勢力的手中，1874年，英國決定透過其在海峽殖民地的地方優勢，開始對馬來亞半島的霹靂、雪蘭莪、彭亨（Pahang）與森美蘭採取殖民管制，並在1895年組成「馬來聯邦」。1909年，透過《曼谷條約1909》（Bangkok Treaty of 1909）的簽署，英國也在當年組成「非馬來聯邦」，柔佛、吉打、吉蘭丹、玻璃市與丁加奴（Terengganu）也相繼成為英國的殖民地。

對於上述的殖民體制，Baker（1999: 136）形容，英國人殖民馬來半島西部的策略是經過精密策劃，以港口為基礎，逐步涉入其他州屬的統治（State-by-State Intervention），首先是殖民於東南亞區域具有優勢地理位置的三個港口（檳城、馬六甲與新加坡），並成立海峽殖民地的殖民統治方式，然後再利用三個海峽殖民地的地理位置來進一步殖民馬來半島各個州屬。除了企圖以海峽殖民地的地理位置，逐步統治馬來半島的西部外，海峽殖民地政府也在族群政策上採取族群分類政策，將不同族群的人放在不同的產業中，這些政策都間接或直接影響族群的分工。

雖然殖民過程是為了取得經濟利益，隨著統治時間的延伸，卻也不可避免地逐步涉入在地社會秩序的管理，而在地社會也因為殖民統治的管理，朝向西方開放、理性化的趨勢發展。開放指的是君主憲政

的請願與自治模式，理性化指的是社會結構的分化，以及政府組織的設立。殖民式的掠奪經濟，西方國家的管理與文化，加上華人社會的方言與地域分類，使得海峽殖民地逐漸發展出特殊的社會內涵。

英國政府對檳榔嶼開發之初，需要大量的勞動力。萊特於1786年正式占領檳城後，便採取歡迎外來勞工的政策，1790年也開始資助華人領袖，引進胡椒苗、招募華工、推廣香料種植。華人移民的經濟價值，除了經濟移民所具有的冒險與勤奮精神外，更重要的是經濟行為背後的組織性行為，能夠使得殖民政府尚未涉入社會秩序的管理前，就能獲取經濟利益。

> 「華人構成我們居民中最有價值的一部分；他們男女老幼都有，為數約三千人，他們從事木匠、泥水匠及金屬匠等等不同行業，他們是商人、店主和耕墾種植者，有的則駕著小船到鄰近地區冒險營商。他們是東方民族中唯一不必多事花費或特別努力，即可徵得稅金，他們是頗具價值的收穫（a valuable acquisition）。他們使用外人聽不懂的語言，能夠以非常神秘的方式組織會黨，對抗任何政府的暴力控制。假設他們的勇敢有如他們的聰明，那麼將是非常危險的……他們一如歐洲人一樣熱衷於金錢的追求，他們花錢購買愛好的物品，不等發大財再衣錦還鄉，而是每年將他們的所得寄給家人。貧窮的勞工往往會從事雙倍的勞務，以便多攢兩三塊錢寄回中國。他們稍有積蓄便娶妻成家，終其一生過著一成不變的家庭生活。……」
>
> （Logan Ed., 1851. J. I. A. E. A., Vol. V, pp. 8-9；轉引自高麗珍 2010: 100-101）

從上述的歷史資料中，看不出來華人內部的族群組成，19世紀中葉，檳城警察署警長Vaughan將華人區分為「澳門人」（Macaomen）、「閩南人」（Chinchew）兩大類別（Vaughan 1854 [1971]；

轉引自高麗珍 2010: 165），其中「澳門人」又分為客或客人和廣府人，包括新寧（Sin Neng）、鶴山（Hiong Shan）、增城（Chen Sang）、嘉應州（Ku Yin Chew）、從化（Chong-far）、Win Tai Kwan 六大公司為代表，以及南海（Nam Hoi）、順德（Sen Tak）、普寧（Poon Ngwi）、汕尾（San Wi）、新會（San Oon）、鶴山（Hok San）及惠平（Howi Peng）七個比較小的公司，這些多屬地緣性組織。將客家人劃入「澳門人」的人群類別，或許與客家人和廣府人多從此出海有關，也與當時興盛的人口貿易有關聯，因為澳門是苦力貿易的主要輸出港口之一。

「閩南人」主要來自漳州府（Chan-chan-fu）以及鄰近的鄉鎮，分為福建土著（natives of Fuhkien）以及閩省西北部的移民，主要以「姓」（Seh）為組成單位。較大的「姓」，有「隴西堂」（Long Say Tong）李公司、「龍山堂」（Leong San Tong）邱公司、「九龍堂」（Kew Leong Tong）陳公司、「寶樹堂」（Poe Soo Tong）謝公司（Vaughan 1854 [1971]）。福建人非常活躍地設立他們的宗親組織，主要的人群組成方式和客家人不同，多是以姓氏為主的組織。他們不僅建立馬來西亞最早的華人宗親會，即1820年的謝公司，同時也在檳城和新加坡成立許多強大的宗親組織。檳城的邱公司、楊公司、林公司和陳公司，至今還是非常富有。

大量移民南來，加入姓氏公司、家廟、會館成員也增加，加上秘密會社力量的擴展，促使不同方言群的人有行業聚集的現象（參見表3-1）。不同方言群間的經濟分工於焉產生，到現在還可以在某些產業中發現這些現象。

二、華人社會結構特性：「國中之國」的治理方式

1805年以前，檳榔嶼移民規模小且無正規組織（Morse 1991: 15）。西方殖民進入東南亞後，檳城的華人數量亦逐漸增多，發展出

表3-1：檳榔嶼喬治市華人方言群與行業群聚現象

方言群	主要分布街道名稱	主要行業
廣府人	1. 漆木街（Bishop Street） 2. 義興公司街（Church Street） 3. 魯班廟街（Love Lane） 4. 衣箱街（Chuliah Street前段又稱「大門樓」） 5. 廣東街（Penang Street）	酒樓東主、磚窯工人、當鋪東主、造船商、麵包師傅、木匠、打金匠、打鐵匠、石匠、鞋匠、裁縫
潮州人	打銅街（Armenian Lane; Pitt Street向西南延伸一段）	進出口商、鄉間店鋪零售商人、燒炭商、打石工人、屠夫、甘蔗、檳榔、胡椒園工人
福建人	1. 本頭公（Armenian Lane; Pitt Street） 2. 打石街（Acheen Street） 3. 大炮窟窿街（Cannon Street）	碩莪粉製造商、腳夫、泥水匠、碼頭工人、餉馬商的小差、銀行商、五金店主、魚販、行商、進出口商
客家人	1. 大伯公街（King Street） 2. 舊和勝會社街（Queen Street） 3. 巴剎街（Market Street）	打鐵匠、泥水匠、裁縫師、中式牙醫、藥材店
海南人		家庭幫傭、咖啡店主、店夥計

資料來源：麥留芳（1985）。

不同的群體組織，各個方言群與會館都帶有濃厚的方言與祖籍地的地域色彩，且組織的方式有所不同。19世紀，華人自閩、粵來到檳城，有勞工也有商人。為了不費吹灰之力便能取得稅收，英國政府將檳城的專賣權交由華商承包，尤其是鴉片，鴉片專賣商被視為華人社群中的商業鉅子（Debernardi 2009: 20-21）。

除了商人，三合會（天地會）等江湖秘密結社也和鴉片買賣有密切關聯，此種關係甚至在鴉片禁絕後仍未終止。加上19世紀中葉以來的苦力貿易盛行，檳城成為苦力的轉運站，秘密會社也成為買賣與管理苦力的中介組織，逐漸成為影響檳城華人社會秩序的重要因素。

商人、秘密會社以外，檳城的民間信仰組織也呈現出在地華人的社會生活和經濟實力（Debernardi 2009: 3）。華人移民以民間信仰來維繫他們的語言及文化，廟宇的組織也是社會秩序的重要基礎，18世紀中以來，檳城的社會秩序就是構築在多層性的組織與分類原則架構上。尤其是英國殖民之初，尚不清楚華人內部的組成原則時，需要依賴廟宇、會館甚至於秘密會社來維持社會的運作。一旦殖民政府逐步以現代國家的模式管理並分化華人社會時，秘密會社的運作就被禁止，而宗教與經濟領域也逐步從社會整體中分化出來。

（一）四「緣」為基礎的人群組織

移民之初，人群的組織主要是保護群體利益的一種直接且有效的方式，華人的人群組織約可區分成四類：血緣性的宗親會組織（例如謝公司），地緣性的會館組織（例如嘉應會館），業緣性的組織（例如當商公會），以及神緣性的廟宇管理委員會（例如天福宮管理委員會）。不同族群團體組織的原則會因為移民時間、移入地區的社會、移民人數多寡等因素，而有所不同，例如檳城福建人的宗親組織較發達，而客家人主要是以會館組織團結鄉親。在東南亞歷史上，客家人最早創立地緣性會館（顏清湟 2005: 94）。

除了組織性的人群團體的建立外，這些移民也帶來了原鄉的信仰，除了希望降低移民過程的風險外，也希望幫助自己適應新的移入地，可以平安並取得經濟成果。因此，原初從原鄉帶來的宗教信仰，成為移民者在進入新社會前所具有的心靈狀態，這些個人層次的心靈認同與信仰，逐漸形成「神緣」性的組織。當移民者在移入地複製或建立這些信仰的相關組織時，意味著神聖性的「信仰」，和世俗性的

社會關係有了進一層的結合，例如會館領導者又稱為「爐主」或「爐主頭家」。這種情形在客家會館特別突出，因為客家屬於少數群體，在大的廟宇無從祭拜自己選擇的神，便在會館內安置地區性的神祇，在神聖的基礎上凝聚人的社會關係，提供移民社會中的信任基礎，建構自己想像的「社會」。

這股穩定社會的力量，運用在不同組織時，會成為19世紀中期Low（1836 [1972]）所描寫之華人社會極為「不自由」的一面，他認為，在神明面前所發的咒誓，深深桎梏華人心靈。

> 「……華人彼此照應，是很好的傳令兵（poens），而自由的匠師（free-masonry）卻被入行時所立的誓約（oaths），以及不神聖的儀式所拘絆；不同派別（tribes）或公司（congsis）、行會（clubes）的成員，不能彼此交往。……即使是冒險，也寧可相信他們自己所屬的華人警察。海峽華人現在應該沒有作亂的企圖，如果有的話，這些公司將是亂源所在。他們收容了很多被中國流放或者被判死刑的人，若有貳心則家人將會遭受監禁。由此可見這些公司在中國是令出如山的。據知，此地至少有四個人力客棧（lodges），或許更多，一般認為至少有三分之二的華人，是公司的成員。行會中的巫師，一般都有不容褻瀆的秘密；多虧派系鴻溝，各公司間是不能合作的。在1799年，檳榔嶼華人一度變得很躁動，但卻很快地被弭平。這反抗者的行徑來看，若干證據顯示他們想要建立獨立的統轄權，有五百個華人參與，他們聯合起來對抗法令，茫然地錯失時機，就像在廖內（Rhio）對抗荷蘭人一樣。參與謀反的人集結在他們所信仰的菩薩（Joss）或神明（Tokong，道公）前立誓，而這些誓約，會在節日或者新年的時候再次重複。誓約就像公司首領的私人政令。……時至今日，始終難以論定究竟是天子帝國（heaven-born Empire）的法律，或者人民的性格使然。

……」（Low 1836 [1972]；轉引自高麗珍 2010: 163）

　　西方觀點而言，在神明前立誓的盟約應該是宗教領域的一部分，但在當時的華人心靈狀態與社會認知中，這是社會秩序的基礎，立誓的對象是他們熟悉的神祇，儀式也是日常生活中不斷重複的社會行為，既是在移民社會中的社會秩序法則（不同的社會組織是複製中國社會），也是「家」的情緒依託（以神明為基礎的我群情感）。除了公司與社團外，個別行業和商家也有類似的儀式。全漢昇（1935 [1978]）指出，當時即使在家收學徒，也需要在神前立誓。尤其是招收學徒入行時，通常先得在神前立誓，接受行規約束，並且歷經數年的學徒，方能學成「出師」。

　　社會秩序的另一面就是控制者，當時的控制者可以是秘密會社的領導者、會館的領袖、公司的領導人，檳城華人移民社會正是受制於各公司嚴格的行規，而得以在移入地奠定發展根基。當時的殖民地官員一方面描述華人具有極度自私（selfishness）又貪財（avarice）的秉性，一方面又利用華人，使其成為海峽殖民地最有用的階級（Low 1836 [1972]）。Low一方面深入觀察到華人社會的運作，卻又將華人文化描述成負面的特性，並利用其作為統治的工具。

（二）社會秩序的基礎：秘密會社

　　不論是「地緣」或「血緣」組織，不同的語言與區域特徵導致華人各自成立代表其方言的會館，也因為缺乏中國政府的庇護，促使他們成立秘密會社來尋求庇護和互助（顏清湟 2005: 161）。秘密會社的基礎一開始是建立在原鄉社會的共同性上，許多華人在移民過程中都會與秘密會社產生關聯性，有時加上地域與方言的區分，「幫」的分類於焉產生。華族血緣性的宗親會、地緣性的會館及秘密會社於是構成早期馬來西亞華人社會的主要結構。之後，由於在移入地維生的經濟考量，以及中國政治的轉變，秘密會社的組織特性逐漸由「反清

復明」的政治性，轉化為控制苦力勞動與餉碼的經濟性。

　　1842年《南京條約》之後中國門戶的開放，新客與苦力大量湧入東南亞，苦力成為有利可圖的商品，使得秘密會社有更大的發展空間。加上，移民和苦力必須尋找工作以及需要社會支持系統，在新的環境中強調保護和互助的功能對他們顯得更為重要。社會功能的需求，除了促使姓氏公司、家廟、會館成員劇增，進而成為足以支配社會秩序的組織之外，各社團間的合縱連橫，也成為保護各群體經濟利益和獲取政治影響力的重要方式。換言之，秘密會社是早期馬來亞華人社會組織結構的重要環節，並不屬於某個方言社群所獨有。「秘密會社」一詞現今看起來有負面的涵義，卻是當時社會秩序的基礎，尤其是當殖民政府想馬上取得經濟利益，但統治的社會知識不足時，不得不依靠秘密會社的運作。因此，秘密會社在殖民統治之初到中期，不僅存在而且非常興盛，甚至受到海峽殖民地政府所容納。殖民政府甚至認為，如果秘密會社受到嚴格監督的話，可以做為政府和廣大文盲群眾之間的重要關係紐帶（顏清湟 2010: 106-107）。

　　利用秘密會社作為控制海峽殖民地華人社區的工具，受到兩位官員的鼓吹，一是當時的警察總監鄧洛普少校，另一位是之後出任華民護衛司的畢麒麟，這種觀點形諸於文字是在華民護衛司的第一份年度報告書中。

　　從上述的發展可以看出，在大量華工進入檳榔嶼、苦力貿易興盛以前，殖民政府的確希望藉助華人內部的組織維持社會秩序，秘密會社作為穩定的社會力量，也受到殖民政府的肯定。但是，當殖民政府與華人社會有利益衝突，以及華人內部因為經濟利益產生重大分裂時，殖民政府開始介入社會秩序的維持。

　　苦力貿易的興起，不但改變以往移民貿易的性質，也改變了新馬華人的社會結構，與秘密會社的組織性。苦力的另一個名稱是「豬仔」，說明其在移民與交易過程中的非人性與商品性。龐大的人口販賣市場具有不可想像的利益，華人、歐洲商人都捲入逐利的過程之

外，秘密會社也成為控制人口販賣的組織。Morse（1926）指出，當時每年來檳城的新客約有2,000至3,000人，被當成貨品貿易，檳榔嶼始終是馬來半島北部、暹羅南部、蘇門答臘北部最重要的人力市場。為了防範「豬仔」逃逸，乃雇用秘密會社來「保護」苦力，成為當時操縱販賣契約華工的一股力量。檳榔嶼大伯公會會長邱天德（Tan Teik）就是壟斷苦力買賣的重要社團領導人物。

為了防止「新客」或「豬仔」逃逸，資本家必須假手會黨，控制新移民；而受到「保護」的新客，無異於被壟斷的人力資本，他們甚至不能擅自闖入其他私會黨的地盤，否則便視同「區位侵犯」（ecological invasion），有可能引發「群體認同」紛爭，甚至將導致地盤鬥爭的血腥殺戮（麥留芳 1985）。1950年代以前，秘密會社是協助殖民政府管理華人的主要組織，這種社會功能隨著苦力貿易的發展而逐漸被侵蝕，因為苦力貿易強化了秘密會社間的利益衝突，不斷的衝突使得社會秩序維持者的角色，轉為破壞社會秩序者。

在殖民統治的歷史過程中，社會秩序從基礎宗教的神聖性，逐漸被國家科層的法制性所取代。以往秘密會社與宗教信仰間的關係，形成社會秩序的神聖性基礎，是社會整合的凝聚力來源。當殖民政府初掌檳榔嶼，不瞭解社會運作的邏輯時，即藉助華人既有的社會團體助其治理。等到殖民政府有能力管理，又希望壓制社會動亂時，就慢慢建立現代性的管理制度，逐步降低華人組織的重要性，尤其是秘密會社的存在。

秘密會社的被查禁，一方面是華人內部的動態平衡受到破壞，特別是1867年8月，「大伯公」與「義興」兩大幫派各自糾群結黨，從3日打到14日，釀成為期十餘日的「檳城大暴動」，以及之後一連串其他華商對秘密會社行為的抗議（此時華人社會結構也有所改變，商人階級興起），另一方面，也是殖民政府對於馬來半島的掌控愈來愈深入。「華民護衛司」於1877年正式設立，意味著殖民政府逐漸清楚華人社會的運作，並準備將華人置於控制之中。

在英國統治下，檳城華人藉由發展自治體制而在地化，華人領袖經由各種宗教儀式來強化社會連帶，並組織社會秩序。由於檳城白人菁英多屬共濟會（Free Masonry），故以開明觀點看待華人民間信仰，但是英國政府則認為這將造成「國中之國」的統治現象。於是19世紀中開始，殖民政府企圖將近代歐洲公共生活、理性、儀式等概念帶入檳城，以掃除華人的秘密會黨及其儀式，但最終徒勞無功（Debernardi 2009: 10）。雖然，1889年查禁秘密會社，但只要經由社團登記，就可以繼續存在。

三、客家族群產業的網絡創造過程

檳城的客籍移民主要分為三部分：嘉應客、汀洲（永定）客和惠州客，這從1801年、1819年及1822年他們先後成立了方言性的社團組織得以證實。其中，嘉應客人數最多，居於支配性地位，經濟實力也最強。他們在檳城所創建的「嘉應會館」，是學者公認新馬地區最早成立的華人方言社團（顏清湟 2005: 106）。客家人最早成立方言會館的原因，在於客籍人數不多，處於當時以方言作為溝通並建立社會網絡的社會中，為了有效凝聚力量並相互支持，因而成立方言性的會館。會館因為有社會福利組織的功能，負有照顧同鄉、介紹工作等責任，同一方言會館的成員會進入相同的職業領域。這種族群產業／職業的網絡創造過程中，殖民政府的政策也是主要的關鍵因素。

（一）餉碼制度

面對華人的社會運作原則，殖民政府以「經濟」為核心的政策原則，促使其運用「餉碼制度」，讓華人內部處於動態的均衡，以間接維持社會秩序。餉碼制度就是承包制，主要是鴉片、酒、豬肉的專賣權，以及賭場、妓院和當鋪的專營權。制度的設計，政府給予包稅商在日用品和公用施設上的專賣權，並保證這些權利的實質利潤的回

報，餉碼商則向政府支付高額稅金。該制度使得殖民政府不必出錢、管理，就可以得到既安全又豐厚的收入（顏清湟 1991: 113）。

　　1816年開始，由於殖民政府實施鴉片和酒的餉碼制度，高度的經濟利益成為福建人與廣府人的衝突焦點，各以秘密會社為後盾進行競爭。換言之，幫權在南渡到東南亞之後，隨著大陸皇權的轉移，以及在地化的利益競逐，漸漸扮演社會治理的角色，組織人群的分合。「秘密會社」發揮的社會功能，基本上是在殖民政府開發之初所默許，甚至於是受到官員鼓勵的（Vaughan 1854 [1971]）。從表3-2可以看出，當時的餉碼商多與秘密會社有關。

　　餉碼制的實施，雖然讓殖民政府不費吹灰之力便取得豐富的稅收，卻也使得社會制序處於鋼索之上，一旦失控便會產生嚴重的後果。餉碼制實施後，秘密會社除了是殖民政府的賺錢工具外，本身也逐漸發生改變，這種改變也種下日後被禁止的原因。以義興公司為例，「義興」是天地會的一支，是秘密會社的代名詞，也是最早向萊特承包勞務的公司（高麗珍 2010: 171）。義興公司的成長、茁壯、分化，與餉碼、賒票制等息息相關。殖民政府透過「餉碼制」，授權給資本雄厚的包稅人壟斷菸酒、鴉片、賭博與娼妓的市場權利；「賒票制」則助長公司行會，壟斷移民原鄉的人力資源。龐大的經濟利益，使得秘密會社與殖民政府的合作，除了保護既存的權利外，領袖更想從中獲得更大的利益。經濟利益的擴張與強大勢力的發展，也促使殖民政府在瞭解華人社會後，成為主要取締的對象。被查禁之後，秘密會社成為非法組織，並被視為危險的社團，他們也成為警察採取行動的目標。甲必丹只好斷絕和秘密會社的關係，加強與方言組織的互動以增強社會影響力（顏清湟 1991: 115-116）。

　　1882年「危險社團法令」生效後，海山公司被宣布為非法組織。1889年社團法令通過，1890年海峽殖民地政府援引新的社團法令，封閉所有華人私會黨組織，並將一部分私會黨徒驅逐出境，所有的社團必須重新登記才能公開活動。到了1920年，私會黨的勢力已大不如

表3-2：19世紀初（1806-1830）檳榔嶼的餉碼承包人

年份	烈酒承包人	鴉片承包人
1806	Pequha(G.); *Chewan(J.)	Bacon(G.); Jeyten(J.)
1809-1810	*Che Pan(G.); Angou(J.); Chinsou(J.)	Che Sui
1810-1811	Che wan(G.); Su Sam(J.)	Tequha
1811-1812	*Tequha	Che Im
1814-1815	*Tequha	Oosoye
1816-1817	*Che Toah; *Che Ee; Che Seong	Oosoye; *Che Toah
1818-1819	*Tequha	Tequha; Che Saw
1819-1820	**Achee; Assoo	Che Saw; Che Beng; Che Ee
1820-1821	**Achee; Assoo; Ay Ing	*Che Toah; *Che Ee; Oosoye
1821-1822	*Che Toah; *Che Ee; Oosoye	*Che Toah; *Che Ee; Oosoye
1822-1823	*Che Ee; Che Toah	*Che Toah; *Che Ee; Oosoye
1823-1824	*Che Ee; Che Toah	*Che Ee; *Che Toah; Oosoye
1824-1825	**Achee; Achong; Alloon	*Che Toah; *Che Ee; Che Beag
1827-1828	*Che Ee; Che Beag; Gwansoo	Che Beag
1828-1829	**Acheu; Attong; Achong: Alloon	*Che Ee
1829-1830	*Che Ga; Kum Sean	Che Seong

註：* 義興黨；** 海山黨；G. 表示George Town；J. 表示James Town。
資料來源：高麗珍（2010: 168）。

前，雖然未能完全消除，但已不再扮演社會秩序維持的角色。反而是後來成立的華人社團與政治團體，成為相對於國家權力的「社會」力量。

　　如果說，英國人先是借助當地的華人領袖或有地位的人來控制華人社會，以為英殖民政府牟利，那麼到後來英國人則是利用私會黨魁來擔任甲必丹，以駕馭華人社會，監督他們和灌輸大英帝國的思想。到了後來更禁止秘密會社的運作，以進行實質的社會控制。

（二）典當業的發展

在1931年的人口普查報告中，英國籍為主的調查人員們皆使用「種族」的分類方式來調查各個種族的職業類型，縱使他們有意識到華人社會內部存在「部落」的差異。而在1931年人口普查報告的職業調查分類中，錢莊（Money Lenders）、當商（Pawnbrokers）與貨幣轉換（Money Changer）這三個行業，是都被歸類在商業類型中。從調查資料中，可觀察1931年經營錢莊、當商與貨幣轉換的華人業者數量與百分比。根據表3-3，1931年從事錢莊、當商與貨幣轉換的業者皆以男性為主，華人在華人人口當中經營「錢莊、當商與貨幣轉換」的百分比為17%，其中多分布在新加坡（38%）、檳城（18%）與霹靂（16%）。可惜的是，資料無法顯示當時經營當鋪的客家業者數目。

檳城典當業發展的歷史，是自海峽殖民地的餉碼制度建立起來後就開始發展，時間約與新加坡相同。不同的是，當商公會幾乎沒有留下任何的資料，也沒有相關的研究可供參考，因此只能從訪談資料中，分析典當業與客家間的關聯性。

訪談資料顯示（PEPAM3_2009），2009年時，馬來西亞240家當鋪中，客家人幾乎占80%，90年代以前，幾乎全部是客家人。自90年代政府開放執照後，大家都可以申請經營當鋪，許多非客家籍的人士就開始進入這個產業。這些新進的經營者，大多數為廣東人，原來就是經營銀樓，比較熟悉當鋪的經營。而且，當鋪大部分集中在西海岸人口比較多的城市，例如檳威省的北海和喬治市、怡保、吉隆坡、雪蘭莪五個地方，占了全馬來西亞當鋪的50%以上，其他就是分散在不同的小鎮，還有東馬。

1. 如何進入典當業：社會網絡的開端與族群產業的發展

詢問經營典當業的家族史，7位受訪者有一些共同的特性，就是祖父或父親都在當店做過夥頭（夥計），都是第二代以上的經營者，祖籍是大埔，而且7位受訪者不是親戚、就是好朋友的關係。上述的

表3-3：海峽殖民地與馬來聯邦的「錢莊、當商與貨幣轉換業者」數量

地區	華人人口[14]			總人口[15]		
	男	女	總和	男	女	總和
海峽殖民地	228(61)*(98)(10)**	5(100)*(2)(0)**	233(62)*(100)(10)**	1111(50)*(100)	5(71)*(0)	1116(50)*(100)
新加坡[16]	141(38)*(98)(6)**	3(60)*(2)(0)**	144(38)*(100)(6)**	573(26)*(99)	3(43)*(1)	576(26)*(100)
檳城	65(17)*(97)(3)**	2(40)*(1)(0)**	67(18)*(100)(3)**	409(18)*(100)	2(29)*(0)	411(18)*(100)
馬六甲	22(6)*(100)(1)**	-	22(6)*(100)(1)**	129(6)*(100)	-	129(6)*(100)
馬來聯邦	144(39)*(100)(7)**	-	144(38)*(100)(6)**	1111(50)*(100)	2(29)*(0)	1113(50)*(100)
霹靂	62(17)*(100)(3)**	-	62(16)*(100)(3)**	485(22)*(100)	1(14)*(0)	486(22)*(100)
雪蘭莪	30(8)*(100)(1)**	-	30(8)*(100)(1)**	364(16)*(100)	1(14)*(0)	365(16)*(100)
森美蘭	40(11)*(100)(2)**	-	40(11)*(100)(2)**	219(10)*(100)	-	219(10)*(100)
彭亨	12(3)*(100)(1)**	-	12(3)*(100)(1)**	43(2)*(100)	-	43(2)*(100)
總和	372(100)*(99)(17)**	5(100)*(1)(0)**	377(100)*(100)(17)**	2222(100)*(100)	7(100)*(0)	2229(100)*(100)

註：表中＊號括弧數字為欄數百分比。後面括弧數字為列數百分比。表中＊＊號括弧數字為除於總人口總和人口數的欄數百分比。
資料來源：Vlieland, C.A., 1932. *British Malaya: A Report on the 1931 Census and on Certain Problems of Vital Statistics*, pp. 254, 271, 282 & 296. England: Office of The Crown Agents For the Colonies.

14 包括各個華人「部落」的人口。
15 包括各個種族人口。
16 新加坡自治區（Singapore Municipality）的數據。

共同屬性，正說明了典當業的封閉性，以及為何會是客家人所獨占的產業。

> 問：你們家族何時開始在當店工作？
> 答：我父親，從大埔來這裡就投靠親戚，在當店當夥頭。之後自己開店，我就跟著學。
> 問：所以那你們家現在有幾間當店？
> 答：我管理一間。另一間是別人在管理。
> 問：所以兩間，是自己獨資的還是合股的？
> 答：都是合股的。
> 問：合股的也都是客家人嗎？
> 答：對，全部是客家人。
> 問：為什麼會找客家人來合股？
> 答：因為自己人嘛，親戚啊！
> 問：或者朋友⋯⋯。
> 答：沒有跟朋友，通通都親戚。
> （PEPAM1_2009）

　　檳城的第一家當店始於何時？開店者是誰均不可考，但是所有的受訪者都回答是客家人。如果這是網絡的起點，之後客家人就循著親戚（血緣）、同鄉（地緣）的網絡，以在店內打工（當夥頭）、合股開店的方式，吸引更多的客家人（尤其是大埔人）陸續進入此產業。

> 問：父親何時自己開當店？
> 答：1967年開始，和姓何的合股。
> 問：那位姓何的也是客家人？
> 答：對啊！也是大埔人。
> 問：所以父親就當頭手跟經理人嗎？

表3-4：檳城當商受訪者資料表

受訪者代碼	性別	出生年代	籍貫	移民世代	家族成員最早從事當鋪業
PEPAM1_2009	男	1950	大埔	第二代	父親先在當店做夥頭（夥計）
PEPAM2_2009	男	1950	大埔	第三代	父親先在當店做夥頭。
PEPAM3_2009	男	1960	大埔	第三代	公公曾在鑽石店與當店打工過，外公是鑽石商
PEPAM4_2009	男	1950	大埔	第三代	父親先在當店做夥頭，後來開當店與金店
PEPAM5_2009	男	1950	大埔	第三代	父親先在當店做夥頭
PEPAM6_2009	男	1960	大埔	第二代	父親先在當店做夥頭
PEPAM7_2009	男	1960	大埔	第二代	父親先在當店做夥頭

說明：以受訪者代碼PEPAM1_2009為例，PE是指地名檳城（Penang）、PA是指當鋪、M是指性別為男性（F是指女性），2009是指受訪時間。

答：當經理，就發展到現在，我接手後，又多開一家。

問：新開的一家由誰經營？

答：兄弟，弟弟負責管理。

問：所以是家人合資？

答：是。

（PEPAM1_2009）

問：當初開當鋪的資金是自己存的錢，還是有去借錢來開當
　　鋪？
答：那個時候就是我爸爸和他的岳父，就是我的外公，合資
　　的。
問：那你的外公也是客家人嗎？
答：嗯，客家人也是大埔人。
問：也是大埔人，也開過當店嗎？
答：沒有。他是鑽石商。就合作開了這間當店。
（PEPAM3_2009）

　　除了血緣、姻親關係的家人合資外，有些歷史悠久的當店，因為
以前需要集資開店，會加上朋友的股份，這種經營模式也延續到現
在。

問：你那個時候經營這家當鋪時，資金從哪裡來？
答：有跟人一起合股，一直到現在也是合股。
問：合股有多少人？
答：大概有10人。
問：這10個人都是客家人？
答：我的兄弟。除了我經營的這一間，還有一間×××，也是
　　5個兄弟有股份的。
問：所以你們家有兩間當店，都是兄弟合股開的？
答：是，是我父親留下來的！除了我們兄弟，就是姓賀和姓郭
　　的同鄉，祖先住在大陸同一個村子。都是從上一代就留下
　　來的。都是祖傳啦！
（PEPAM2_2009）

　　除了第一位當店的經營者是客家人外，「血緣」和「地緣」是兩

個重要的網絡發展基礎，經由這兩種管道，可以找合夥人集資開店，擴展網絡；也可以找信任的人當學徒，傳授經營的竅門與專業知識，創造客家人的經營模式，穩固獨占的局面。例如，當店中討論價格與寫當票的暗語都是客家話，一方面為了不要讓顧客聽懂，主要也是不希望討論的技巧讓初進的夥計知道太多。

> 問：當鋪中有哪些經營的特性？
> 答：有，以前在寫當票的時候，那個數字是用客家話的暗語，他們在討論價錢的時候，也是用客家話的暗語在討論。不是普通講的1, 2, 3, 4, 5……，他們是講暗語，因為外面的人來當的人聽不懂。夥頭如果是非客家人，也聽不懂討價還價的技巧，學不會。
> 問：所以，夥頭基本上都是客家人嗎？
> 答：對，因為你要學鑑價、討價還價的技巧啊。
>
> （PEPAM6_2009）

　　基本上，夥頭是非客家人的情形很少出現，因為除了經營技巧外，當店中都是貴重物品，在店中活動的都需要信得過的人。換言之，「信任」是當店經營的首要考慮，信任的基礎就來自親戚和朋友等網絡關係。

> 問：當鋪在經營管理上，最重要的是什麼？
> 答：講來講去啊，親戚方面啊，比較容易信任。
> 問：嗯嗯！
> 答：如果是請外人，當店裡面有的都有分、分界限啊！好像就只讓信任的人進庫房啦！其他的人就不能進去庫房，因為裡頭的東西都很小、又很貴重。以前只有管庫房的人才可以進去，都要是自己信得過的人。

問：去哪裡找信得過的人？

答：先找親戚，然後朋友啊。

（PEPAM5_2009）

　　族群產業的發展，除了一開始的經營者是客家人外，親戚、同鄉和朋友的關係幫忙了網絡的擴展，而典當業的產業特性（與顧客的討價還價、貴重物品的保存），讓客家文化結合產業，形成當代的客家獨占現象。

2. 如何經營典當業：產業特性

　　以前的開店資金多為合股，現在多是向銀行貸款。

問：您父親那個時候，跟人家合股的開店資金是多少？

答：那很少，以前很少，現在最少都要1,000多萬吶！

問：喔。

答：我那邊是1,600萬啊。

問：所以除了合股，你們會去跟銀行借錢嗎？貸款？

答：當然會啦！假如自己的資金夠就不用借了，跟人家借要給利息的。

問：會找人借貸嗎？

答：不會，以前是沒銀行，現在銀行都想借錢給你，很容易取得資金。

（PEPAM1_2009）

　　在員工管理方面，現在店裡大部分還是講客家話。

問：父親那個時候店裡有多少個員工你知道嗎？

答：以前啊？以前也是很多人，超過10個。

問：那他們在店裡說什麼話？

答：客家話，譬如說暗語啊，有一些人來當的時候，頭手要跟前面櫃台的人討價還價，講客家話嘛。所以那個時候會比較希望找客家人進來。現在我經營的××當，有雇5個人，全部都是自己人。

問：所以現在店裡面還是講客家話？

答：嗯，講客家話。

（PEPAM4_2009）

上述的家族式或族群式的經營管理方式還是占大多數，但漸漸也有第三代將專業的企業管理知識帶進來，比較強調員工或是朋友的網絡（社會資本），而非親戚或客家（族群資本）。

問：您雇用幾名員工？

答：全部有7個。

問：7個。都是客家人嗎？

答：不是。都跟我沒有關係的。我就是不要家人參與經營。

問：為什麼？跟別人很不一樣？

答：因為我經營方式跟其他的當店不一樣。我是用很現代的方式，第一就是用電腦。而且我請的人都是跟我沒有關係的，都是外人，例如以前在銀行做過工的啦，或者是我自己訓練他們。

問：那你怎麼跟他建立信任關係？因為這邊的東西都很小。

答：訓練他們啊，就在店裡啊。訓練他們的時候，觀察他可不可以用。

問：所以你不會從朋友或者是親戚去找員工？

答：我找員工都是叫人家介紹啦。都不是親戚。

問：都不是親戚，可能是朋友的小孩或朋友的朋友介紹來的？

答：是啊。

問：喔！你覺得這個跟用親戚有什麼差別，如果你用親戚？

答：不好啊。找其他人比較專業化。用親戚的話，如果他們做不對，有時很難處理。

問：所以你從1992年就沒有用親戚？

答：那個時候還有留下來我爸的一位親戚，他退休我就請外人了。

問：所以爸爸經營的時候頭手是客家人？

答：是，嗯！然後慢慢淘汰掉，我請的那個經理，他不會經營當店，他以前是銀行的副總裁。我只是請他管我的員工，管理那些現金。我要把他分開來，做經理不可以跟顧客接觸。所以店裡有兩個階層。

問：為什麼你要這樣分開？

答：這樣才可以控制嘛！控制我的經營，我的現金啊。就像銀行，你是officer，你不會跟顧客接觸的嘛。

問：你怎麼訓練非親屬的新進人員？

答：其實我們要請人啊，是個問題。首先要人家介紹，我們不能登廣告請人。我會問很久，然後要查一下他的背景。雖然要花很多時間，但是我都不要請親戚，連我妹妹我都不要她們來。我認為這樣（請親戚）不好啊。我要盡量比較專業化的，而且比較單純。

（PEPAM3_2009）

　　因為產業的保守特性，所聘的員工不是親戚，就是朋友介紹，而且需要長時間觀察員工的可信度。這樣的特性，加上不錯的年終獎金（花紅[17]）與薪資，使得員工的流動性相當的低。

---

17 當鋪老闆會將每年年底的盈餘提出若干比例分給員工，稱之為「花紅」。

問：你們年尾發那個花紅，大概會發幾個月？

答：四個月，所以員工其實流動率很低，通常都是終身，一直做下去。

問：可以問一下那個工資是多少？

答：千五這樣子（RM1,500）。[18]

（PEPAM6_2009）

雖然在當店中多以客家話為溝通語言，但是典當業是社區銀行，會面對不同族群的顧客，會產生不同的族群印象。

問：談一談您的顧客特性。

答：我們這區的華人很多，也有印度、馬來人。印度人口沒有很多，可是他們來當得多。

問：喔。

答：他們比較需要錢，需要週轉。他們當的也是金飾。

問：有什麼不同嗎？

答：當的那個金飾的花紋會不一樣，而且比較會討價還價。

問：馬來人呢？

答：比較不會。印度人很兇喔，馬來人的生意比較好做。

（PEPAM5_2009）

問：談談您的顧客特性。

答：我們都是看著顧客成長的。看著年輕人來當，當了幾年後他結婚、生孩子，生孩子以後還來當。所以有時候我們當店裡，認識顧客之外，也認識他的爸爸跟孩子。三代都來

---

18 RM1,500指的是1,500令吉（Ringgi），令吉是馬來西亞貨幣，與台幣的匯率約是1比10。1,500RM約是15,000台幣。

當，他們就是這樣過活的。我們華人，有當票給你看到，會不好意思喔。他們印度人喔，有當票，很光榮。證明我有很多金子啊。我可以去當，你們沒得當。他們有時候會拿一大包的金啊，當100塊罷了。

問：喔。

答：就好像放在那裡當保險箱啦。新加坡也有這種例子。新加坡是華人，他就把很貴重的東西，因為已經當很久了，是朋友了，農曆新年的時候，跟你借出來戴一戴。過完年的時候，再來放（當）給你，放著在那邊當保險箱。安全嘛！

問：所以這邊是印度人比較常做這樣子的事情？

答：對！我們這邊時常有這樣當50塊的。因為50塊一個月才1塊錢利息。

（PEPAM2_2009）

馬來政府近來也在回教銀行開辦典當業務，但是馬來人因為文化的關係，部分還是會選擇到華人開的當店典當物品。

問：馬來人急需錢時會去哪裡借錢？

答：馬來人急需錢的時候，有些還是會跑去回教銀行的一個部門，是做那個當店的。

問：什麼時候開始？

答：開始很多年了，應該十年吧。

問：那他們生意好嗎？

答：生意不好。他們的速度慢，我們快！真的很快！等下你一看你就知道了。而且你一進去公家機關，所有的人都看到，對不對？尤其那個馬來民族，他們做工啊，當東西的人就站在那裡。但是他們又不希望被其他馬來人看到自己

來當東西。馬來人去華人那邊當沒有關係啦！面子還保住啦！而且他還可以在沒有人看到的時候進去。起先我們以為政府銀行資金雄厚，我們民間資金無法和他fight。可是我們的經營方式跟他們不一樣的，他有資金，可是我們不需要那麼多資金啊！因為只是做區域的，區域的資金流動就是這麼多。政府有資金也用不到，因為人家不會去那邊當。

（PEPAM3_2009）

這種區域性的銀行，依區域人口的多寡，每個月收的當票數從1,000多到8,000張之間。

問：檳城的當鋪每一天有多少當票出去？
答：比較大間的一個月有7,000到8,000張票，1,000、2,000算很小的。
問：一般來講，一張當票平均是多少錢？
答：平均一張當票大概是600多塊吧！
問：都是誰來當？
答：多數是印度人，70%都是印度人。他們需要錢！

（PEPAM2_2009）

流當品還是以黃金為主。

問：當品是不是還是金飾比較多？
答：金飾，是！鑽石比較少。手錶有時有收，現在我全部不收了。因為要降低風險。除非生意不夠做了，或者是太競爭了，才會收手錶。

（PEPAM3_2009）

國際金價上漲時有助於生意的經營。

> 問：在馬來西亞，經營當鋪最好的時間是哪一個年代？
>
> 答：全年都好，尤其現在最好囉！因為金價高。
>
> 問：那金價漲一倍，你們也賺一倍啊。
>
> 答：對呀，可以這樣講啊！差不多，因為大部分的典當品都是金子。現在一張當票，以前要兩張當票才能夠賺同樣的錢。
>
> （PEPAM1_2009）

當票的面額會因為當店所處位置（城市或鄉下）的不同而有差別，一般而言，城市中的當票一張平均是800令吉。

> 問：一張當票平均會當多少錢？
>
> 答：差不多800塊啊。像我們在城市就當的比較大囉，小城市啊、鄉村那邊啊，他們去當幾10塊、100塊也是有的。
>
> （PEPAM3_2009）

當期以六個月為基期，如果顧客在六個月內回贖，利息則按月繳付，在經營上具有相當大的彈性。

> 問：當期如何區分？
>
> 答：期限給你六個月，但是你一個月來我就收你一個月的利息。
>
> 問：所以很有彈性！如果當一個月的話，利息是不是會低一點？
>
> 答：一樣一樣。不管幾個月都是一樣。
>
> （PEPAM4_2009）

通常回贖的比例很高，而當店也不希望顧客斷當，因為當店賺的是利息，如果抵押品還在，顧客會一直回流，可以不斷的賺利息。如果物品被斷當，就等於失去一位顧客。

問：請問斷當的比例有多少？
答：喔，很少，百分之三。都是會回贖，這樣子斷當比例低對我們也好，因為他會一直流動。斷當以後就失去了一個顧客，同一個東西他如果流動得多，利息就會賺得多。

（PEPAM5_2009）

當問到當店經營與景氣的關係時，幾乎所有的回答都是不受景氣的影響，有些受訪者甚至回答景氣差時生意會好。

問：當店的經營會受到景氣的影響嗎？
答：當店生意，老實說沒有景氣或不景氣。因為每個人有他的需要。有的是需要小額資金，幾百塊或者幾千塊，可以過一個節，或者是交學費，或是要借一點錢去齋戒月啊。

（PEPAM1_2009）

問：金融危機對你們有沒有什麼影響？
答：沒有影響，生意更好喔。失業的比較多，當的比較多，要用錢的比較多。

（PEPAM5_2009）

景氣影響的不是生意，而是顧客的階級性。

問：以就您來看整個當店的發展，有沒有什麼時期是最困難的，或什麼時候生意最好、什麼時候生意最不好？

答：很多人說現在經濟不景氣，其實經濟好的時候，我們生意也是好。因為經濟好的時候，人家就有錢，就會去買金飾啊，投資啊，有時候買屋子，所以他們就來當。到經濟不好的時候，也是很多人來當。經濟不好的時候呢，我們生意還是照做，沒有像其他的生意面臨關閉。

問：來當的人有什麼不一樣？

答：不一樣的。經濟好的時候來當的，都是那種有錢人或是他要做投資生意的；可是經濟不好的時候都是那些失業的，或是勞工。所以我們的生意是很平穩。

問：有沒有哪個時期，國家某些政策改變，讓你們碰到經營上面的危機？

答：到目前為止，沒有遇到這些事情啊。

（PEPAM6_2009）

3. 典當業與周邊產業

因為典當品幾乎是金子，因此當鋪和金店的關係相當密切，店面也幾乎是緊連在一起，有時當店和金店的老闆是同一人，或是親戚關係，當店的頭手[19]很多是在金店工作過的。

問：請問一下當店與金店的關係如何？

答：因為以前大部分當的都是金子嘛，所以他們就會從金店找頭手。鑽石很少，尤其我們這小地方啊！就好像吉隆坡、新加坡，他們鑽石很多。我們那邊很少、很少。很多當店也會同時開金店，因會斷當的金子可以再拿來賣。

（PEPAM1_2009）

---

19 頭手、二手和三手又稱之為朝奉，依各身份順序坐於店面櫃台之後。

當店和金店是夥伴產業，部分的老闆和員工重疊性高，大家都互蒙其利。但是，近年興起的「黑羊」（black sheep），老闆也很多在當店工作過，則是遊走法律邊緣和典當業競爭。

問：街上有許多掛著「買當票」的店，是做什麼生意的啊？

答：那些不是當店，是來買當票的。那個叫「黑羊」。我們做當店的，有一些人很保守，把金飾的押金壓低。原來值100塊只當50塊。這些黑羊就再把當票買回來，再去把金飾贖回來，拿去賣給金店。所以生意不能保守，要提高價錢。

問：如果金子值100塊，我可以當多少錢？

答：最高是65塊。

問：利息大概是多少？

答：利息是2%。我們這裡不競爭，我這裡一個地方一間嘛！所以那個街上滿街都是那個買當票的。

問：所以那種買當票的有幾間？

答：喔，很多。比當鋪還多。可能比當鋪多兩倍到三倍。像這裡，我一間當店，就有三間買當票的。

問：這個行業是什麼時候出現的？

答：這個行業應該是十多年前吧。

問：為什麼是那個時候出現的？

答：因為金價慢慢起來了，價差就出來了。

問：這種買當票的都是什麼人開的？您知不知道？

答：喔，這個很複雜的。但是都是華人。有一些是那種在當鋪行為不好的，他出去了，然後他就開始去收購當票，因為他對附近當鋪都很熟，就在附近買當票。

（PEPAM7_2009）

保守的價格除了促使「買當票」的行業出現與當店競爭外，產業內部也有聲音希望當店的經營可以更現代化（使用電腦）、更友善（將當台拆除、鐵窗改成玻璃窗）。一般而言，希望改善經營方式的多是年輕一代，當店的位置在城中心。

> 問：現在當店經營的策略是什麼？
>
> 答：現在很多保守的那些當商，他們生意愈來愈差了。
>
> 問：哪邊的當商最保守？
>
> 答：鄉下的都是保守的，比較傳統的。應該要現代化一點，這在吉隆坡比較多。我參觀好幾間當店，也去過新加坡參觀。當台應該要拆掉，我二十年前就把當台拆掉，那個時候我舅舅就不高興啊。他說當店沒有當台、沒有用毛筆，根本就不像開當鋪。
>
> 問：所以您什麼時候開始使用電腦？
>
> 答：1990年啊。就是因為這樣子，92年我就跟他們分開了，自己開店。
>
> （PEPAM3_2009）

　　在檳城，當店經營文化的世代差異大於族群差異。

> 問：不同族群的人的經營方式有沒有不同？
>
> 答：以前都是客家人在經營，現在才有一些其他族群的人進來，一點啦，不多。
>
> 問：那他們會不會有不同的經營方式？
>
> 答：都一樣，沒有什麼太大的差別，年輕的經營當店裝潢比較現代，會把當台拆掉，老一輩的不會。
>
> （PEPAM1_2009）

雖然，典當業在新馬的發展非常的早，但是馬來西亞的當商公會卻成立得非常晚。

> 問：當商公會是什麼時候成立的？
> 答：應該是1981年，二十七年了。有一個公會比較好。如果有要向政府反應什麼事情，就有人出頭。
> 問：1981年成立的時候是不是發生了什麼事情啊？
> 答：希望提高利息啊！我們成立這個公會，跟部長交涉。我們利息提高到2％。其實，利息最高的時候是戰前。
> 問：當店在新馬的歷史悠久，為什麼當商公會這麼晚才成立？
> 答：我也不清楚，聽以前的人說，以前有英國人的標碼制度，只要給政府標金就好，其他的他都不管。加上當店的形象不好，所以經營上就愈低調愈好。可能是因為這樣，沒有成立當商公會的需要，而且大家都認識，有事情的時候聚會一下討論討論就好了。

（PEPAM2_2009）

　　英國殖民政府的餉碼制度是將營業執照標出去，經營的部分沒有太多的限制，所以沒有必要成立公會向政府反應業界的需求。加上經營當店的不是親戚，就是朋友，大家見面和溝通的機會多，很多事就不需成立組織來處理。更重要的是當店的形象不佳，經營者不希望有太多的社會能見度，因此一直未成立當商公會。馬來西亞當商公會的會址在怡保，本身並沒有保存歷史的文件和會議紀錄。

　　再者，經營者的低調做法，和產業的經營風險是有關聯性的。

> 問：請問經營當店有風險嗎？
> 答：其實我們做這一行業也冒著很大危險耶！
> 問：什麼樣的危險？

答：因為有人曾經拿機關槍進去打搶當店，也有晚上來挖地洞
　　偷金飾。又怕這個、又怕那個。庫房如果自己做好一點，
　　像剛才你去看的那個，就要自己買店，否則你的保險設備
　　投下500仟（50萬令吉），十或五年後人家店不租給你，
　　你就虧大了。

（PEPAM5_2009）

（三）中藥產業的發展

中藥產業是馬來西亞華人主要的傳統行業。根據馬來西亞華人醫
藥總會的資料，全馬來西亞共有42個與中藥產業相關的公會團體組
織，許多中藥材產業的經營者多為客家人（《馬來西亞華人醫藥總會
50周年金禧紀念特刊》 2005）。

1. 馬來西亞中醫藥產業的起源

新加坡中醫學院院長李金龍指出（2005: 175），有關傳統中藥傳
入馬來西亞的時間約在14世紀，中國人南下僑居馬來半島與北婆羅洲
時，傳統中藥隨著中國人的移入而傳到南洋。中藥帶到南洋後，剛開
始是以小販販賣中藥材的方式經營，直到民間的中醫留醫所以及中醫
藥組織機構的成立，中醫與中藥產業才逐漸發展。馬來西亞最早出現
的中醫留醫所，包括下列三所：
（1）創辦於1878年的雪蘭莪「榮陽回春館中醫留醫所」。
（2）創辦於1881年的吉隆坡「培善堂」。
（3）創辦於1884年的檳城「南華醫院」。
最早的雪蘭莪「榮陽回春館」是由吉隆坡大埔同鄉團體「榮陽公
司」所創辦，作為大埔人同鄉患病的留醫所，以及同鄉人遭遇不幸死
亡而喪殯的地方。當時的留醫所為亞答屋[20]所建的屋宇，聘請一名中

---

20 以椰子樹的樹葉做為屋頂的房子。

醫師來管理大小相關事務。建立於1881年的吉隆坡「培善堂」，則和當地錫礦業的發展息息相關。「培善堂」是由吉隆坡第五任華人甲必丹，同時亦是客家人的葉觀盛所創建（黃文斌 2007）。由於當時眾多的錫礦工人陸續患病，在缺乏醫藥照顧的情況下，許多錫礦工人皆客死異鄉，於是葉觀盛獨資幫助貧窮的華工獲得適當的醫療。19世紀末，當時吉隆坡附近的華人礦區人口已增加至40,000餘人，導致前往「培善堂」求診的人數也逐漸增多。為了解決以上問題，1894年，葉觀盛把「培善堂」改為「同善醫院」，以幫助更多的同鄉。而檳城「南華醫院」則是以施醫贈藥的形式，協助當地貧窮的華人市民（李金龍2005: 175-176；黃文斌 2007）。

　　「榮陽回春館中醫留醫所」與「培善堂」的創辦單位，雖有組織與個人的差異，但是它們的共同點是與「客家」祖籍有關，並具有協助「同鄉」的概念，另外「榮陽回春館」與「培善堂」都與吉隆坡礦區的發展息息相關。相對於上兩間中醫留醫所的客家特性，檳城「南華醫院」則為結合閩、粵兩省的先賢所籌建，是繼1881年創辦「培善堂」後，於1884年所建立的全馬第二間的中醫慈善機構（李松 1986: 19）。至於馬來亞第一間中藥店，是 1796年建立在檳城椰腳街（Pitt Street）的「仁愛堂」（李松 1986: 10-12）。「仁愛堂」的創辦人古石泉是廣東梅縣的客家人，當時他除了依靠「水客」[21] 供應中藥材，同時也親自隻身返回中國採辦中藥材。

　　表3-5為本文自李松（1986）與李金龍（2005）文獻中整理出的馬來西亞中醫藥慈善機構的成立年表，此表顯示，馬來西亞早期的中醫藥機構，多設立在具有錫礦地區的州屬，其中雪蘭莪（包括吉隆坡與巴生）占了11間、霹靂與柔佛各1間。馬來西亞早期成立中醫藥機構的單位除了祖籍會館之外，還有觀音閣、德教會或濱海佛學會等宗教組織。最早的中醫藥慈善機構，以及最早的中藥店「仁愛堂」都是

---

21 19世紀至20世紀初馬來亞對引進中國勞工的華人仲介之稱呼。

客家同鄉組織和客家人創立的，加上19世紀的機構都位在錫礦產區，可以看出「中醫藥」與「客家」的密切關聯性。

顏清湟（1982: 24-26; 2000: 3）指出，早期自中國移入馬來亞的華人勞工與原鄉存有強烈的血緣關係（kinship ties），方言差異加上對原鄉祖籍的強烈認同，促使華人紛紛成立地緣性組織（會館），方言與祖籍差異為基礎所建立的組織，雖為當時的華人勞工提供協助，同時亦是造成華人社會內部的職業區隔與衝突之根源。資料顯示，中醫與中藥產業由於客家人先進入，在早期以方言與祖籍作職業區隔的華人社會裡，中醫與中藥產業因而成為了當時客家人的獨占產業。

2. 客家族群與中藥業經營

許多族群經濟理論都指出，「族群性」在產業經營或找工作上的重要性，比較沒有分析「族群產業」出現的歷史過程。本節將著重客家族群如何進入中藥業經營、及其網絡的發展。本文所分析的10位受訪者，都是開設中藥材店（3間從事批發業、7間開零售店面），70%都有中醫師的資格，會駐診把脈開藥方。幾乎所有第二、三代的受訪者，家中都從事中藥業相關工作，或是中醫師。換言之，本文所指的「中藥店」，具有下列兩項特性，一是傳統可抓配藥的中藥材店，二是有中醫師駐診把脈開方。

檳城（或是新馬）最早的中藥店是客家人開的「仁愛堂」，現在則由駐診的中醫師（也是客家人）繼續經營。

> 問：為什麼您會進入中藥業的經營？
> 答：因為我對打鐵沒有興趣，覺得沒前途，所以我自己跑來這
> 　　邊（指的是仁愛堂）打工。我進來這邊老闆就要改組了，
> 　　那時第九代，我是第十代。
> 問：所以那個時候老闆是古國旋？
> 答：是。

表3-5：馬來西亞中醫藥慈善機構的成立年表

編號	中醫藥慈善機構	成立年份
1	雪蘭莪榮陽回春館中醫留醫所	1878
2	吉隆坡同善醫院（前身為培善堂）	1881
3	檳城南華醫院	1884
4	霹靂中華醫院	1947
5	吉隆坡中華施診所	1954
6	雪蘭莪德教會紫芳閣贈醫施藥所	1957
7	雪蘭莪世界紅十字會施診所	1959
8	雪蘭莪茶陽回春館贈醫施藥所	1960
9	巴生德教會紫芳閣	1964
10	南洋同奉堂雪蘭莪分堂贈醫施藥所	1965
11	雪蘭莪佛教施醫贈藥所	1968
12	雪蘭莪瓊州會館施診所	1972
13	觀音閣佛教施醫贈藥所	1973
14	巴生濱海佛學會施醫贈藥部	1974
15	砂勝越中醫藥學院	1975
16	砂泰佛教會醫藥組	1977
17	砂勝越德教紫霞閣施診部	不詳
18	古晉雲南慈善贈醫施藥部	不詳
19	柔佛峇株巴轄同仁醫社	不詳

資料來源：李松（1986: 21）；李金龍（2005: 176-177）。

表3-6：檳城中藥受訪者資料對照表

受訪者	性別	出生年代	籍貫	移民世代	家族成員較早從事中藥業
PECHM1_2009	男	1940	江西南昌	第一代	父親在香港就是從事中藥店
PECHM2_2009	男	1940	永定	第三代	受訪者在藥店打工
PECHM3_2009	男	1940	大埔	第二代	父親在大埔曾做中藥業
PECHM4_2009	男	1930	福建南靖	第二代	父親開過中藥店
PECHM5_2009	男	1930	永定	第二代	阿公在新加坡做藥童
PECHM6_2009	男	1940	大埔	第二代	父親與叔叔在中國學中醫
PECHM7_2009	男	1950	大埔	第三代	父親在藥店當藥童
PECHM8_2009	男	1940	大埔	第二代	父親與人合資開藥店
PECHM9_2009	男	1940	永定	第三代	叔叔開藥店
PECHM10_2009	男	1950	大埔	第三代	父親、兄弟在藥店打工

說明：以受訪者代碼PECHM1_2009為例，PE是指地名檳城、CH是指中藥店、M是指性別為男性（F是指女性），2009是指訪問時間。

問：所以您什麼時候把它盤過來的，哪一年？

答：1980年。

問：可不可以問一下大概您花了多少錢？

答：35萬。建築物是租的，就是盤他的全部的貨。

（PECHM2_2009）

問：您如何進入中藥產業？

答：很小的時候，日本戰爭過後，我是12歲，我的哥哥去×××學習。

問：學了多久？

答：也是有好幾年啊，學到我讀書，我讀初中一年的時候，我那個哥哥就在×××隔壁開一個店。

問：大概哪一年？

答：1960年代後期，那時候我差不多有18歲，我就跟哥哥去他的店。

問：那您在裡頭學了多久？

答：幫到差不多有半年多，我就跑出來，自己開我的店了。

（PECHM10_2009）

　　與當店一樣，都是在相關產業打工，從當學徒開始，學認識藥材、曬藥材、切藥材等工夫，什麼工作都做，慢慢學會技術，才會出來自己創業或是另創分號。等到家族兄弟姐妹長大，勞動力充足時，大多會在不同區域開設分店。

問：聊一聊您是如何進入中藥業的？

答：大概1960年代啊。我們還有一間比較老的店，在檳城的另一條街，那邊有七十多年歷史了。本來我老爸是在怡保開中藥店，後來搬過來檳城這邊。

問：為什麼要將怡保的店搬來檳城？

答：以前很多客家礦工啊，之後礦業沒落了，人變少了，發現檳城生意比較好做，所以就搬上來。我老爸出世就在檳城了，那時候我公太就死了。

問：那什麼時候開這個百和堂？

答：63年開第一間，然後65年又再開第二間。那個時候兄弟已經慢慢長大了，比較有人手了。

（PECHM7_2009）

開店的資金來源，除了自己儲蓄的累積外，就是親戚與朋友的集資，當時的族群網絡也發揮相當的作用。

問：請問一下，父親1950年代開店時的資金是多少？

答：應該是很省很省就對了。他跟我講過，好像是幾百塊馬來幣的樣子，以前幾百塊很大囉。他還跟我講，他跟誰借了多少錢，一個借一百一百。

問：跟誰借的錢？

答：親戚和朋友，他說某某人給他多少錢啊，對他很好。

問：都是客家人？

答：是客家人，全部客家人。都是客家。我在85年開店時，我記得我父親也給我一筆錢，好像是2萬塊錢。我自己本身也有1萬多塊錢。

問：自己賺的嗎？

答：我賺起來的，屋子是他買給我的，我本身也賺了不少錢給我父親，我在店裡幫忙都沒領錢。以前我用什麼方式呢，出去幫人家出診賺紅包。 在家看診你不能跟人家拿紅包，除非病人自己給。出診我可以拿很少，10塊、20塊。那一天看4、5個 ，就有40、50塊了。我當時把錢存起來，慢慢就有錢多開一間店。

（PECHM3_2009）

受訪者中有一位江西南昌從事高貴藥材批發的中藥商，提及中藥

業中的部分分工，有中醫師駐診的中藥材店多是客家人經營，但是比較貴的中藥材（參茸等），就有許多是江西人在經營的。因為需要比較多的資金，又需要從香港進口，信任關係的建立就更重要，合作已久的香港店家會提供貨源並給予延遲付款的優惠。

問：所以那個資本從哪裡來？

答：我們是這樣，你拿貨，他放帳給你，全部都靠信用。他們全部用放帳的方式，沒有收現金。我的父親跟香港的批發商是朋友，然後先跟他批貨來賣，然後再把錢給他。我和香港的生意來往，都沒有開過一張LC（信用狀）的。

問：所以那你們家從事這個批發已經很久了嗎？

答：很久了，已經七十年了。我爸爸下來，我是第二代，現在還是繼續做，是第三代。

問：親戚也有人從事相同的批發業嗎？

答：有，是我們家的傳統。叔叔跟爸爸從香港出來的時候先到新加坡，我爸爸後來才來檳城的，叔叔留在新加坡，還在，90多歲了。

（PECHM1_2009）

許多的中藥店都是全家一起經營，甚至雇用的學徒或員工不是親戚，就是朋友。使得「網絡」在中藥店的經營扮演關鍵性的角色，愈來愈多的客家人進入，使得中藥業成為客家族群獨占的產業。這樣的網絡不僅限於檳城，有時是含括新馬的地理範圍。

問：您是在檳城藥店打工的嘛？

答：我在柔佛住了十多年才上來這邊開店。

問：是哪一年？

答：1967年。

問：通常做學徒要學多久？

答：就是看你的悟性，一般上三年啊，我一年就會了。如果要當頭手的話，就要五年。

問：所以您在那邊學了多久？

答：十一年。我到柔佛工作是去我伯父家，我伯父和堂兄都是中醫，加上店裡面還有2、3位中醫，所以我就在那邊一面學中醫一面自己讀書。之後回來，93年才開始看診。

（PECHM10_2009）

很多藥店是全家一起經營，並且以此為基礎，陸續增開其他聯號（分店）。

問：為什麼要再開另一間藥店？

答：因為兄弟很多要讓大家都有生意做，全部沒有出去外面做的，但是在這邊做薪水少少的。

問：所以您們十幾個兄弟姐妹都在一起經營這三間藥店？

答：對對。

（PECHM5_2009）

藥店開多了，市場的競爭性就出現，再加上中成藥和科學中藥的出現，使得利潤下降。

問：你覺得生意最好做是哪一個年代？

答：檳島自由港的時候生意最好做啦，65年到68、69年。那個時候外面來的客人很多。加上大陸文化大革命，中國來的藥材很貴，我們就賺差價，那個時候價格比現在的草藥還高。

（PECHM7_2009）

為了增加銷售的利潤，許多中藥店兼賣科學中藥。即使經營者還是認為水藥（使用中藥材煎藥）最有效果，但為了因應現代人的生活方式，還是會賣科學中藥，以維持藥店的營運。

> 問：請問一下，現在店面的生意，抓傳統中藥和科學中藥或是藥酒的比例大概是多少？
>
> 答：門市生意藥和看診一起搭配，看診會帶動其他成藥和保健藥品的生意，提高50%差不多。
>
> 問：你們什麼時候開始賣科學中藥？
>
> 答：一直有的，但是少。我還是主張開藥方，抓藥拿回去煮。科學中藥是客人的需求，比較方便，不用煎藥。
>
> （PECHM4_2009）

　　然而，中草藥的沒落不代表中醫、中醫師的沒落。針對未來的發展，部分經營者建議要增加保健食品的販賣比例，或是將藥材包裝成食補藥膳配方，放在店中販賣，或是直接賣給餐廳或肉骨茶小店。

> 問：請您談一下現在中藥材店的經營狀況？
>
> 答：馬來西亞中藥業也開始沒落，但是那中醫師沒有沒落，只有那些生草藥。沒有中醫師駐診的藥店，就不能生存了，沒落的藥材店都是沒有中醫師駐診的。以前有很多中醫師是沒有開店的，在別人的店駐診開方。現在草藥還賣得好的只有八珍、六味還可以，人家要用來煮湯喝。一般煮藥或煎藥，沒有人要吃，第一，不好吃，第二，慢，第三，價錢太貴了。
>
> 問：現在一付藥多少錢？
>
> 答：一付藥最少9、10塊，吃幾包才會好。成藥看一次病10多塊可以吃一個星期。

問：那傳統中藥這個部分，現在食補的配方比較多了嗎？

答：是啊，所以八珍啊，六味還可能生存。

問：那就您來看，整個馬來西亞的中藥會如何發展？

答：要改變它，從保健品下手。應該是補品可以發展、發揚，煎藥的我看很難，開始沒落了，政府也是障礙我們發展，這個不可以進口，那個不可以進口。有些藥你要配也沒有藥，政府不准進口，說川烏啊、草烏啊、黃蓮啊等等，他都禁止了。他說有毒啊，水銀值高啊，等等啊，尤其礦物之類啊，很多啊，他們這些東西拿去化驗都有毒的。在馬來西亞，我看慢慢很難生存。成藥可以生存，經過衛生部批准進口，看病配藥，但是療效不見得會比煎藥好。藥材的前景除了保健品以外其他的很難。

問：中醫如果是科學中醫其實並沒有沒落嗎？反而會興盛起來嗎？

答：會興盛，因為異族同胞也有吃，沒落了的是煎藥，保健品反而會提升。

（PECHM2_2009）

中藥材知識的取得，以往是透過在藥店打工的養成過程取得經驗和知識。打工過程非常辛苦，要熟悉草藥名、藥性、還要學習各種製作的過程，接下來才是把脈問診。因為中醫學院成立，許多原本是在藥店打工才能學到的理論，可以用上課的方式取得知識。

問：可以談一下打工的過程嗎？

答：我父親是非常傳統的，所有的方法是從中國大陸帶過來的，所以泡藥、切藥、煮藥、製藥我通通都會，以前真的全部是人工，靠人做出來的藥，現在我們這邊都機器化了。全部都用機器，10個人抵不到一台機器。

問：那您覺得用機器切的藥，跟用人工切的藥有沒有不一樣？

答：這是肯定的。我們小時候刨甘草，我們就很細心，就整條甘草我們用刀把它的皮割掉，蒸1、2個小時，就很薄，薄的比紙還薄。用機器切的就很厚。我父親，那老頭腦了，你改一下他就馬上跟你吵了。所以我還是用人工的。

問：像這些方法，都是記在腦袋裡還是說有手冊可以看？

答：雖然書裡面都有記載，但是他們沒有做過，他們不懂，因為沒有打工的經驗。例如所謂的泡是兩種，用水泡，一個火的「炮」……

問：您是從小跟著父親學，現在如果你收徒弟的話，要學多久？

答：這個我想一年就可以了。現在和以前不同，現在有中醫學院，有開泡製煎法的課。

（PECHM3_2009）

外面來的學徒可以領取薪資，在自家店中學習的家中成員則不一定可以領錢。而現在的學徒薪資較以往為高，加上願意當學徒的人不多，所以學習年限較以往短，也可以留下來繼續工作。這種發展趨勢，使得中藥產業的客家獨占性逐漸消失。

問：現在的學徒和以前有何不同？

答：1980年代的那時候，我的夥計才100多塊錢，他就能好好的做，現在我的學徒要1,000塊。

問：他學多久？

答：一年，就留下來一直做！

（PECHM8_2009）

在經營上，中藥店雖然是華人傳統的醫療方式，但是顧客不限於

華人。

> 問：請問來看病抓藥的，主要是哪個族群？
>
> 答：什麼人都有。
>
> 問：那比例大概是多少？
>
> 答：這個地區是華人多，百分之七十。
>
> 問：那接下來呢？
>
> 答：最近馬來人也很多，大概是百分之十幾，然後是印度人。
>
> （PECHM3_2009）

區域人口若是馬來人多，顧客就會以馬來人為主。

> 問：來看病的是哪個族群比較多？
>
> 答：這一區馬來人比較多，也有華人，小地方有這種特殊的現象。
>
> 問：所以馬來人也懂得煎藥是嗎？
>
> 答：會會，這種小事會懂的。而且他們捨不得將藥倒掉，會一直煮到沒有顏色，才會將藥渣倒掉。
>
> （PECHM7_2009）

除了國內市場，有些印尼的華人會跨海到南華醫院中醫部求診。

> 問：南華醫院的病人是哪些族群的人？
>
> 答：南華醫院有中醫部，現在吃中藥的不只是我們華人，馬來人也有，印度人也有。
>
> 問：誰最愛吃？
>
> 答：那當然是我們華人啦。也有很多印尼華僑來這邊治病。
>
> （PECHM5_2009）

由於近幾年來，不同族群的人也進入中藥店經營，當詢問「不同族群是否經營方式不同時？」一半以上的受訪者都回答「客家人比較保守」。

> 問：你覺得不同族群的人有沒有不同的做生意的方式？
> 答：我們保守，最不保守的就是潮州人。他們沒有資本的話，
> 　　還是很敢去投資，可以借錢來投資。
> （PECHM9_2009）

雖然，過去到現在檳城的中藥店，尤其是有中醫師駐診的中藥店多為客家族群所開創。但由於許多中醫學校與相關學習管道的成立、科學中藥的引入，許多處理生藥的技術、把脈問診的知識都可以經由制度化的管道取得，使得不同族群的人都可以進入中醫藥產業，再加上開店的資金門檻不高，客家人在中藥店的比例逐漸下降，逐漸失去獨占的地位。

此外，馬來西亞獨立後，政府對中藥產業進行制度化的控管，也間接影響馬來西亞中醫藥的產業發展。由於醫藥產業相對複雜，馬來西亞衛生部是在傳統醫藥的架構下，管制各個族群的傳統醫藥產業。由於馬來西亞各族群的傳統醫藥產業，同時具有多元族群與文化的特性，唯有克服語言與文化的障礙，清楚瞭解各個族群傳統醫藥內涵的情況下，才能透過制度化的管理來管制各族群的傳統醫藥組織。馬來西亞政府的制度化管制發展的同時，政策也顯示了馬來西亞各族群對自我身份的界定。從英國殖民時期到馬來西亞政府的掌權，馬來西亞人皆在「馬來人」、「印度人」、「華人」三大族群的政策區分下不斷被提醒，強調三大族群之間的差異，但是族群內部的差異則被忽視。Constable（1996: 4）指出，客家的身份認同不是先天的，而是透過文化建構，並在特定的社會情景，此文化特徵才會被展現。有鑒於此，在產業的部分，馬來西亞客家人的文化特質將不被強調，而身為

「華人」的族群界定則將在馬來西亞國家制度下不斷被深化與建構。

四、小結

　　族群產業的發展，除了理性的經濟利益計算外，產業的經營方式、網絡的建立等，都可以標示出族群文化的特性。基本上，檳城的華人內部並沒有明顯的族群相處問題，但在廟宇、會館和產業／職業上卻有區分。不同族群就在上述神緣、地緣、業緣的基礎上，形成以客家人為基礎的互助網絡。如果族群產業的發展，是一種網絡創造的過程，檳城典當業和中藥業的發展，就是一個以典型的族群資源（包括血緣關係和姻親），向其他互助網絡擴散的過程。

　　族群網絡作為一種經濟網絡的基礎，指的是族群關係、族群資源有益於生意經營的結盟與效益。藉著社會網絡的整合，族群成員間的連帶，有助於產業資源的運用，例如產業相關訊息的分享、產業經營知識的傳遞等。「血緣」和「地緣」是兩個重要的網絡發展基礎，建立於此兩種基礎上的高度信任關係，成為穩固的社會資本。運用這兩種資本，可以找合夥人集資開店，擴展網絡；也可以找信任的人當學徒，傳授經營的竅門與專業知識，創造客家人的經營模式，穩固獨占的局面。

　　網絡創造的過程也不完全是由族群資本所決定，這種族群產業／職業的網絡創造過程中，殖民政府的政策也是主要的關鍵因素。殖民政府實施的族群分治，以及經濟上的餉碼制度，提供不同族群朝不同產業／職業發展的結構性架構。不同的產業特性，也會對族群產業的壟斷性有所影響。以客家的族群產業為例，典當業是與殖民政府密切關聯的行業，加上華人對典當業的偏見，使得典當業的組織（當商公會）運作不夠透明，資料累積得也不夠多。換言之，業緣組織並未對族群產業的經營有所助益。其實不然，進一步瞭解成員間的互動，發現血緣、姻親和地緣（大埔）的網絡相互緊密的結合，相當程度替代

了業緣性組織的功能。相對於典當業，中藥業產業的多元性與龐大性，使得組織發揮較大的功能。只有在傳統生草藥的門市（中醫師駐診）才是大埔客家占多數的族群產業。

第四章　輝煌的歷史港口：馬六甲的客家產業

一、馬六甲：因港口而興起的城市

　　馬六甲位處馬來半島西南方，地扼馬六甲海峽，位於西南季風帶，年雨量約2,000公釐，氣候炎熱，濕度終年大於60%。主要地形為平原與低矮丘陵，土壤多為泥地，潮濕難以耕種，靠近中央山脈區與馬六甲沿岸海底，有少數錫礦蘊藏，早期已開發。種植業的部分則有少數的稻作沿著西海岸分布，山區則有英國殖民時期留下的橡膠園（鄭資約 1972: 262-308）。早在15世紀初滿剌加國建立前，華人已經不定期的來到馬來半島的沿岸區域，初期聚居在距馬六甲南方約10英哩海域中的五嶼，五嶼是由大島（Pulau Besar）及其附近幾個島所組成（葉華芬 2007: 59）。鄭和下西洋時，其隨從費信已記載華人的蹤跡。「滿剌加男女，身膚黑漆，間有白者，唐人種也。」（費信1436）之後，五嶼的聚落才遷移到馬六甲本島。換言之，鄭和下西洋訪問滿剌加之前，早有華人居住於此；而滿剌加作為商業中心，也比蘇丹國更為古老（Wilkinson 1935: 22）。

　　自15世紀以來，因為馬來半島是通往西方的重要途徑，馬六甲位處航運樞紐，加上早期馬六甲河吃水量重，又位處赤道無風帶與季風帶過渡區，以發展貿易為主，是馬來亞早期貿易繁盛的港口。明代跟隨鄭和下西洋的馬歡，在《瀛涯勝覽》（1451: 108）曾言：「其國東南是大海，西北是老岸連山，皆沙滷之地，氣候潮濕暮寒，田瘦穀薄，人少耕種。」可以窺見15世紀時的馬六甲，雖然農業並不發達，但因為老岸連山，發展成當時繁榮的海港城市。

　　馬六甲何時成為東西文化的匯流處呢？馬六甲的發展可以上溯15世紀，當時馬六甲王國與明朝開始大量的接觸，鄭和下西洋也數度抵達馬六甲，並在此駐紮，留下許多有關鄭和的古蹟（例如三寶井）。

由於商業貿易繁盛，許多華商也因此來此貿易、甚至定居，與當地婦女通婚後的後代，稱為峇峇與娘惹，也稱之為土生華人或海峽華人。因為帆船貿易的興盛，滿剌加也委任若干名頭目（bendara）以管理各族居民，其中有一名頭目專門管理當地的華人（葉華芳 2007: 65）。16世紀開始，西方殖民國家即相繼占領馬六甲，利用馬六甲的地利之便發展港口貿易，做為中國、東南亞、歐洲貨物轉口貿易的據點，使東南亞的香料、咖啡、錫礦、金銀等，得以運送到西方世界，藉此獲利。1511年葡萄牙人占領馬六甲後，也設立甲必丹制度，進行個別族群的治理，委任的外國甲必丹也包括華人在內。

葡萄牙、荷蘭、英國先後在此地統治的影響，除了族群分而治之的管理模式外，從馬六甲的城市雛形也可以看到上述國家的影響。葡萄牙人統治期間，即有所謂的「中國村」（Kampong China），在豆腐街（Second Cross Street）一帶。根據葡萄牙人伊里迪亞（Eredia）的描述，中國村住的多為漳州人（葉華芳 2007: 66）。

> 「這個中國村從海濱的爪哇人（Jaos）巴剎[22]和馬六甲河口，朝東北方向，沿著同一條河的河岸，伸展到漳州（Chincheo）門和構成部分防禦壁壘的土牆，再超過沼澤地，遠達中國渠（Parit China）旁邊的尼柏棕（Nypeiras）生長區。在這個中國村裡，居住著漳州人……外國商賈和本地漁夫。」

16世紀初期葡萄牙占領馬六甲，在葡萄牙所建立的現代都市雛形中，明顯出現城牆、道路、教堂、寺廟、醫院等建築物，並且在城堡之外劃分了不同族群的居住空間，馬六甲的都市空間在此時重新獲得了明確且相異的機能，葡萄牙人藉由城牆區分城堡內外的空間（黃蘭翔 2003）。殖民國家利用城市的空間分配，除了將馬六甲劃分為行

---

[22] 市集。

政區與一般生活區外，更將不同的人群聚集在一起，以便進行社會統治。殖民者決定空間的功能，也決定了族群關係該如何被安排。現代醫院與教堂建築在城堡內部，展現葡萄牙統治者的意識形態，城堡內的空間是健康的、乾淨的、安全的，城堡外的空間則是不潔的、迷信的、危險的，包括中國村中的華人、當地漁夫和臨時停留的商人。之後的荷蘭和英國的統治，也是延續著族群居住地區隔、政治分而治之的政策。

從1641年至1860年間，華人人口在馬六甲的比例介於12%到22%之間。1687年，當荷蘭人占領馬六甲時，該地已有300多名華人居住在當地。該總督的報告中聲稱，當時在馬六甲共有324名華人，居住在馬六甲城的北郊區外。另有24名在同一區的海濱地帶謀生，南部郊區內亦有78名華人，40名華人居住在荷蘭人的城堡中，這是有關馬六甲華人人口最早的報告（Bort 1927: 39-44, 73）。

至1750年，馬六甲的華人人口增加近五倍，達到2,000人。之後的六十多年間，華人人口不升反降，降至1817年的1,006人，同時期的檳城人口則呈現上升的趨勢。由1750年至1817年，馬六甲華人人口的減少，主要是因為1789年檳城開埠，眾多的就業機會吸引大量華人移入（麥留芳 1985: 44）。

這樣的人口組成，到了19世紀中有所改變，馬六甲已經有大批客家人定居，多數從事農耕等的體力勞動。其中，有許多客家人深入馬來半島的內陸（森美蘭、雪蘭莪等地），對於馬來聯邦的開發扮演重要的角色。從移民之初，到1980年代，華人除了聚集在海峽殖民地的三個港口外，也隨著馬來聯邦的次第開發，分散到西海岸的各州屬中（表4-2）。

表4-1：1641-1860年間馬六甲華人人口數目

年代	華人總數	當地各族人口	華人所占總人口比例（%）
1641	300-400	2,150	14-18.6
1678	852	-	-
1750	2,161	9,635	22.4
1829	5,000(?)	-	-
1834	4,143	29,260	14.2
1852	10,000	-	-
1860	10,039	67,267	14.9

資料來源：李恩涵（2003: 180）。

表4-2：1911-1980年華人人口在西馬各州分布的百分比

州	1911	1921	1931	1947	1957	1970	1980
西海岸	94.50	93.70	93.40	92.80	93.40	93.10	92.80
玻璃市	0.20	0.40	0.50	0.60	0.70	0.60	0.60
吉打	4.90	6.90	6.10	6.20	6.20	5.90	5.40
檳城	16.10	15.80	13.70	13.10	14.00	13.90	13.50
霹靂	31.30	26.20	25.30	23.60	23.10	21.30	19.10
雪蘭莪	21.70	19.90	18.80	19.20	20.90	24.20	14.70
吉隆坡	-	-	-	-	-	-	13.10
森美蘭	5.90	7.60	7.20	6.10	6.40	5.90	5.40
馬六甲	5.10	5.30	5.10	5.10	5.20	5.10	4.60
柔佛	9.10	11.40	16.70	18.80	16.80	16.10	16.30
東海岸	5.50	6.30	6.50	7.20	6.60	6.90	7.20
吉蘭丹	1.40	1.50	1.40	1.20	1.20	1.20	1.20
丁加奴	0.60	0.80	1.00	0.80	0.80	0.70	0.70
彭亨	3.50	4.00	4.10	5.20	4.60	5.00	5.40
總共	100.00	100.00	100.00	100.00	100.00	100.00	100.00

資料來源：轉引自鍾臨杰（1998: 223）[23]。

二、客家人在馬六甲

　　馬六甲、檳城與新加坡乃是馬來半島上較早開發的商埠，19世紀初期，華人多聚居在這三個港口城市，華人稱之為三州府，其中以馬六甲開埠最早（麥留芳 1985: 43）。在1860年清朝正式撤銷海禁禁令之前，三州府的人口均維持穩定成長，其中馬六甲華人人口的增加是拜錫礦所賜。有關馬六甲錫礦的記載非常早，費信的《星槎勝覽》（1435）曾記錄：滿剌加國內有一座山，一條泉溪流過山腳，居民在溪水中淘沙取錫。1793年，華人在馬六甲開掘了第一個錫礦。之後的四十多年，在馬六甲附近亦陸續發現有新的錫礦礦苗。直到1833年，在馬六甲的郊外已有5,000人在礦場工作（Newbold 1839, Vol. 1: 33），這些人很可能大部分是客家人。

　　馬六甲的華人幾乎並未因海禁解除而大量增加，海禁解除後的十年內，馬六甲的華人人口反而大量減少至13,000多人。至20世紀初，馬六甲的華人才開始緩慢、穩定的增加。至1947年人口又大幅成長，增加至95,000多人（麥留芳 1985: 44）。由1860年至1871年的十一年內，馬六甲華人減少的原因，主要是因為移往內地的錫礦區工作（麥留芳 1985: 47）。包括最近的芙蓉市，雪蘭莪州內的巴生（Klang）山谷及烏魯雪蘭莪（Hulu Selangor），最遠到霹靂州內的拉律。Newbold指出（1839, Vol. 1: 33），在1840年代早期，拉律發現豐富的

---

23 原始資料：（ⅰ）Del Tufo, M. V., *Malaya: A Report on the 1947 Census of Population* (London: The Crown Agents of the Colonies, 1947), pp. 584-585.

（ⅱ）Nathan J. E., *The Census of British Malaya 1921* (London: Waterlow & son Ltd., 1922), pp. 19, 29.

（ⅲ）Vlieland C. A., *British Malaya: A Report on the 1931 Census and Certain Problems of Vital Statistics* (London: The Crown Agents of the Colonies, 1932), p. 126.

（ⅳ）同（ⅰ）資料來源，pp. 136-137.

（ⅴ）Chander, R., *1970 Population and Housing Census of Malaysia: Community Groups* (Kuala Lumpu: Jabatan Perangkaan Malaysia, 1972), p. 45.

（ⅵ）Khoo Teik Huat, *1980 Population and Housing Census of Malaysia General Report of the Population Census*, Vol. 2 (Kuala Lumpur: Department of Statistics Malaysia, 1983), p. 21.

（ⅶ）Khoo Teik Huat, *Malaysua Yearbook of Statistics* (Kuala Lumpu: Department of Statistics Malaysia, 1992), p. 32.

錫苗藏量，之後便吸引了不少人前往工作。拉律錫礦業是馬來皇儲和檳城華人資本家共同出資的，許多礦工來自檳城以外的地區（Gullick 1953），礦工大多是客家人與廣府人（Wong 1963: 101-6; Wynne 1941: 260f）。

　　至於1871年起馬六甲華人人口逐漸增加的現象，很可能與葛樹粉工業的發展有關。根據記載（Tate 1979: 171-172），在19世紀的70和80年代，馬六甲的葛樹粉產量，幾乎完全掌控在華人手中。雖然80年代葛樹粉的世界市場經歷過無數次巨大的波動，但馬六甲仍是最大生產中心，一直到1920年後橡膠取代了葛樹粉為止（麥留芳 1985: 48）。

　　檳城的開發，始於萊特登陸之後，自1789年開始華人人口就不斷且穩定地增加，除了1820年至1830年及1860年至1871年兩個時期略呈停滯外。這兩個時期的人口停滯，主要與新加坡開埠以及馬六甲錫礦業的發展有關，大量的華人與晚來的新客往其他地方移動（麥留芳 1985: 48）。1860年至1871年間，新加坡和檳城的人口增長率差不多，都受到芙蓉市、雪蘭莪及拉律等礦區開發的影響。

　　新加坡自開埠後，除1860年至1871年增加緩慢外，華人數量都呈直線上升，至1947年，新加坡已有中國人口695,026人，使得其他兩州府瞠乎其後，華人數量是兩州府總和的兩倍（麥留芳 1985: 51）。新加坡的地理位置以及它的商業及貿易特色，可能就是它吸引力的來源，不過該時期的新加坡亦是甘蜜與胡椒的主要出產地之一；中國人幾乎壟斷這兩種職業，尤其甘蜜的種植（麥留芳 1985: 51）。比較三州府華人人口數量的變動，馬六甲的發展是最不穩定，但卻是最早開發，且中國人最先聚居之地（麥留芳 1985: 51）。馬六甲可以說是在中國海禁正式開放後，逐漸被檳城和新加坡取代，成為華人往東南亞遷徙的新目的地。

　　馬六甲在1871年至1901年的三十年間，中國人口所占全區各種族人口的百分比都在18%至21%之間浮動，然而自1911年起，其華人人

表4-3：三州府歷年華人人口

	年代	人口數	年代	人口數
馬六甲	1678	466	1860	50,043
	1750	2,161	1871	13,456
	1760	1,390	1881	19,693
	1817	1,006	1891	18,161
	1825	3,828	1901	19,468
	1830	6,555	1911	29,888
	1836	13,749	1921	44,868
	1840	17,704	1931	65,179
	1849	29,988	1947	95,027
檳城	1787	60戶	1860	36,222
	1794	3,000	1871	36,561
	1803	5,500	1881	67,354
	1812	7,558	1891	86,988
	1820	8,595	1901	97,471
	1830	8,693	1911	69,253
	1833	11,010	1921	111,900
	1842	9,715	1931	168,984
	1851	24,188	1947	247,116
星加坡[24]	1819	30	1871	54,577
	1824	3,317	1881	86,766
	1830	6,555	1891	121,900
	1834	10,767	1901	164,041
	1836	13,749	1911	207,413
	1840	17,704	1921	308,735
	1849	27,988	1931	418640
	1860	50,043	1947	695,026

資料來源：麥留芳（1985: 45）。

---

24 現在「新加坡」的寫法，在當時是「星加坡」。

口占該地總人口的百分比已由當時的24%提高至1947年的40%（表4-4）。

　　以方言群來區分華人人口的普查資料始於1891年時的三州府，官方人口普查實施於1871年（麥留芳 1985: 70）。三州府乃商港，由表4-6可看出1881年至1947年各方言群在三州府的分布情形，顯示自1947年以後，福建人在三州府都占多數，在30%以上，其中馬六甲的福建人於1891年及1901年，分別僅有26%及29%（麥留芳 1985: 70）。

表4-4：三州府華人人口占該府總人口的百分比，1871-1947

三州府	1871	1881	1891	1901	1911	1921	1931	1947
新加坡	59%	62%	69%	72%	68%	72%	74%	74%
檳城	62%	52%	56%	55%	49%	37%	47%	55%
馬六甲	18%	21%	19%	20%	24%	29%	35%	40%

資料來源：麥留芳（1985: 52）。

表4-5：三州府華人人口比例的變動

（馬六甲/檳城//星加坡///）

年代	31%～50%	51%～70%	71%以上
1871		檳//星///	
1881		檳//星///	
1891		呷市[25]/檳//星///	
1901		呷市/檳//	星，星市///
1911	呷市/檳//	檳市//星///	星市///
1921	檳//	呷市/檳市//	星，星市///
1931	呷/檳//	檳市//	呷市/星，星市///
1947	檳縣		呷市/檳市//星，星市///

資料來源：麥留芳（1985: 52）。

---

25 指現在的馬六甲。

表4-6：各方言群在三州府的百分比，1881-1947

方言群	1881 檳呷	1891 星檳呷	1901 星檳呷	1911 星檳呷	1921 星檳呷	1931 星檳呷	1947 星檳呷
廣府人		21%	19%	23%	25%	22%	23%
	20%	23%	22%	24%	27%	22%	22%
	7%	7%	7%	9%	13%	11%	14%
福建人		37%	36%	44%	44%	43%	42%
	30%	32%	35%	60%	53%	45%	43%
	22%	26%	29%	32%	40%	40%	39%
海南人		7%	6%	5%	5%	5%	7%
	9%	3%	3%	3%	3%	3%	4%
	26%	24%	23%	34%	22%	16%	12%
客家人		6%	5%	1%	5%	5%	6%
	10%	7%	7%	6%	9%	10%	9%
	15%	12%	10%	16%	19%	23%	24%
僑生		11%	9%	—	—	—	—
	20%	23%	26%	—	—	—	—
	27%	28%	26%	—	—	—	—
潮州人	11%	18%	17%	18%	17%	20%	23%
		12%	7%	6%	6%	6%	8%
	4%	5%	3%	7%	5%	6%	8%

資料來源：轉引自麥留芳（1985: 71）「表3.11：各方言群在三州府的百分比，1881-1947」。

　　廣府人在新加坡及檳城，屬於第二大方言群。潮州人只在新加坡是第三大方言群。值得一提是馬六甲的海南人與客家人數量的變化。1921年以前，海南人是馬六甲第二大方言群，但在1931年和1947年的人口普查中，客家人卻代替了海南人成為第二大方言群，海南人的人數每況愈下，在1947年亦少於廣府人（14%），僅有12%（麥留芳

1985: 70）。

馬六甲福建人與峇峇的輝煌歷史，在目前仍可從青雲亭及荷蘭街
（Holland Street）去重建及追溯。在客家人尚存的三多廟中，有關其
先輩的事蹟留下來並不多。馬六甲早期曾是錫米產區，而客家人多操
此業，故客家人一度大量出現在馬六甲；再者，客家人在1881年的性
比例是7.61，在方言群內婚的趨勢下，有利於族群人口的繁殖。因
此，客家人口的數量呈現後來居上的現象（麥留芳 1985: 71-72）。

至於海南人在1931年之前大量地居留馬六甲，在1931年的人口普
查報告上，普查總監認為海南人多是家庭幫佣，尤其是歐人家庭幫傭
中，10人中有9人是海南人。相較其他族群團體，海南人的性別比高
於其他族群，據說海南人都不喜歡攜帶妻子移民，因此族群人口的成
長不如其他族群明顯。根據1911年人口普查報告的資料，海南人多在
森美蘭的海岸，及芙蓉的橡膠園中當勞工，普查總監稱他們為華人中
最具有語言天分的方言群（麥留芳 1985: 72）。

除了方言群人口數量的變遷外，許多馬六甲的街道名稱，不是和
方言群有關，就是和行業有關（麥留芳1985: 101），顯示方言群和行
業的聚集現象。

1. 觀音亭街（Jalan Tokong）：福建人在1690年於此街上建立了
青雲亭。

2. 打金街（Jalan Tukang Emas）：大部分打金匠乃廣府人。

3. 打鐵街（Jalan Tukang Besi），又名大伯公街：客家人多打鐵
匠，且客家廟宇（三多廟）建於此街上。

4. 海山街（Jalan Hang Lekir）：海山黨或公司總部曾設於此。

5. 馬車街（Jalan Leiku）：在新加坡的福建人與潮州人皆曾一度
從事馬車業。因此，其中一方言群應曾聚居於此街。

6. 豆腐街：此街包括打鐵街向東北延伸的一段，基於新加坡從事
豆腐業者多為廣府人，此街應為廣府人所據。

除了這些方言群聚落型態的街名，還有雞場街（Jonker Street/

Jalan Gelangang）及荷蘭街（Heeren Street/Jalan Tun Tan Cheng Lock）。後者乃是福建人的峇峇世居之地，可能是福建人很早以來的聚居之處，因為過去華人甲必丹的官邸曾建於雞場街與吉寧街（First Cross Street/Jalan Hang Jebet）的交界處。另外，福建會館（1843）、永春會館（1875）及漳州會館（1894）都座落在這條街上。客家人及海南人的應和會館（1823）及漳州會館（1871）亦在此一條街的中上段（麥留芳 1985: 101）。

馬六甲早期移民中，華人仍為少數，以數量分布計算，馬六甲客家人在華人人口比例也不高（李恩涵 2003: 4-9）。客家人大抵是18世紀末與19世紀初遷徙至馬六甲[26]，此時馬六甲已有華人居住於此，這些較早遷徙至馬六甲的華人多為商賈之後，在此地歷經數代，擁有較多經濟資本與社會資本，客家人初抵馬六甲，自然無法與之競爭，因此大部分藉由親緣、地緣網絡而謀生，所從事的行業多為倚靠港口運輸的粗工、布匹、洋貨，或者是特殊的典當、中藥產業。顏清湟（2002: 2-3）即指出早期東南亞客家的移民聚落以港口城市型、礦區型、農村社區型為主，港口城市的客籍移民也發展航運與貿易業。馬六甲由於地理環境的限制，缺乏自然資源，因此，馬六甲客家也發展出特殊的港口城市型文化特徵。客家人多半沿著馬六甲河岸港口邊居住，無論是從事布行、洋貨或中藥產業的客家人，都必須遷就產業中原物料難以運送的特性，考慮港口的交通區位，而將店鋪設在此區，沿著馬六甲河岸的空間也逐漸成為馬六甲商業活動最頻繁之處。

在1901年的人口普查計畫下，馬六甲自治市被劃分成三個普查區，即 I、II、III 分區。其中第 II 分區的範圍和方言群聚居的區域相當吻合。此外，馬六甲是峇峇的發源地，市內的漳、泉人在經濟、社會方面的影響力非常大，已經將早期的馬六甲塑造成一個福建城（麥

---

26 顏清湟（2002: 4）指出馬六甲惠州會館為1805年所創立，由此推測馬六甲客家人應於18世紀末即陸續前往馬六甲。

表4-7：海峽殖民地主要方言群在職業上的分布

職業	主要方言群				
	福建人	潮州人	廣東人	客家人	潮南人
碩莪粉製造廠	X				
腳夫	X				
泥水匠	X				
碼頭工人	X				
餉碼商的小差	X				
銀行商	X				
五金店主	X				
魚販	X				
商買、行商	X				
出入口商		X			
燒炭商		X			
打石工人		X			
屠夫		X			
甘蔗、檳榔、胡椒園工人		X			
潛樓東主			X		
磚窯工人			X		
當鋪東主			X		
造船商			X		
麵包師傅			X		
木匠			X		
打金匠			X		
打鐵匠				X	
中式牙醫				X	
藥材店				X	
家庭幫傭					X
咖啡店主					X

資料來源：轉引自麥留芳（1985: 62）。原始資料為Mak（1981: 42, Table 4.3）；雲惝民（1931: 63）。

留芳 1985: 113）。

馬六甲在英國統治下，重新建構族群居住空間，原先在荷蘭統治時期由馬來人所居住的Kampung Jawa已被華人所占據（黃蘭翔2003）。此時期客家人已大量遷居馬六甲，因此可以解釋為何由荷蘭人所置分的族群居住空間會再次重構，客家人在無法進入早期移民華人居住的空間後，轉為進入馬來人或印度人等族群混雜的空間，而客家人由經商所獲得的經濟基礎，也得以在英國建構磚造店屋的政策下，獲得Kampung Jawa此空間的居住權。

較晚遷徙至馬六甲的客家人因為無法進入早期華人移民的生活空間，因此選擇跟隨職業的特性居住於港口邊，這反而促使他們進入一個模糊不清的權力邊界，港口是統治者權力的過渡地帶，往來港口的國際貿易船隻，同時出入在一個空間，世界不同地區的貨物與人們不斷穿梭與進出，馬六甲客家人隱身在這個模糊的地帶，脫離了華人區，進入多族群與多國家的空間（黃蘭翔2003）。在權力的流動之中，更容易因為外部的力量，而加強內部的認同與聯繫，藉此產生族群經濟的背景。統治者將馬六甲的客家人視為與廣義的華人族群無異，但觀察馬六甲客家人的日常生活，與非客家華人的互動卻不若與馬來人或印度人頻繁，馬六甲客家人的社會關係建構在與多族群的共同生存，並非獨立封閉的華人族群，馬六甲客家人所占據的社會地位，是較其他華人更邊陲的地位，客家人並不被統治者視為單一的族群，充其量只是方言群。

王賡武（1998）指出海外華人在當地社會中多半是顯而易見的少數，因此華人無法避免殖民政治的操弄，而必須在政治權力中生存。馬六甲客家人的生活經驗中，權力不斷的流動，統治者所居的中央與客家人的邊陲，兩者之前不斷游移與轉化，客家人透過不同的生存策略進入社會的軸心，由邊陲進入中央，此時足以依賴的是客家族群內部的社會資本。Lin（1982）指出當人們尋求工作時，通常會動用許多強連帶（strong ties）或弱連帶（weak ties）關係，藉此達成目標。

馬六甲客家人不僅是在內部的強連帶（親緣網絡）尋求資源，為了爭取少數的社會資本，客家人也動用弱連帶（地緣關係、族群關係），因此醞釀而生馬六甲特殊社會、歷史脈絡下的客家族群經濟。

馬六甲客家人由於地理環境的差異，與其餘遷徙至馬來西亞的客家人有不同的歷史與生活經驗。在他們的遷徙歷程與家族歷史中，港口扮演了重要的一環，他們在港口游移的權力中獲得生存的空間，藉由港口的興起而發展出不同的經濟產業，也透過港口的沒落，轉換不同的經營策略。由此，當我們觀看馬六甲客家人的族群經濟，必須觀察整體的歷史、社會、文化背景，才能獲得原貌，也才能解釋這些經濟問題。

三、馬六甲客家人與中藥產業

根據世界衛生組織的數據，全世界約有70%的人曾經服用或接受傳統醫藥的治療。雖然，馬來西亞已經確立了一套以西醫藥為主的現代醫療體系，傳統醫藥卻也被人民接受，對日常生活中的身體保健影響非常大。數百年前，中國東南沿海地區的人民外移，一方面帶來了商業貿易，也帶來了勞工，而勞工有體力補給與疾病問題，因此中醫與中藥也接著傳入馬來半島，協助勞工面對各種疾病與死亡的威脅，也幫助勞工增強體力。1950年代，黎保心和同業（張集之、陳世昌、陳成德、江宏基、廖春亭）等人發起籌組「馬六甲中藥公會」，是全馬最早成立的公會之一。「馬六甲中藥公會」於1955年1月16日正式成立，首屆會長為張集之，黎保心則擔任財務，會所則是借用武牙拉也街（Jalan Bunga Raya）福安堂藥行的空間。經過歷屆會長、職員與會員的共同努力，於1971年在祈安律（Kee Ann Road）建妥會所，1975年由衛生部長剪綵，馬華醫藥總會理事長饒師泉醫師主持揭幕。1990年代，為了會務發展，公會議決花費21萬令吉在拉也商業區購置一間三層店屋，三樓充作會所用途，一、二樓則出租收益，1991年公

會搬至新會所。

根據馬六甲中藥公會2008年的資料，共有會員100家藥行，涵蓋的區域包括馬六甲市區（Bandar Melaka）（45家）、Melaka Baru/ Batu Berendam區（5家）、Bukit Baru/ Bukit Beruang區（6家）、Air Keroh區（3家）、Malim/ Sri Mangga/ Alor Gajah區（9家）、Alor Gajah/ Cheng/ Tampin區（3家）、Tangkak/ Durian Tunggal/ Machap區（6家）、Batang Melaka/ Gemenchen區（6家）、Air Molek/ Merlimau/ Jasin區（5家）、Jasin/ Asahan區（5家）、Masjid Tanah/ Sungai Baru/ Sungai Udang區（7家）。其中屬於傳統中藥材行、歷史悠久且有中醫駐診之藥行多位於馬六甲市中心區。

王琛發（2006: 67）指出，客家人在馬來西亞掌握了中國醫藥界的先機，因此客家會館才有實力得以設立回春館，而馬來西亞全國各地的藥材店與醫師，大部分都是客家人。綜上所述，馬來西亞的客家人與中醫、藥之間的關係相當密切，以下分別就馬來西亞中醫與中藥發展作一簡要背景陳述。

馬來西亞中醫的發展主要由華人移民傳入，早在西方醫藥系統進入馬來西亞之前，即已成為華、巫、印三大民族的主要醫療方式（梁淑梅等 2006: 33-34）。在衛生部傳統醫藥法令實行之前，中醫並不需要專業考試，辦理商業執照即可執業行醫，加以馬來西亞西醫人數的缺乏，因此反而加速中醫與中藥事業的擴大。

1951年以前馬來西亞中藥並不需要註冊登記，不納入正式醫藥範圍的中醫與中藥產業，在馬來西亞呈現自由發展的狀況；1950年之後，中醫師的養成由早期的師徒制，有了新的途徑，中醫學校的設立使得中醫師的培養有了正規的教學方式（梁淑梅等 2006: 5）。但目前馬來西亞的醫藥體系仍以西醫為主，中醫並未取得合法性，僅被歸類為傳統療法[27]。馬來西亞現行法令，中醫雖不列為醫生資格，但仍

---

27 根據林志商等（2006: 27），與中醫藥同為傳統醫療有馬巫醫學、印度醫學、輔助醫學、免疫醫學等。

須具有執業執照才能行醫。馬來西亞中醫必須加入中醫師暨針灸聯合總會、馬華醫藥總會、馬來西亞中醫師公會此三個政府承認的公會中任一，成為會員，始能獲得執業執照，且須每年更換執照和繳交年費（林志商等 2006）。

　　儘管需要透過加入公會取得執業執照，但每個公會對於會員的資格要求並不一致，且可以透過其餘地方分會成為附屬會員，因此登記制度對於馬來西亞中醫的發展並未有所阻礙。梁淑梅等分析1980年至1995年馬來西亞的中醫師，由700人增為2,000人，中藥店則從1,900家發展成3,000家。即便如此，馬來西亞中醫也面臨困境。由於始終不合法的地位，因此中醫在進行醫療之時，不得使用任何西醫藥與西醫診斷工具，例如血壓計或聽診器（梁淑梅等 2006: 4）。整體而言，馬來西亞政府對於中醫的管理仍舊是消極放任的，但中醫因無法取得合法性，因此無法全面專業化，素質也良莠不分，另一方面，中國中醫至馬來西亞行醫，也成為普遍的現象。根據訪談資料指出，過於年輕與不專業的中醫，病患在求診時較不相信其醫術，而中國中醫的良莠不一，也是患者所顧慮的因素。

　　根據訪談資料，馬六甲中醫多半依附在中藥材店內，採取以醫帶藥的形式，與藥材店採取雇傭或分帳方式執業，病人在中藥材店內看診完隨即取藥單至一旁櫃台抓藥，診療費與藥費分開計算，但能大幅提高中藥店的營業額，因此中藥店多聘請中醫師或由老闆進修習醫後坐鎮問診，近年來由於年長中醫師的衰微，年輕中醫師又不能獲得病患的信任，中醫師與中藥店的合作關係逐漸式微。

　　關於中藥的部分，馬來西亞並不種植中國草藥，中草藥多仰賴進口，因此馬來西亞中藥產業的發展與港口有極大的關係。馬來西亞中草藥多為中國進口，巫文玲（1999: 194-195）指出中國中藥出口主要國家為日本、韓國、東南亞各國，出口比例仍為亞洲鄰近華裔地區為重，約占55%、歐洲占25%、北美占7.9%、南美占2.6%、非洲占0.6%、大洋洲及其他占8.14%，出口物以初期藥材占60%，中藥半成

品等占40%。早期大盤商人透過新加坡進口中藥材，而後改道香港，中盤商人負責馬來西亞本國內的中藥材批發，小盤商人通常兼營零售，將中藥材批發給流動攤商或小型雜貨店，1980年代中國改革開放後中藥材改由中國直接進口，中藥材進口商人重整為大盤商及小盤商，中盤商或者上升至大盤商，或者成為零售批發的小盤商，由於中國開放藥材批發市場，因此任何人都可以前往中國喊價標售，大盤商往昔獨占的特殊管道於焉瓦解，也促使了中藥材批發商階層的重整。

中國中藥於1980年代開始直接外銷後，中藥出口量並未直接上升，反而在中國醫藥產品出口比例是下降的。孫明德（2005）指出2004年中國中藥出口僅占全球貿易9%，亞洲占當年出口量67.73%，出口品仍以中藥材為主，日、韓則以中成藥為主。由此可見中國中藥的出口仍以藥材為大宗，而消耗中藥材的範圍仍為華裔社會之亞洲區域為主。中國中藥產業在進入全球市場後，面臨了幾個困境：生產的現代化、專利權申請、藥材與成藥的管理。馬來西亞政府在1951年以前並未對中藥採取登記制，為求實行登記制度落實與遏止假藥橫行，馬來西亞政府對於中成藥、西藥的管制較為嚴格，致使馬來西亞中藥產業也面臨GMP取得的困境，中成藥取得GMP相當困難且稀少，但中草藥材不列入此管轄範圍，因此中藥店多半仍以中藥材的販售為大宗，輔以成藥或中藥調味品等食品、生活日用品等，作為中藥店主要販售的商品。

馬六甲早期即由港口所興起，地理環境影響不易發展農耕與礦業，客家人在來到此地後，僅能落腳港口開始發展跑單幫式的小規模貨物貿易或店鋪買賣。安煥然（2006: 91）提到前來馬來西亞的客家人，初到之時通常孑然一身，僅能受雇於先抵馬的同鄉或親戚等店鋪成為學徒，因此學會藥材常識、裁縫、布行、洋貨等知識，此後便自行開業。由此可以得知馬來西亞客家人除了運用本身的農業經驗進入種植業或從事勞力密集的採礦業外，也可能進入商業經濟的模式。馬六甲的客家人即在農、礦業都不盛行的背景下，發展出依靠港口為生

的商業貿易經濟。

　　中藥產業的侷限性在於學徒必須識華文，藥材名與藥材特性皆以華文書寫，並且在書寫藥方的過程中，也必須使用華文，因此造就中藥產業排除非華人族群的特性。早期的馬六甲華人移民大多數掌控更有利可圖的香料或錫礦貿易，客家人在無法與之匹敵下，選擇以供給日常生活的中醫藥為生，在特殊的社會脈絡下，客家人使用強連帶與弱連帶關係，不斷的聚集在此產業內，形成馬六甲特殊的族群經濟現象。不同方言群體集中從事某一行業是可以理解的，先來的移民進入某一行業，奠定經濟基礎後，為了擴展而引介同族或同鄉進入幫忙；而不同方言群的人從事同一行業的情形也是有的（張翰璧 2007：96）。在訪談資料中，客家人進入中藥產業的方式有兩種，一為在原鄉即已習得中藥材的特性或中醫醫術；一為在抵達馬來西亞後，藉由在親戚（親緣網絡）或同鄉（地緣網絡）開設的中藥材店中當學徒而進入中藥產業。中藥產業在尋求學徒時並未限制族群特性，受訪者指出閩南人也有進入中藥產業當學徒者，而早期從事馬六甲中藥產業者，多半由外地學習後返回馬六甲開業，甚有遠赴新加坡擔任學徒者。由於新加坡中藥產業多為客家人所掌握，客家店東在挑選學徒時，自然也考量到人際網絡所形成的信任感，因此，塑造馬六甲中藥產業早期成為客家族群經濟的背景。

　　單純（2002：195-196）指出海外華人經濟有以下四個特點：1) 華人經濟族群占居住地國民經濟中重要部分，2) 無論華人人口在居住國為少數或多數，傾向透過華人網絡開展經濟活動，3) 華人族群經濟的國際化程度高，4) 海外華人經濟與中國經濟有密切關係。馬六甲客家中藥產業即符合以上四個特點，並且因為產業原料的特殊性，與中國的經濟發展有極大的關係。馬六甲中藥產業成為客家的族群經濟並非偶然，探究背後因素，馬六甲中藥產業具有鑲嵌性，鑲嵌在華人文化、族群網絡、人際關係的社會資本中。鑲嵌性，指的是行動者從事經濟行為時，即使有自己的理性計算與偏好，但其行動卻在社會

人際關係中進行，因此其行動相當程度受到社會脈絡的制約。

　　此外，殖民政府對於馬六甲的空間政策，影響了馬六甲客家人選擇維生的經濟行為，並因此尋求親緣、地緣網絡，加強內部的聯結性，而建立特殊的族群經濟模式。另一方面，殖民政府對於中藥材的管理政策並非將之視為同西方醫藥的藥品管理，也使得中藥材的進出口貿易能迅速發展。華人傳統本就以中醫藥做為患病之時的處理方式，西方衛生與醫藥知識雖由殖民政府所帶入（早在葡萄牙統治馬六甲時期即設立醫院），但無法改變一般華人居民根深蒂固的中醫藥觀念，因此也使得馬六甲中藥產業得以發展茁壯。王琛發（2006）指出馬來西亞客家中醫療養院在英國統治中後期，因為無法符合衛生環境與設備，因此多半結束其事業。馬六甲的中醫多半依附在中藥材店內，病人在中藥材店內看診完隨即取藥單至一旁櫃台抓藥，中藥材店內通常不會留置病人，因此在英國殖民政府的政策下得以生存而不受其影響。

四、中藥業與典當業的經營

（一）中藥業

　　馬六甲的受訪者相關資料如表4-8。

1.馬六甲中藥業中的客家網絡與特性

　　根據與馬六甲中藥公會的訪談內容，馬六甲市中心加上郊外地區，約有130間中藥店，其中加入公會的會員有90間。130間中藥店中，多數是客家人，占70%，其中兩間批發店是廣東人。也有一些福建人在經營。但是，以傳統方式經營的幾乎都是客家人。「其他的很多是搞mini market的，尤其福建人啊，賣些洋雜貨，真正大埔是很保守的。」（MACHM3_2008）不但客家人占大多數，藥店的家族網絡也非常緊密，幾乎有開藥店的，家中都不只一人在經營。

表4-8：馬六甲中藥業受訪者資料表

受訪者	性別	出生年代	籍貫	移民世代	家族成員最早從事中藥業
MACHF1_2008	女	1970	大埔	第三代	祖父
MACHM2_2008	男	1950	大埔	第三代	祖父在原鄉是中醫師
MACHM3_2008	男	1950	大埔	第三代	父親在藥店打工
MACHM4_2008	男	1960	大埔	第三代	父親是藥店學徒
MACHM5_2008	男	1940	大埔	第二代	父親在新加坡中藥店打工
MACHF6_2008	女	1960	大埔	第二代	父親在馬六甲藥店打工
MACHM7_2008	男	1950	東莞	第三代	祖父開給信徒藥箋
MACHM8_2008	男	1970	大埔	第三代	祖父在藥店打工

說明：以受訪者代碼MACHF1_2008為例，MA是指地名馬六甲（Malacca）、CH是指中藥店、M是指性別為男性（F是指女性），2008是指訪問時間。

問：公會裡的人都互相認識嗎？

答：現在公會裡很多是我爸爸那時請的夥計。

問：哪一個會員是您家的夥計？麻煩您幫我說明一下。

答：這個是我的夥計，這也是以前的夥計，這個是我家人，這個是我的叔公，這個也是我叔公，他有兩間，這是我的姑姑……

問：100個會員與你們家有關係的就幾乎占了15%。

答：是啊，很多是這樣子分出去的。有一些是家裡分出去的，像是×××和××，是兩兄弟來的；××××，這個是叔叔，還有一個×××是分出去。所有的×××，全部都是兄弟。這個××是老店，有人在那邊打完工之後就會出來開店，開××，之後還有一間××。

馬六甲中藥店的經營者，與檳城類似，90%以上都和中藥產業有淵源。因為中藥店與當店在以往都是客家獨占的產業，有些家庭南來的移民過程，會同時和兩種產業具有關聯性。

> 問：請問您的祖籍是哪裡？
> 答：我們是從湖寮到新加坡，新加坡轉來這邊的。
> 問：祖父也在新加坡住過？住多久？
> 答：住沒有多久，當時是住在當店。
> 問：所以祖父剛開始是到新加坡的當店打工。
> 答：是啊，但是不久，住幾個月，半年吧。
> 問：可是為什麼會去新加坡的當店？
> 答：因為當店也是親戚。
>
> （MACHM2_2008）

和檳城一樣，傳統的中藥店都是客家人在經營，但是現在很多其他族群的人相繼進入此產業，與檳城不同的是，馬六甲比較多的是福建人，非潮州人。

> 問：請問一下在馬六甲的中藥店都是哪個族群的人在經營？
> 答：以前是客家人，現在是福建人。馬六甲做中藥店最古老的，最傳統的都是客家人，做草藥、做中藥店，福建人、廣東人都沒有。現在是福建人年輕人開得比較多，可是他們的草藥是非常非常差。
>
> （MACHF6_2008）

至於傳統與非傳統藥店的區分在於是否有中醫師抓藥。

問：傳統藥店與非傳統藥店如何區分？

答：那傳統的藥材店，一定有秤藥，要抓藥。應該說，藥材店沒有賣tissue paper，也沒有賣糖果、nappies、牛奶粉的啦！

問：所以你們傳統跟不傳統的區分在有沒有抓藥？

答：是啊。有中醫師才會抓藥，沒有中醫師就不會抓藥了。

問：現在有多少是傳統的藥店？

答：如果我們分有抓藥和沒有抓藥，應該是70%對30%，有抓藥應該是70%。

（MACHM8_2008）

這些有中醫師抓藥的藥店幾乎都是客家人經營的。

問：請問馬六甲的中藥店都有中醫師駐診嗎？

答：客家人的中藥店都有中醫，不是客家人的中藥店，就幾乎都沒有中醫師。

問：什麼原因？

答：覺得中醫很枯燥囉，讀出來政府又不承認，最近才講要承認。他承認了幾個地方的學校，就是北京、南京、上海中醫學院，接下來要承認的是天津跟廣州。我們廈門還不承認啦，不要緊啦，我自己承認自己，顧客承認就好了。

（MACHM2_2008）

其實，非傳統的藥店經營者，很多是從傳統藥店打工的夥計出來開的。

問：非傳統的新藥店，大概是哪一個年代出現的？

答：應該是1980、1990年代的時候。

問：大部分是哪個方言群的人？

答：大部分都不是客家人。問題是這樣的，藥材店做了幾十年後，他的夥計就會分出去自己開，夥計可能不是客家人，那一些在傳統藥店打工之後出去開業的人，有可能就不是真正傳統的藥店了。

（MACHM8_2008）

從新馬的中藥相關資料，顯示出馬六甲的中藥業和典當業與南馬、新加坡的關係密切，很多是同一個家族分出去的。

問：您小時候去哪裡當學徒？

答：新山，我後來去新加坡。我們小時候在家裡，藥材都有接觸，因為我們小孩的時候會幫忙填藥箱裡面的藥格，所以這個我們小時候就摸遍了，摸熟了。我就是每天當玩耍。

問：在新山那邊是您的親戚嗎？

答：我叔公家。在南馬、新加坡一帶，中藥業中占優勢還是客家人，尤其是大埔人。但是新加坡有很多外省人。

問：什麼是外省人？

答：福建人啊、潮州人啊！

問：有多少？

答：還是少數，大多數還是客家。

（MACHM4_2008）

因此，店內的員工不是親戚，就是朋友關係。

問：那時候父親請了多少人？

答：那時候最高峰大概有6個夥計，都是從中國跑過來的。

問：也是大埔人嘛？

答：多數是，而且是表叔之類，都是親戚朋友，自己的家族親
　　戚、朋友。

（MACHM3_2008）

2. 產業的經營方式

　　中藥店的藥材多是購自新加坡和香港的代理商，貨源還是來自中
國大陸。除了藥材，以往中成藥也大都是來自大陸，85%以上的草
藥、雞精、成藥，是從中國來的。其他就是本地歷史悠久的品牌，例
如德安風痧丸、手標捕風散等。

問：請問藥材從哪裡批發來？

答：藥材以前是從香港和新加坡。新加坡中和行、廣益隆、公
　　益莊這三家。

問：為什麼會跟這三家合作？

答：從祖父開始就有合作，那時候有賣蔘茸，也有賣藥材。

（MACHM2_2008）

　　經營規模較大的藥店，其銷售範圍也是在南至新山，往北不會超
過怡保，有時會和新加坡與檳城藥店的銷售範圍略有重疊，但是不會
超過太多，似乎大家都有默契，不會輕易跨越界限。

問：你們這些藥丸都賣到哪裡去？

答：比較多是拿去郊外賣的，市中心以外的郊區。

問：那有沒有賣到柔佛？

答：有些有，他們是過來這裡訂貨，然後我們再拿過去賣的。

問：可是他怎麼知道來跟你買？你們有人去推銷嗎？

答：沒有，人家介紹嘛，批發店介紹。那邊有他們自己的藥

店，有些區域代理的問題，我們不會隨便去推銷。

問：那個時候的營業額，你知不知道多少錢？

答：我不知道，但是我知道生意很好，因為公公在1910年開張，到1918年他就去買塑膠園。

（MACHM3_2008）

中藥店不似典當業，需要標執照，所以創業基金相對較小，如果有人願意賒貨給創業者，幾乎不需要什麼資金。

問：您父親創業時候的資金是自己存的嗎？

答：沒有什麼資金啦。以前很容易的，人家相信你，就自己存一點錢來做，白手起家。店面都可以和人家分租。

問：剛創立的時候，店面大嘛？

答：店不大，就半間。

問：先租半間，那藥材的錢？

答：那時我有一個叔叔有幫忙，就是開藥材店的叔叔，賒貨給我父親。

（MACHM5_2008）

除了親戚間的賒貨外，代理商和店家間偶爾會有拉貨的現象。

問：請問中藥店間是否會彼此借貨？

答：也不是借貨，是拉你的貨來賣。例如，向廠家批10萬的貨來了，再賣給批發店，10萬我賣了8萬，這8萬再拿來做生意。等到廠家他要收帳了，跟他講還沒有賣完，可以拖到一年。

問：那要是垮了怎麼辦？

答：垮了就是算是廠家送你8萬塊囉。

問：這種情形很多嗎？

答：以前很多，現在要有信用的才可以拉貨。

（MACHM3_2008）

同行的賒會與拉貨可以節省創店的資金，華語則是開藥店的重要語言資本，因為中醫的古籍和藥材名稱都是中文。「全家就只有我開中藥店。我哥哥讀英文書的，他喜歡種植，做園坵。沒有讀華語學校，所以根本就不會中醫。沒有中文基礎很難開藥店。」（MACHM2_2008）中文的基礎，加上打工的經驗（在自己家中打工，或是去親戚和朋友的店中學習），才能習得藥材知識及中醫診脈的種種技巧。

問：那您剛接這間藥店的時候，會不會不適應？

答：不會啦！因為父親開店的時候，我都一直幫他，帳目的東西我都懂。向誰拿貨、欠誰貨錢，我全部都熟悉，推銷員出門的時候我就跟著去。

問：所以您也有出門推銷？

答：我出門去找貨的。

問：藥材的名字都是您父親教您的？

答：那藥材到貨的時候就慢慢點貨，起初也分不出來，慢慢學，父親也會教我。都是在家學的，沒有出去跟外面做工。有些人也會去別的藥店打工幾年，再回自己家的藥店工作。就是多學一些知識和經驗。

（MACHM5_2008）

問：談談您的開業過程好嗎？

答：那時候我還在讀書，讀書反正跟不上，就去外面給人打工囉，去新山做了一年多，又跑去新加坡做學徒，差不多去了整三年，就去父親的店裡。

問：誰介紹您去新山和新加坡的店？

答：新山的店是我父親的朋友，新加坡是親戚。就是去別人的
店學習。

（MACHM4_2008）

過去到中藥店裡打工，學習藥材的處理知識，以及傳統的把脈經
驗，幾乎是所有經營者的必要養成過程。自從中國的中醫學院開辦函
授學校，加上政府開始管理中醫師的證照，許多人開始讀中醫函授課
程，或直接去中國讀中醫學院。

問：請問您如何學習把脈問診？

答：以前做中藥店的，他們經驗熟了，就幫人家看病把脈，再
一邊看藥書學，現在才有去學校上課，學中醫。

問：所以以前比較多是自己開藥鋪，經驗熟了就自己學著來？

答：是啊，就是老藥桶。老藥桶，懂得吃什麼中藥，他大概看
一下就可以了。以前哪有一個老師真正訓練你，都是自己
研究的。後來有些人開始去吉隆坡的東方新中醫學院，新
加坡的重慶中藥學校，跟廈門大學的海外分部讀函授，然
後就面授。

（MACHM5_2008）

學中醫是為了學習更多專業知識，也是為了經營上的考慮，因為
有中醫師駐診的藥店，顧客會比較多。

問：您父親的店裡以前也有請過中醫駐診嗎？

答：也是有，現在父親的店裡還是有中醫。

問：有請中醫駐診會不會生意比較好？

答：肯定，草藥會賣得比較多。因為醫師開了藥單，他們買了

藥之後又會再買其他的藥，所以銷量會多。因為你藥材店是等顧客來買，一個人買3帖藥，一天看10個病人，就有30、40帖藥，那個草藥的銷量就很大。有中醫師會比較吸引客人。

（MACHM4_2008）

中醫師的薪水是底薪加病人包的紅包（俗稱花紅）。

> 問：請問醫師駐診的薪水如何計算？
> 答：算月的。你請一個中醫師，底薪800到1,000塊。如果病人有給花紅的話，中醫師可以自己收。如果病人沒有給，我們就加在藥錢裡，一個病人我們最少要5塊錢，就是我們叫門診費。
> 問：5塊錢是不是中醫師收？
> 答：中醫師收。買藥材的錢，就是我的。

（MACHM3_2008）

雖然請中醫師駐診可以增加藥店的營業額，但也是有後遺症的，因為中醫師可以隨時流動，有時甚至會將原有的病人帶走。「中醫駐診，除非你條件很好，如果沒有生意，他就跑了；有的時候醫師出名了，他就去別間駐診，他的客人就跟著他去別間看診。」（MACHM4_2008）因此，藥店老闆會自己學著做，這樣才會有固定的利潤。

> 問：大的批發商以前的利潤比較高，大概50%，現在只有25%？
> 答：是囉。
> 問：所以小店也差不多。
> 答：小店都有30%。如果再加上你不用店租，然後又自己把脈

的話，就會有40%的利潤。我們客家人會想嘛，因為我們做中醫或是中藥店，沒有退休年齡，5、60歲也可以做。（MACHM2_2008）

換言之，若以退休方式的心態來經營中醫藥，還是可以獲得相當利潤。若是以建立事業的心態來經營就不可能，除非採取專業化的方式，發展科學中藥。（MACHM3_2008）

3. 顧客類型與產品內容

主要的顧客還是華人為主，相較於檳城，馬六甲的馬來人顧客比較多。「華人比較多一點，60%。印度人和馬來人大概40%。」（MACHM3_2008）不但馬來人會煮水藥，印度人還發展出代客煎藥的兼差工作。

> 問：那您剛剛說很多馬來人會來看中醫，那他會煎藥嗎？
> 答：會。還會用炭火煎，四碗煮成一碗他也會。印度人也是會，他不捨得丟掉，會煮三次，淡淡的他也喝。印度人也會來這裡買草藥，煮好後賣給其他人，可以賺10塊。
> 問：代客煎藥喔，您們有嗎？
> 答：我們也有，煎一副藥5塊錢。
> （MACHM2_2008）

不同於華人顧客，馬來人是一群一群來看病和買藥。「現在看病的馬來人比較多，因為馬來人吃中藥比較有見效，他們好像一個團體啊，一個人看病，三、四個人跟著來，有病沒病也看一下，生意就做的比較多了。」（MACHM5_2008）根據訪談資料，馬來人和印度人大部分是購買成藥，會買草藥的大多是受到華人的影響。

問：馬來人跟印度人會常來跟你買中藥嗎？

答：會喔！他們其實很習慣吃中藥，印度人會吃懷孕、安胎的藥，而且要加料。

問：加料，加什麼料？

答：泡蔘，洋蔘啊，補氣。一個月吃一次，第九個月就吃薏米水，通尿。

問：那印度人、馬來人也很厲害，知道要吃這個。

答：華人教他們的，而且他會了再教他的兒女、孫子。

（MACHM2_2008）

問：馬來人買什麼藥？

答：皮膚病的藥膏，或是傷風膏、傷風丸、止痛丸，主要是買成藥。

問：馬來人會買草藥嗎？

答：很少，多是買那些外敷的、擦的藥。

問：印度人買什麼？

答：印度人也會買那些外敷的和傷風感冒藥，印度人也不會買草藥，除非他們和華人做鄰居。或是華人介紹他們吃，他們才會吃。（MACHM4_2008）

　　有些藥店會有一些國外的客戶，「我們會有很多外國客人，新加坡、印尼來的人都來這邊拿草藥。因為馬六甲算是旅遊區，如果是假期的話人就會更多，他們就比較喜歡買洋蔘、冬草，藥劑也是有，藥品就比較少。」（MACHF6_2008）雖然，許多非傳統的藥店紛紛出現，許多受訪者還是堅持要賣傳統的草藥。

　　問：附近很多非傳統的中藥店，賣洋雜百貨，你有沒有想過賣這些東西？

答：我們從來不賣的，我爸爸堅持不賣。

問：爸爸的理由是什麼？

答：中藥店要有中藥店的樣，要專業，讓人家進來放心，賣洋雜貨這樣就不倫不類了。

問：您的想法是什麼？

答：我跟我爸爸一樣，就是藥材店要有專業性。我們草藥的生意一直還是很好，最重要還是那個草藥，你要漂亮，品質要好。而且要花很多草藥工，要剪過，有些要曬，雖然工很多，但這就是專業，客人才會來。

（MACHF6_2008）

除了經營類型（傳統藥店到非傳統藥店的發展）的轉變外，自2000年開始，銷售的內容也有很大的轉變。

問：現在市場是科學中藥比較多，還是草藥比較多？

答：還是藥劑比較多，因為科學中藥比較貴。藥劑大概占了50%，科學中藥大概占30%，那藥材就占20%。

問：什麼時候開始的？

答：2000開始，成藥取代啦。因為沒有時間去煮、去煎。

問：所以藥材真得是愈來愈少人買了。

答：少了少了，因為年輕人現在愈來愈不要煎藥，有些家裡連煤氣都沒有，鍋都沒有。

問：這三種藥，哪一種的利潤會比較高？

答：應該藥劑比較高，藥材雖然高，不過要花很多工處理藥材。

（MACHM3_2008）

基本上，草藥店的經營還是有相當利潤的，比成藥的利潤高，只

是需要花比較多的時間和工夫處理藥材，如果這部分也算在成本內，藥劑的利潤會比較高。問題在於要花太多的人工，使得許多中藥店面臨轉型。

> 問：賣成藥的利潤好嘛？
>
> 答：利潤很薄啊。
>
> 問：那不是賣草藥比較好嗎？
>
> 答：是啊，但是賣草藥人手要多。草藥會壞、會生蟲、會發
> 霉，我們現在人工少了，沒辦法處理太多的草藥。年輕一
> 代也不願意學了。
>
> （MACHM5_2008）

另類的經營方式，就是將勞動力發揮到極致，開始代客煎藥，除了賺藥材錢、工錢外，還有機會賣出較多的高貴藥材，利潤也會相對增加。

> 問：現在來講，利潤比較多的是成藥、草藥還是批發？
>
> 答：草藥。因為來我們這的客人拿藥帖的比較多，我們×××
> 最出名就是草藥，到現在還是，這邊草藥蠻齊全的。
>
> 問：所以草藥還是銷量最大。
>
> 答：對，馬六甲應該還是我們最好，草藥啦。
>
> 問：我剛剛看你們有幫人家煎藥嘛，會不會是因為這樣銷量比
> 較好？
>
> 答：是啊，現在的人都是滿忙的，我們就幫忙煎藥。
>
> 問：煎藥一帖要多收多少錢？
>
> 答：我們工錢是收2塊，如果你燉一碗泡蔘就5塊。
>
> 問：那一天大概會接多少這樣子的生意？
>
> 答：不一定耶，燉的煲的都有，雪鴿、燕窩這些都有，女性比

較多。一天平均會有5張單。

（MACHF6_2008）

4. 產業政策、公會與族群分工

海峽殖民政府時期，對中醫藥幾乎沒有管制，只是希望區分中西醫，並在招牌上做「醫」、「藥」的區分。

問：海峽殖民地有沒有對中醫藥有什麼特別的管制？

答：沒有，不過據我所知道，那時候他們西醫開始出現，他就叫我們不要放「dispensary」這個字，要我們放「medical hall」，他是以此區分，「dispensary」給西藥房，「medical hall」給華人中藥店。因為他要控制醫生的人數。在海峽殖民地的時候，有英國人做醫生，所以你放「dispensary」變得有困擾。

（MACHM3_2008）

大約十年前開始，馬來西亞政府開始管制中醫藥界的發展，也在幾間醫院中設立中醫部。

問：政府有哪些中藥政策？

答：我們的衛生部長是西醫，還有許多的部長都是西醫，瞧不起華人的中醫，但是他們很多都去中國醫病。慢慢的，這三年裡面，我們的醫院裡面開始有中醫駐診，從三間醫院開始。

問：哪三間醫院？

答：檳城南華醫院，吉隆坡一間，柔佛州一間。病人自己決定要中醫還是西醫。比較看得起中醫了。

（MACHM2_2008）

藥的部分就比較複雜，政府希望全部註冊化驗。（MACHM3
_2008）這時就需要公會，加入公會除了可以瞭解法令、聯繫同業感
情，助於市場資訊流通，避免同業間惡性競爭；同時亦能集結同業力
量，向政府表達意見，來與政府協商，並幫助會員處理相關手續。

> 問：您是什麼時候加入中藥公會？
> 答：加入公會是我創業的時候。
> 問：那您的父親在麻坡也是一創業就加入那邊的中藥公會？
> 答：對對。加入公會要繳年捐，年捐是一年12塊，一個月1
> 　　塊。
> 問：加入公會有什麼好處？
> 答：加入公會肯定有好處，例如衛生部要申請什麼，中藥公會
> 　　可以幫忙一起辦。
> （MACHM4_2008）

> 問：您祖父他們那個時候創立中藥公會的原因是什麼？
> 答：聯絡感情。中藥店就是很懶散的。而且，現在政府的條例
> 　　也愈來愈嚴格。公會是代表全馬華人的中藥，跟政府講政
> 　　府會聽，公會的力量就發揮出來。
> 問：所以加入公會對經營中藥有幫助嗎？
> 答：加入公會，第一，我們先知道什麼東西可以賣，什麼東西
> 　　不可以賣，這是公會對我們的好處。還有一些是去外國的
> 　　機會，跟其他行家聯絡感情，順便和批發商聊天，知道藥
> 　　的市場行情，資訊比較快。
> （MACHM2_2008）

馬六甲的中藥產業中，傳統有中醫師駐診的店幾乎都是客家人開
的，批發商則有不同的族群在經營，在產業鏈中占有不同的位置，具

有族群分工的現象。最上游的進口商和批發商很多是廣東人，中間層次（馬來西亞跨州的批發商）的就有客家人在經營，藥材的門市就都是客家人。

> 問：你們做藥丸的藥材跟誰買？
> 答：早期是透過新加坡的一個代理，叫信億藥行，還有一間我想不起來，就兩間。
> 問：什麼時候開始跟他們做生意？
> 答：1910年代就開始做。1980年代我們開始轉去巴生港口買，去中國訂的貨，在巴生港口下港。
> 問：透過誰去訂貨？
> 答：廣東人。
> 問：所以大批發商都是廣東人嗎？
> 答：對，是廣東人。在地的批發商就是客家人。
> （MACHM3_2008）

既然中藥業內有不同的族群，是否不同族群有不同的經營方式？

> 問：請問客家人、廣東人、潮州人經營的方式有沒有什麼不一樣？
> 答：廣東人、潮州人的店已經走樣，而且福建的也是走樣。
> 問：怎麼走樣法？
> 答：他連罐頭食品都賣，不是這種傳統的藥櫃的中藥了。
> 問：那在金錢的運用上面呢？
> 答：這邊的福建人、廣東人做藥店，喜歡去玩股票。
> 問：是否會因為競爭，讓藥店間產生一些衝突？
> 答：有的，中藥店有衝突。他們需要現金去買股票，所以壓低價格來競爭。例如洋蔘一兩是100，他賣70、賣50。冰糖

本錢1塊，我們賣1塊2，他賣8毛，樣樣賣便宜，拿到現金來玩股票。有時不夠本也是要賣。這種店三年就看他收攤啦。

問：這種案例多不多？

答：馬六甲有兩間啦。我們客家人不會這樣子做，如果這樣做，在公會裡會給人家抨擊，就沒面子了。

問：所以這些人不會加入公會對不對？

答：他們不會加入。

（MACHM2_2008）

除了經營策略不同，客家人與不同族群做生意的經驗也不一樣。

問：你覺得哪個族群的生意比較好做？

答：客家人比較會算喔，客家人算數很好喔。其實啊，我比較喜歡跟馬來人做生意，他們比較單純。

問：所以你批發的顧客裡面有馬來人的雜貨店？

答：有，很多，占了50%。

問：印度的呢？

答：印度的比較少，只有2、3%，因為印度人比較計較。

問：所以你覺得馬來人生意最好做。你會放帳給他們嗎？

答：你很難放帳給他，要很小心，我都和他們現金交易，或者按月收款，或是按訂貨單收帳，先清掉第一張單，才能叫第二批的貨。因為他隨時可以關店的，政府又是保護馬來人的。

問：為什麼你反而覺得跟馬來族群做生意比較好做？

答：因為比較可以賣好價錢，你如果賣華人1塊，可以賣給他們1塊2，不會跟你討價還價。

問：華人裡面哪一個族群比較好做生意？

答：華人裡面，跟族群沒有關係。我認為客家人比較會算，潮
　　州人也是很會算，福州人也是很會算。

（MACHM8_2008）

　　除了商業上的競爭，中藥產業在過去也面臨幾次發展的危機。最
早一次是在日本占領時期，藥材無法進口。

問：你在幾十年的經營過程中碰到的最大的困難是什麼？
答：最大的困難是日本戰爭。那個時候藥材沒辦法進來。而且
　　賣出去的藥都收到日本幣，所以我存了有好幾十萬的日本
　　橡膠鈔，一大鐵桶的橡膠鈔。橡膠鈔是當時日本皇軍在新
　　馬印的，不是在日本印的，就變得損失慘重。加上當時賺
　　的錢又放在當鋪，當鋪又倒閉了，損失就更慘重。
問：所以那時候存的錢會放在當鋪，為什麼？
答：因為那時候沒有銀行，只有一個匯豐銀行，有幾個華人會
　　去？除非你懂英文。而且當鋪是我們的叔公、叔婆開的，
　　全都是自己人。
問：都是客家人開的？
答：對啊，所以我們錢存很多在叔公的當店，叔公倒店，就算
　　了。

（MACHM3_2008）

　　另一次是區域性的問題導致藥店生意不好。

問：您父親有沒有遇過生意上的危機？
答：有啊有啊，就是日本占領的時候。還有就是馬六甲的治水
　　期，當時全馬六甲都沒有水，所以那時行情也是很差。
問：那是幾年的時候？

答：是1993到1994的時候。整個馬六甲，時間長達一、兩年，每個人都忙著提水，所以沒有人來買藥。

（MACHF6_2008）

接下來就是90年代有許多的假藥問題，讓藥店的生意成本增加。

問：是否經歷過經營上的危機？
答：90年代開始，有很多假藥問題，增加我們成本，因為政府開始要管成藥，又要衛生核准，多出來好多申請手續和成本。

（MACHM4_2008）

（二）典當業

馬六甲的典當業有幾個不同於檳城和新加坡的特性。首先是數量不多，市中心的當店約有10間；其中有3、4間和新加坡的業者有親戚關係，另外的是屬於兩個家族所分別開的聯號。因此，這部分以第一家當店的家族史為主軸，描述馬六甲當店的特性。受訪者的祖籍為廣東大埔人，生於1940年代，是家族移民到新馬的第三代。現在經營的「××當」是19世紀末祖父創建的，可以算是馬六甲第一間當店。

1. 移民的動機與過程：當店的網絡（族群資本）

「我祖父的家境比較差，18世紀末，為了生活就從大埔過海到南洋來，是跟著姓藍的親戚一起來的，在新加坡上岸。因為姓藍的親戚是開當店的，所以祖父到新加坡時曾在當店住過一段時間。之後沒有多久，就投靠吉隆坡的另一位親戚，也是開當店的，祖父就在當店打工、作學徒。住店裡，自己儲蓄一些錢，再與其他親戚合資，然後就自己開店。」

開店除了資金的籌措外，在移民之初的方言群不同的社會，找一位可以溝通和信賴的員工是個挑戰，在這種情況下，對一個經商的人來說，親屬關係就顯得很重要了。「由於方言不同以及移民社會性質的差異，他也許很難找到可信賴的職員協助他經營店鋪。這些成功的小商人如果需要勞動力的話，一些人便再次返回中國，招募親屬或親戚。於是，一條親屬移民的鏈環建立了起來，從而推動了中國人往這一地區的移民。」（顏清湟 1991: 4）藍姓的當店業者在新加坡發展的歷史非常的早，受訪者祖父移民到新馬時期正是海峽殖民政府的統治階段，華人可以自由移動，移動時所使用的資源都是族群資本，包括親戚與朋友的網絡。所以祖父在新加坡、吉隆坡都是在當店打工，促使日後以當店作為創業的首選。

2. 創業：聯號的網絡（家族資本）

創業的資金、經營，也還是在家族資本的基礎上繼續擴大，幾乎壟斷典當業的經營。

> 「祖父在當店打工十年後，和親族集資在加影（Kajang）開了××當，後來××當變成總行，他陸續在不同的地方開了聯號的當店，最盛時期（戰前）一共有10幾間聯號的當店，都是親戚幫忙經營，全部是自己人，姪兒、叔伯兄弟、堂兄弟，全部都是姓陳的比較多。二戰的時候就都關掉了，因為危險。」

即使投資別人經營的當店，也都是客家人開的。因此，1980年代以前，客家人獨占馬來西亞的典當業。之後，一些曾經在當店當學徒或頭手的廣東人開始進入典當業，現在客家人經營的當店占百分之70幾。第二多的是廣東人，除了數量比較少之外，廣東人不是整個家族都在經營當店，不像客家人開許多聯號，有很強的網絡關係。也因為都是親戚，所以店內都是用客家話交談。

3. 與原鄉的網絡：從過客到定居化

受訪者家中三代與中國的關係，顯示出從過客到定居化的過程。

> 「第二次世界大戰以後，我們的店全部關掉、停業。全部的貨
> 移回來總店。後來保險櫃被日本人搶走，財產全部沒有了。祖
> 父後來一回來就看到這個景象，很傷心，就回中國了。賺錢的
> 時候，一有錢就寄回中國大陸，起大屋子，現在還在，大埔莒
> 村的紹德堂。我父親、叔叔就時常回去中國看他。過年的時候
> 就回中國去過年，或者是春天氣候好就回去。祖父的想法是根
> 還在中國，沒有在這邊做定居的打算。帶回去的錢蓋了40多間
> 房子，一間大祖屋，全部有雕花。」

祖父以大陸為根，認為大埔是療傷的歸所；對父親（第二代）而
言，只是來來回回的半個故鄉，但是都會將所賺的錢匯回原鄉，建造
大的祖屋以光宗耀祖；到了受訪者的第三代，原鄉是「父祖輩來的地
方」，而自己是馬來西亞的公民。

4. 產業內外的競爭

二戰以前，殖民政府的餉碼制度使得同業間內鬥，造成同行不團
結。

> 「以前我們這一行內鬥，你標我的，我標你的。把碼金拉高搶
> 地盤，誰的碼金高就可以標到執照。碼金高也是都給政府。二
> 戰以後，慢慢才好一點。」

現在面臨到的則是國家的競爭，國家在回教銀行設置抵押部門。

> 「現在馬來政府也有做當店。它不說自己是當店，只說是貸款

給馬來人，也不說是賺利息，稱之為保護費。政府在東海岸開
了很多間。叫做『Alahu』，每家銀行都可以開辦這種『抵押
品』業務。它沒有寫『當』。不過它的手續比較慢、比較麻
煩。不過利息比較便宜，因為是政府支持的。我們要給政府執
照費，它們不需要。」

　　諸多歷史、社會、文化因素，造就馬六甲中藥產業成為客家族群
經濟，當客家人經營中藥產業時，並非只選擇客家人做為雇員，族群
不是他們最主要的考量，而是因為居於社會較弱勢之地位，他們選擇
與自己具有相同親緣網絡或地緣網絡的一群人，對於他們而言較有信
任感。由於馬六甲特殊的歷史文化背景，當我們關注馬六甲中藥產業
成為客家族群經濟的同時，必須以整體性的觀點，考量殖民統治對於
馬六甲城市興起的影響，而殖民政策更是影響馬六甲經濟與社會發展
的重要因素。

五、小結

　　如果19世紀以前，華人對馬來半島發展的貢獻，主要來自於建立
東西貿易網絡的商人；19世紀以後最重要的就是數量龐大的勞工，在
西岸挖掘錫礦、在東海岸淘金，而且華人錫礦成為海峽殖民政府稅收
的主要來源。1820年的時候，馬六甲、檳榔嶼和新加坡約有12,000名
華人，馬來聯邦的華人數量寥寥無幾。到了1860年，因為新客華人的
增加，三個海峽殖民地和馬來聯邦的華人數目都增加，各約10萬和數
千人。不同方言群（福建、潮州、廣東等）選擇目的地的原因各異，
但都促進了海峽殖民地的繁榮，也形成族群產業的群聚現象。
　　宗族或方言組織作為社會基本組織性，發揮了擬似初級連帶的功
能，不但凝聚類似擴大家庭的「我群」情感連帶，更發揮經濟與其他
的社會功能，不但幫忙介紹職業，也會照顧移民的福利，形成小型的

「社會」。在殖民社會結構尚未分化的階段，「我群」的基礎就是宗族與方言組織，許多宗教、祭祀、經濟行為都在此分類基礎上進行，形成社會秩序的基礎。也就是在宗親與方言組織的基礎上，華人開始移動並尋找新的經濟機會，經由社會網絡的牽引，進入不同的產業與職業中。華人移民的社會與語言背景、移民過程的特性，決定了早期華人社會的組織與結構。不同的語言與祖籍除了各自成立代表其方言與地區的會館外，也形成重要的職業網絡。

馬六甲的客家移民在三個海峽殖民地港口城市中不算多，比較多的人數是分布在馬六甲附近的礦區。典當業和中藥業成為客家獨占的產業，一方面是鄰近礦區，另一方面受到新加坡的影響，尤其是典當業的親屬和同鄉網絡的關係相當清楚。

第五章　王冠上閃耀的自由港：
新加坡的客家族群產業*

一、移民與族群人口分布

　　海外華人稱新加坡為「石叨」，是馬來語「海峽（selat）」的意思。據《後漢書·地理志》記載，自西元前140年（即漢武帝）以後，華人已離鄉背井，前往南洋群島各地區。1819年2月6日英國人萊佛士爵士（Sir Thomas Stamford Raffles）與馬來半島的柔佛蘇丹屬下的新加坡官員簽約，使得新加坡成為英國東印度公司的商業中心，當時華人只有約30人（楊慶南 1989: 2-3）。最早來的華人不是從中國來的，而是從檳城、馬六甲移民過來的閩南人（土生華人、海峽華人），大部分是富有的商人，大量移入的時間點應該在1819年新加坡開港後。

　　1832年，新加坡成為英國海峽殖民地的中央政府所在。1869年，蘇伊士運河啟用，加上電報與輪船的發明，處於東西交通運輸樞紐的新加坡益形重要。據記載，1822年新加坡的貿易總額即達新幣8,468,000元，到了1825年的人口發展到11,851人，其中華人增加到2,828人。由於貿易的快速發展，到了1872年，出入口總值共達89,632,000元，人口增加至8萬多人，其中華人占50%以上。1891年人口增加更多，在184,554人中，華人達121,908人，清廷也開始派遣總領事駐新加坡。1925年是新加坡貿易史上最繁盛的時期。1931年人口調查的結果，新加坡已擁有567,453人口，華人占421,000人，1941年更增至727,000人，華人則為565,182人（楊慶南 1989: 4-5）。

---

*此章的內容是根據以下兩篇文章增補而成。張翰璧，2007，〈新加坡當鋪與客家族群〉，黃賢強主編，《新加坡客家》，頁89-111，廣西師範大學出版社。以及張翰璧，2013，〈新加坡中藥業的族群分工與族群意象〉，張維安主編，《東南亞客家及其周邊》，頁45-66，中央大學出版中心、遠流出版公司。

1842年鴉片戰爭後《江寧條約》換文之際，華南地區的經濟崩潰，大批饑民開始南移東南亞。19世紀上半葉新加坡華族人口統計得零星且籠統，並未將方言群分類統計。根據1840年的調查，構成華族的主要族群有閩南人、客家人、潮州人與廣府人，主要的方言群有漳、泉及永春等地的閩南人，馬六甲出生的海峽華人、潮州人、客家人與海南人。

直到1881年的人口普查，才開始有方言群分類的統計，居首的是閩南人，共有24,981人；潮幫人數達22,644人，位居第二，客籍人數只有6,170人，占全華族人口（86,766）的7%，是所有方言群體中最少的。到了1901年，潮幫人士只有27,564人，比同年人數達30,729的廣府人少，淪為第三位，當年客籍人士只有8,514人（王賡武著，張奕善譯著 2002: 6）。根據1881年海峽殖民地人口統計，19世紀新加坡華族人口以福建、潮州和廣府人居多，海南人和客家人都居小幫（表5-1）。華族社會中五大幫分別是：閩、潮、廣、瓊、客，可見當時在新加坡客家族群的人口與社會地位是屬於較為少數。

表5-1：1881年新加坡華族各族群人口數

福建人	24,981名	海南人	8,319名
潮州人	22,644名	客家人	6,170名
廣府人	14,853名	其他	272名
海峽僑生（Baba華人） （馬六甲移民之漳、泉後裔）	9,527名	總數	86,766名

資料來源：林孝勝（1995: 29）。

此外根據另外一份對各方言群人口比例調查的資料顯示，2000年[28]時，新加坡總人口有326萬3千人，其中華人250萬5千占76%，包括福建人人口達102萬9千人，約占全部人口的41%，其次是潮州人、

---

28 新加坡政府官方資料：www.singstat.gov.sg/ssn/feat/2q2001/pg2-6.pdf。檢索日期：2007年11月30日。

表5-2：2000年新加坡各方言群人口比例

族群	2000年人口	占華人百分比（%）
福建	1028,490	41.1
潮州	526,200	21.0
廣府	385,630	15.4
客家	198,440	7.9
海南	167,590	6.7
福州	46,890	1.9
興化	23,540	0.9
上海	21,550	0.9
福清	13,230	0.6
其他	91,590	3.7

資料來源：新加坡統計局（2007.11.30）。

廣府人、客家人，其餘是海南人一共約占6%，其他族群合計不到一成（表5-2）。因此相較於19世紀，各族群人口增加比例，客家族群增加32倍之多，僅次於福建人42倍，卻是高於潮州人（24倍）、海南人（20倍）與廣府人（27倍），由此可見新加坡客家是否因為移民網絡與經濟活動較其他族群完善，且有屬於自身族群的特殊關係，如此才能讓更多家鄉的客家人想移民到新加坡，並留在當地落地生根。新加坡的移民中客家族群人數，雖然不多約20萬，其中包括福建汀州（永定、上坑）、廣東嘉應州（梅縣、興寧、五華、平遠、焦嶺）、潮州（大埔、豐順）、廣州（赤溪）、惠州（和平、龍川、紫金、河源、連平）。其中，客家人以福建永定和廣東梅州大埔為最主要的兩個主體（龔伯洪 2003: 178）。

　　這些剛到新加坡的客家人，是以什麼方式區分彼此的社群呢？林孝勝（1995）提出「幫」是一個方言社群，帶有濃厚的地緣性與業緣性，偶而附有血緣性。19世紀新加坡華人社會幫權政治的發展，除了福建外的其他各幫，包括潮、廣、瓊、客方言群，皆有其各自的地緣

組織。當時以潮幫人數最多，也最具政治勢力，潮幫代表的是廣東省潮州府操潮州話的八縣邑人[29]，潮州府另外兩個屬客語音系的縣，大埔和豐順不包括在內，這兩縣邑人參加客幫的組織。

自萊佛士於1819年在新加坡設立商站，即陸續吸引大量的華族移民進入經商開墾，在1822年策劃市區發展，便把新加坡河以南，即俗稱大坡一帶劃入華人區。隨著1825年英國人正式接管馬六甲，以及1826年新加坡、馬六甲與檳城組成一個行政單位——海峽殖民地，更為馬六甲的漳泉商人集團來新加坡投資鋪好道路。由於殖民政府的重商政策，從1821年至1830年大量移入的華族人口是來自於馬六甲的漳泉商人，中國移民大批移入尚未出現。根據1826年海峽殖民地政府檔案《新加坡日記》中的記載，1827年政府調查顯示，在5,747名男性華人中，1,222人務農，2,742人從商，1,349人為技工，427名傭人與苦力，3名船民或漁民。1830年代，來自馬六甲的漳泉商人，因為財力雄厚、人數眾多，在新華社會中居於領導的地位（林孝勝 1995: 20-21）。在殖民政府當局和歐籍商人的扶掖下，從廣客幫的手藝人技工與勞工中取得領導權，建立商人支配其他行業，福幫凌駕其他各幫的新秩序（林孝勝 1995: 102）。

族群間的職業區隔，也受到殖民政府都市規劃與族群分類架構的影響。根據Turnbull（1989）的調查，早期新加坡在產業上確實存在有方言群的區別，指出福建幫人數最多，多經營商業與對外貿易、船運業、銀行與信匯局等金融機構（崔貴強 1994）。潮州幫經濟勢力居次，除了橡膠業、胡椒和甘蜜等的種植外，另外還經營工廠，從事工業生產。廣東幫多經營醬油業、金銀首飾業、鋼鐵業、飲食業、菸業、油漆與印刷等行業。海南幫多經營飲食業，福清人掌控交通業，三江人（上海、寧波、溫州等地人士）則擅長木器製造業、建築業與眼鏡業。客家幫方面，則活躍於典當業、藥材業、眼鏡業與鞋業，產

---

29 潮安、澄海、朝陽、揭陽、饒平、普寧、惠來與南澳，即所謂潮州八邑。

表5-3：新加坡獨立前客屬人士創立的工商業分析

行業	總數	行業組織形式		
		獨資	公司	有限公司
藥材商	166	142	23	2
洋貨／布匹	98	70	27	1
出入口商／什貨	70	47	23	
洋服	63	60	3	
五金／白鐵／鐵廠	57	50	7	
皮料／皮鞋／鞋	51	44	7	
鐘錶／眼鏡／金鋪	49	40	9	
新衣	40	39	11	
當商	**24**	**10**	14	
傢俬	15	15	-	
旅店	8	8	-	
其他（包括電影、報業等）	46	43	3	

資料來源：梁純菁（2002: 274）。

業大多集中在藥材業、洋貨、五金、白鐵、眼鏡、打鐵、雜貨（見表5-3）。其中，永定客家人多從事藥業經營，萬金油大王胡文虎就是以藥業起家，而嘉應客家人則有不少開鞋店，大埔客家人開當鋪者居多。

　　不同方言群集中從事某些產業，除了受到同鄉連帶的影響外，也受到殖民政府政策的影響。隨著華人的大量湧入新加坡，萊佛士於1822年從明古連返回新加坡後，即組織城市發展委員會，以便為新加坡設計社會發展藍圖。萊佛士銳意要將新加坡發展成商業城市，劃定從直落亞逸（Telok Ayer Road）向東延伸至河口沙洲（Sandy Point）一帶，作為最早擴建市區的範圍。萊佛士特諭令委員，要特別注意市內各種族居民的劃地分居。鑑於不同的華族方言群間常發生糾紛，萊佛士也特別請諸委員在劃定界區時，特別注意華族籍貫及其他方面的差異，強調不同方言群應分區居住（林孝勝 1995: 13）。因此，沿著

新加坡河右岸，不同的方言群被安置在不同地區，從事不同的經濟活動，不同行業的分工於是形成。潮州籍人士大致聚居在勿基（即駁船碼頭Boat Quay）及沿河右岸，直延伸至皇家山山麓。粵籍人士多居住在牛車水一帶，閩籍人士則以直落亞逸為中心，向西北地方輻射，包括了今天的福建街、長泰街與廈門街（崔貴強 1994: 35-36）。

二、華人社會結構

根據謝玉青[30]的統計，至1848年，新加坡華人總人口為39,700，其中客家約占4,000人。客家人中有400名裁縫和鞋匠，300名木箱製造者，500名鐵匠，100名理髮師，800名鋸木與伐木工，1,000名建屋者，300名小商人，300名城市商人，200名被雇用於其他行業者。顯然，當時的客家人職業是以工匠和體力勞動者占大多數（轉引自顏清湟著，陳翰譯 1996: 304-305）。

不同方言群體集中從事於某一行業是可以理解的，先來的移民進入某一行業，奠定經濟基礎後，為了要擴展，總是會引介同族或同鄉幫忙。這些晚來的移民，先是寄人籬下充當學徒或勞工，但卻不斷學習、吸收經驗，日子久後便熟悉東家的行業。待有積蓄或機會，便會自行創業，從事與東家相同的老本行。當然，不同方言群的人從事同一行業的情形也是有的。客籍人士在新加坡方言群中屬於少數團體，至1901年也僅有8,514人，占華族人口的5%。1911年人口增加至12,400餘人，占華族人口的比例上升到6%，客幫中的大埔屬於小邑，1901年時約只有2,000餘人，1906年約3,000人，到了1911年增至約4,000人，占客幫人數的30%左右（楊進發 1996: 321-322）。大埔邑在華人中雖然人數不多，但卻執典當業的牛耳，並積極推動教育事業，於1905年建立樂群學堂，於1906年創建啟發學堂。

---

30 新加坡當時的華人社群領袖。

表5-4：1881-1947年新加坡華人各方言群所占比例之變化

年代	華人人數	華人數占總人數百分比	廣府人	福建人	海南人	客家人	僑生（Baba華人）	潮州人
1881	86,766	62%	17%	29%	9%	7%	11%	26%
1891	121,900	69%	21%	37%	7%	6%	11%	18%
1901	164,041	72%	19%	36%	6%	5%	9%	17%
1911	207,413	68%	23%	44%	5%	6%	1.2%	18%
1921	308,735	72%	25%	44%	5%	5%	6.7%	17%
1931	418,640	74%	22%	43%	5%	5%	5.5%	20%
1947	695,026	74%	23%	42%	7%	6%	1.5%	23%

資料來源：參考李恩涵（2003: 272）綜合製作。

根據1881年海峽殖民地人口統計，客籍人士居於末位（參見表5-1），直到19世紀末殖民政府成立華人參事局（Chinese Advisory Board），以各幫人數占華族人口比例委任代表時，福建、潮州幫各有5名代表，廣幫4名，瓊幫2名，客幫只有1名，可見新華社會中各幫人口結構到19世紀末期仍無多大改變（林孝勝 1995: 29）。

　　新加坡華人移民人口當中，客家人可說是少數民族，主要來自嘉應州。早期來自廣東省的客家人，在1823年建立潮家館以及應和會館，為同鄉負起宗教、社會和福利工作，也成為團結新加坡的嘉應客家人的核心組織[31]。1844年，客家人在丹戎巴葛（Tanjong Pagar）興建福德祠，祀奉大伯公，由於該廟面向大海，故稱為「望海福德祠」。除了嘉應客，客家人也有不少來自豐順、永定和大埔。他們不但設立個別的分館，也於1888年合組豐永大公司，負責管理他們設於荷蘭路的義山——毓山亭。

　　1857年，大埔籍客家人設立茶陽會館，以照顧同鄉社會福利，

---

31 中華文化信息網：http://big5.ccnt.com.cn/china/qiaox-qiaor/luj-dush/xinjiapo-3.htm。檢索日期：2008年6月20日。

1890年該館設立茶陽回春醫社，給貧病者提供醫藥服務，1905年梅縣人建立應新學校是早期東南亞最重要，也是最早建立的新式學校，在這之前都是私塾教育。這批學校的建立對於華人社會的建構是非常重要的，包括知識份子的培養、辦理報紙等。曾玲、莊英章（2000）提到，新加坡的客家人主要是分成惠州會館、嘉應五屬（廣惠肇），以及另外三個社群——永定會館、豐順會館和茶陽會館。大埔客先賢輩出，其中李雲龍為李光耀的祖父，曾經出資協助茶陽會館的發展，拿督張夢生也是熱衷社會福利工作的名人。豐順會館成立於1873年，該會曾積極推廣國術，在戰前對籌賑中國抗日活動也很活躍，除了派隊賣花籌募義款之外，也出動車隊協助籌賑活動。永定會館成立於1916年，同鄉來自福建汀州，故也稱福建客。

有些族群團體為了政治、經濟等原因，發展到後期也出現了聯盟的形式，如客幫與廣幫合建海唇福德祠、青山亭、綠野亭。直到1921年殖民地政府徵用青山亭地段，保留部分地段給廣客各屬機構後，客家人發起組織客屬總會，並得到胡文虎、文豹兄弟慷慨資助，會所終於在1928年落成，胡文虎被推選為首任會長，之後陸陸續續出現許多客屬同鄉會、宗親社團與行業公會等。

地緣性的會館除了具有擬親關係之外，也是日常生活互動的主要場所。根據林孝勝（1995）的研究，發現寧陽會館的成立[32]是由於在萊佛士的重商政策下受迫害的廣客幫手藝人技工與勞工，因為賠償金的問題，意識到必須團結起來照顧群體利益因而成立的。會館成立之後，不只凝聚同鄉力量，更可以透過同鄉會形成一種非正式關係，相互幫忙。而此可知，不論是在政治或是經濟上，同鄉會社團在新加坡扮演著舉足輕重的地位。

---

32 在市區重劃的安排下，受迫害的廣客幫手藝人技工與勞工雖可以免費分配地段，但是賠償金很少，因此他們意識到有必要團結起來，以便更好地照顧利益，廣幫的四邑人遂在1822年成立寧陽會館，而客幫亦在1823年成立應和會館（林孝勝1995）。

三、移民群聚與族群產業的發展

　　研究東南亞的族群經濟發展，都需要先瞭解移民的過程與網絡關係，由於不同地區的中國移民會從不同港口出發，加上移民網絡與地區方言的差異性，以及移入國的地域性差異，移民會因應不同的社會條件與生產方式，產生不同的華人社會結構。一般而言，福建人的宗親組織主要是建立在血緣性基礎上，而客家人則較強調方言性的會館組織。因為客家在大陸分布於閩、粵、贛地理範圍，無法完全適用「閩」或「粵」的分類，再加上客家的移民大多在契約華工興起時移入新馬地區，職業又多屬於礦工或工匠。因此，會館的性質多屬方言會館（顏清湟 2005: 41-42）。

　　與客家人相比，福建人的宗親關係主要建立在血緣性的基礎上。造成差異的原因大致是因為福建人早期已在海峽殖民地經商，提供了一個良好的移民網絡，使得福建移民人口迅速的成長。此外，基於生意經營上的需要，在海外不斷地擴展商業的福建商人，不得不從中國招募人手，也使得愈來愈多的移民，在親戚的支助前來馬來亞當店員和商業貿易的助手。移民網絡加上商業拓展所需要的人力資源，在中國的血緣性家庭（大家族），提供跨國的信任網絡基礎。

　　職業與族群間的關係又是如何呢？萊佛士是對華人社會方言集團和行業之間關係的第一位觀察者。1822年，在規劃新加坡市區發展藍圖時，他希望市政規劃局為來自廈門的華人畫出一塊特別區域，這群華人指的是作買賣的閩南籍商人。[33] 他並沒有提到廣府人、客家人、潮州人或海南人，只特別突出閩南商人的位置，對萊佛士而言，當時的華人只被分成商人與非商人，非商人包括工匠、工人與農夫，有可能是其他的四種方言團體在商業經營上並不特別引人注意，也或許多

33　見〈T. S. 萊佛士致C. E. 戴維斯上校，1822年11月4日〉，載「新加坡紀要」《印度群島與東南亞學報》（*J. I. A.*），第1卷，第8期，1854年，頁105。

屬於農工階層。

　　進一步指出職業與族群差異性的是潮州商人佘有進，他的觀察彌補了萊佛士忽視上述四個方言集團的不足。佘有進是當時華人社區的領袖，對於新加坡華人社區有內部與深刻的瞭解，對方言集團與行業之間的關係瞭解比萊佛士更為詳細和準確。按照他的說法，1848年時潮州人是新加坡最大的方言群，成員約19,000人，多數是棕兒茶（亦譯為「甘蜜」，gambier）和胡椒經紀商、店主和種植園主。第二大的才是福建人，人數約在10,000（包括閩籍後裔的馬六甲華人），他們之中約40%是買賣人、商人和店主，20%是種植園主，其餘的則為苦力、船工、漁民和搬運工人。在6,000名廣府（澳門）人中，75%以上是工匠和工人，分別是木匠、裁縫、製鞋業、理髮師、伐木工及泥瓦匠等。客家人（總數約為4,000人）也像廣府人一樣，大多數為工匠和工人；他們中有鐵匠、製鞋匠、金飾匠和理髮師、建築工和伐木工。海南人是最小的集團，僅有700人，他們多半是從農村雇來的店員或夥計（佘有進 1848: 290）。

　　除了新加坡，在同一時期檳榔嶼的華人中，也可以找到同樣的行業模式。Vaughan 在1854年寫到，他觀察到所有的木匠、鐵匠、鞋匠和做其他體力勞動的工人都是廣東人，而福建人和漳州人（閩人）都是店主、商人和香料種植園主。[34] 顯然，Vaughan 的「廣東人」一詞包括了廣府人和客家（顏清湟 1991: 109）。這些客家人來自六邑（包括新會、台山、恩平、開平、鶴山和赤溪），同屬於叫「古岡州」的地區性集團，職業幾乎清一色是工匠，承攬了早期檳榔嶼公共建築的營造（梅玉灿 1964: 73-74）。

　　方言群與職業分化的機制，靠的是會館的成立與社會功能的發揮。顏清湟（1991: 110）認為不同方言群間長期保持的行業劃分中，

---

34 見J. D. Vaughan，〈簡論檳榔嶼的華人〉，載《印度群島與東南亞學報》（*J. I. A.*），第8卷，1854年，頁3；轉引自顏清湟（1991: 124，註58）。

宗親和方言組織扮演職業網絡拓展的關鍵角色。

　　客家的移民網絡與職業間的關係呈現出何種樣貌？整個19世紀，客籍人士是屬於少數的方言群，人口數增加得很慢。這不表示此期間客籍人士移民海外的不多，由於客籍人士經商的不多，且天性不畏艱險，為了生活他們隻身前往荒僻地帶，從事農耕、掘地開礦的勞苦工作。因此，客籍人士多前往馬來西亞與印尼做拓荒的事務，馬來半島的霹靂、雪蘭莪、森美蘭與柔佛州，到處都有客籍人士的足跡，砂拉越與北婆羅州等地，居民也以客籍人士居多（崔貴強 1994: 43）。顏清湟（2010: 40）指出，客家人的職業大致分為兩種類型，一是數量較多的礦工，其他是相對少數的工匠。在當時，一個自立門戶的手工業者和一個熟練工人的收入，與店主、外國公司職員或政府低階官吏的薪資所差無幾（顏清湟 2010: 134）。

　　事實上，客籍人士（包括嘉應五屬、大埔、惠州等邑）移民新加坡的時間不晚，1822年已經成立應和會館，館址設於直落亞逸街98號。應和會館是嘉應五屬（梅縣、興寧、五華、平遠、蕉嶺）邑人所建，可見他們是客籍人士中最早抵達新加坡的群體，大埔與惠州客較遲才移植過來。早期的客籍人士散居各地，主要居住在橋南路（South Bridge Road）區域，包括今天的福建街（Hokien Street）、上南京街（Upper Nankin Street）與直落亞逸一帶；另一部分聚居於橋北路（North Bridge Road），包括今天的維多利亞街（Victoria Street）、密駝路（Middle Road）、馬來街（Malay Street）與蘇丹街（Sultan Street）等地區。此外客籍人士也散居鄉間，從事各種體力勞動（崔貴強 1994: 42）。

四、客家產業：典當業

　　Turnbull（1989）指出，19世紀新加坡的產業，的確有族群獨占與分工的現象，例如福建人多開設銀行、保險業在廣府人手中、金銀

業中潮州人和廣府人分庭抗禮、當鋪業則以客家人為主要經營者等。新加坡典當業經營者幾乎90%至100%是華人，華人中又以大埔人最多，約占90%。一開始是有人經營當鋪，然後開始吸收自己的那些宗族跟鄉親[35]，當時幾乎所有的典當業就是被大埔人壟斷。客家族群以大埔人占最大多數，梅縣、永定、豐順屬於比較小的部分。客家族群在新加坡人數不多，約20萬人，最多還是福建、潮州和廣東。

新加坡開埠（1819年）不久，隨著大批華人移民湧入新加坡謀生，當店也隨之出現於街頭。1822年，萊佛士認為有必要制定條規管制當店之經營活動，於是任命駐紮官威廉・法考爾（William Farguhar）草擬《新加坡當商條規》（Regulations for Pawnbroker Shops at Singapore）。由此看來當鋪在新加坡已經有約二百多年的歷史。根據調查新加坡的當鋪，以客家人占多數，比例大概五比一，其他還包括潮州人和廣東人。

英國殖民地政府在1822年時，就已經有管轄當店的條文出現，並經歷1830年、1850年與1870年的修正，然從本研究掌握的相關資料與史料中發現，1872年開始，客家族群進入新加坡典當業並開設當鋪，之後大量吸收相同族群的鄉親進入此業。口述歷史檔案館資料與何謙訓（2005）所著《新加坡縱橫談》等資料顯示，認為新加坡第一間當鋪是在1872年由藍秋山先生所開設的「生和當」，但經本研究發現在1822年新加坡就出現當商法規，至1872年這段時間，新加坡的典當業應該已經出現。

另根據2006年新加坡當商公會的紀錄，92位會員中，約有80位是客家人，占87%。同樣的情形也出現在馬來西亞，根據馬來西亞當商

---

35 有些是自己往返於原鄉和新加坡之間，將親人帶到新加坡幫忙，有些則是委託「水客」。水客是往返中國與南洋之間，專門替華人帶信，帶銀錢、物品的人。由於他們在南洋住的時間較長，與當地的政府及社會各界，特別是海關、移民局等都建立了關係。於是他們接受當地華人的委託，為家鄉親友代辦各種手續，並帶他們到南洋。水客會向委託的華人（大部分是在東南亞的華人）收取俗稱「走水錢」作為報酬，一般為所花費銀錢的3%到10%（羅英祥 2005: 5-7）。形成原鄉與南洋之間緊密的移民網絡關係。

總會與馬來西亞華人醫藥總會的資料，全馬來西亞共有210間當鋪以及42個與中藥產業相關的公會團體組織。在客家移民普遍「不擅經商」的趨勢中，新加坡、馬來西亞典當業與中藥產業的經營者主要為客家族群，幾乎形成壟斷的現象（張翰璧 2007, 2011）。新加坡的中醫、中藥相關組織共有13個，中醫的團體有8個，中藥是5個。會員人數最多的是中醫師公會，有幾千名會員。中藥公會目前有400多名會員，是中藥團體裡面最大的組織，因為包含了零售業、生產業、進出口和批發。其他的團體都只有幾十名會員而已。

根據口述訪談資料，客家人到新加坡的第一個職業多是替人打工，後來才慢慢累積資本，然後開始做生意。開始做生意後，多從事當鋪、中藥店、縫製洋服，做工的多是打鐵匠，集中在北京街（Pekin Street），因此茶陽會館就是在北京街組織起來的。一般而言，客家聚集在小坡和大坡，小坡多數在梧槽路（Rochor Road），到亞拉街（Arab Street）最多。此外，武起士街（Bugis Street）（小坡二馬路通大馬路）也很多。大埔人就聚集在北京街，一直到海山街（Upper Cross Street），當時稱之為福建街、松柏街[36]（Sung Bai Kun，即上南京街）、豆腐街（上珍珠街）和海山街的地方。郊外的荷蘭街也有客家人，約100多戶，那裡有個名為「山一池」的義山，是大埔人、永定人和豐順人的墳場。德光島的客家人也很多，不過現在改為軍事基地，客家人多遷居新加坡本島。客家人做生意的多在單邊街（Upper Pickering Street）到豆腐街，多數是做洋貨、做衣服，做有一種工人要穿的藍褲。至於客家人從事布店生意大約是1935 年後才開始的。

大埔在中國雖是很小的一個縣，但是新加坡的客家人大部分來自大埔，其次是嘉應州，多居住在廈門街，嘉應州的五個縣在吉寧街附近設立一個「應和會館」，比大埔的茶陽會館早一年成立。其中，

---

36 松柏街是以客家私會黨松柏館（Sung Bai Kun）所取名。

95%的大埔人都姓藍。早期，廈門街的客家人多是做客棧生意的，直到30年代都還是如此，40、50年代以後就慢慢沒有了。惠州多數住在美芝路（Beach Road），從梧槽路到蘇丹街（Jalan Sultan）有許多惠州、豐順來的客家人，惠州人也成立三和會館。豐順人因為當時是從事帆船造船生意的，所以集中在美芝路。

就新加坡的方言群聚族而居的現象而言，實際上並非上述的如此單純，同一區域內也可能存在著兩個或兩個以上的方言群聚居的現象。麥留芳（1985: 105-106）根據方言群有關的建築物與政府統計資料，指出介於橋南路與新橋路（New Bridge Road）之間，坐落於今天加賓打街（Carpenter Street）、香港街（Hong Kong Street）、嘉拿路（Canal Road）、珍珠街（Chin Chew Street）、乞落士街（Cross Street）等區，是潮州人、福建人、廣府人與客家人混居處，1891年人口普查資料顯示，其比例為21%、35%、25%和9%。

福建人的居住地較多是受到殖民政府政策的影響，直落亞逸街（也稱為順源街）的天福宮是著名的古廟，在福建會館創建之前，是福建屬華人的領導中心。天福宮自1839年開始動工，主要建材多由福建輸入，1842年落成，至80年代其領導權主要掌握在陳篤生與陳金鐘父子手中。新加坡開埠初期，華人多從馬六甲移入。當時，移入新加坡的馬六甲華人，以福建漳州人的勢力最大，他們最初以恒山亭作為總機構。恒山亭草創時期的領導人是來自馬六甲的薛佛記，1839年薛佛記回馬六甲出任三寶山青雲亭亭主，新加坡福建屬總舵主由陳篤生接任。天福宮供奉天后聖母，聖像於1840年4月間由福建運來新加坡（楊慶南 1989: 22-23）。

（一）大埔客與典當業的發展：網絡的開端

1829年新加坡成立第一家當店，至今已有近一百八十年的歷史，隨著經濟與社會的發展，到目前當店已有100餘家，以人口300多萬計算，平均每3萬人就有一家當店，普及率頗高。新加坡的當店除了數

量多外，許多顧客都是一般的社區居民，除了取得小型的融資，有些
華人也將寶貴的物品典當給當店，將當店當成現代銀行的保管箱。

> 問：當店的經營何時是旺季？
>
> 答：2月、3月是旺季，過完年大家再把金飾放回來。
>
> 問：把金飾放回來？
>
> 答：是啊，他們把當店當保險箱啊！有時他們要出國，也會把
> 重要的首飾拿來，當100、200，要我們幫他們保管。反正
> 他也不要那麼多現金。去銀行開一個保險箱，一年就要
> 180塊。
>
> 問：這樣的情形是近幾年來才有，還是以前就有？
>
> 答：以前就有。尤其是有一種人最多，就是那些「紅頭巾」。
>
> 問：什麼是「紅頭巾」？
>
> 答：就是那些中國的婦人家，來新加坡做工，頭上都綁紅頭
> 巾，所以我們都叫她「紅頭巾」，她們共租一個房間，東
> 西不放心放在房間裡面，就來當給當鋪。

（SIPAM10_2007）

　　新加坡的典當業開始於何時？沒有具體可信的資料，能夠查到的
資料是，1872年大埔人藍秋山所開設的「生和當」。然而，根據口述
資料，藍秋山曾經在福建人開的當店工作過。大埔客與典當業間的關
聯性是歷史偶然發展的結果，並不是從中國帶來的資金與知識，第一
位開當店的是大埔湖寮的藍秋山（夢奇），於1865年21歲時來到新加
坡。初到新加坡藍夢奇在福建商人劉金榜[37]開的「估俚間」（工人宿

---

[37] 劉金榜（Low Kim Pong）1858年從廈門到新加坡，起初是經營日用雜貨，是個普通的商人。經營獲利
後，他新增開一家萬山號（chop ban san），經營中國藥材，並經營私人銀行（當店）業務，在以前從未
有華人的銀行，因此大受人們光顧。他也是華人參事局的委員，保良局和中華總商會的委員，並且是皇
家藝術學會（Royal Society of Arts）的會員，是福建幫的領袖之一。（宋旺相 1993: 89-90）

表5-5是受訪當商的基本資料。

表5-5：新加坡受訪當商資料

受訪者	性別	出生年代	籍貫	移民世代	家族成員最早從事中藥業
SIPAM1_2007	男	1940	大埔	第三代	父親在當店打工
SIPAM2_2007	男	1940	大埔	第三代	爺爺在當店當頭手
SIPAM3_2007	男	1960	大埔	第二代	父親在當店打工
SIPAM4_2007	男	1950	大埔	第二代	父親經營當店
SIPAM5_2007	男	1930	大埔	第二代	父親在當店打工
SIPAM6_2007	男	1940	大埔	第二代	父親在當店打工
SIPAM7_2007	男	1940	大埔	第二代	受訪者在當店打工
SIPAM8_2007	男	1950	大埔	第三代	爺爺在當店當頭手
SIPAM9_2007	男	1950	大埔	第二代	父親在當店打工
SIPAF10_2007	女	1970	河婆	第三代	公公在當店當頭手
SIPAM11_2007	男	1950	大埔	第三代	爺爺在當店打工
SIPAM12_2007	男	1960	大埔	第二代	父親在當店打工
SIPAM13_2007	男	1950	潮州	第二代	受訪者經營當店
SIPAM14_2007	男	1970	大埔	第三代	公公在當店當頭手
SIPAM15_2007	男	1960	大埔	第二代	父親經營當店
SIPAF16_2007	女	1950	廣東	第二代	受訪者與朋友合開當店
SIPAM17_2007	男	1940	大埔	第三代	爺爺在當店當頭手
SIPAM18_2007	男	1960	大埔	第二代	父親經營當店

舍）挑水、煮飯，後來因為會寫字被老闆提升做店裡的帳房。

> 「他來到這邊，就在一個福建人大老闆那邊做伙計，起初是做
> 挑水、做染工。那位是姓劉的，很有名的人。我的祖父就是在
> 他的店裡做工。做了幾年，老闆就把他提升當記帳的，因為他
> 懂得寫字。從前福建人懂得寫字的很少……」
> （SIPAM11_2007）

　　因為他懂得寫字，「估俚間」的工頭就跟老闆說，叫他來記帳，
這樣就不用做苦力，薪水也增加，慢慢的老闆開始要提拔他。所以又
去當店幫忙，開始研究寶石的種類與成分。後來開當鋪運用到的知
識，就是在那段時期學來的經驗，並不是中國帶來的（SIPAM11
_2007）。後來在劉金榜的幫忙下，藍夢奇取得開當店的執照[38]，開
設新加坡第一間當店。運用的是在工作上建立的信任關係（社會資
本），而非族群資本。創業資金是省吃儉用存下的500塊錢。在準備
開當店前，藍夢奇也到劉金榜的珠寶店工作，慢慢學會珠寶鑒定的知
識，三、四年後與友人在Telok Blangah的石叻路（Silat Road）開設第
一間當店，店名為「生和當」。當時的顧客多為工人，典當的物品以
衣服為多，價格都是一塊多的金額。

　　幾年之後，藍秋山到實利己路（Selegie Road）集資創設當店，並
改了一個招牌，叫做「榮泰當」，直到退休都只開一間當店。藍夢奇
50幾歲退休後就來來去去於中國與新加坡之間，一直到80幾歲時，中
國動盪才又回來新加坡定居，88歲去世，安葬在荷蘭路（Holland
Road）客家人的豐永大墓地。

　　傳到藍夢奇兒子（藍森堂）時，曾經去馬來西亞開設一、兩間當

---

38 當時是劉金榜給藍夢奇執照，而非英國殖民地政府直接發的。這個時代英國政府將經營特權授權給當地
　較有聲望的華人，稱之為「碼官」，「碼官」處理授權、經營、繳稅等一切事務。

店，後來因為不喜歡旅行，所以結束馬來西亞當店的生意，在新加坡多開兩間當店。藍森堂9歲來新加坡，16歲在當店當學徒，30幾歲開始管理家中的產業，當時新加坡只有24間當店，傳到藍允藏手上時是26間，其中22間都是大埔人開的，有一半姓藍。姓藍的開當店多和藍夢奇、藍森堂有關係，都是從他們那邊學的技術。藍森堂在掌管店務七、八年後，在吉隆坡和怡保各開一間分店，三年後結束營業，在新加坡的梧槽路開「榮盛當」，在加蘭路（Kallang Road）開「森和當」。

當時當店有26間，4間是廣東人林文田開的，其他22間是大埔人開的，其中藍姓的占一半以上，差不多12或13間。許多人會進入當店經營是與姓藍的有淵源。1959年時，政府將新加坡分成三年公告一次24區，一區只能開一家當店，同時必須向政府投標以取得執照，並繳交執照費。一般而言，投標金額最高的取得執照。1959年以後，就沒有限制了，然而當鋪的經營也愈趨競爭。因為政府將當店的利息調降，由24%降到18%，使得當店的利潤大幅下降。

從19世紀至今當店業充滿客家大埔色彩，雖然廣東台山人林文田曾開設泰生當、泰來當、泰安當等，可是他的員工都是客家人。至今，在當商公會的100多位會員當中，以客家人占多數，客家人當中又以大埔客居多。不過，雇員方面則包括各個籍貫的客家人士。

19世紀時（1819-1900），新加坡的確出現了某一方言群體集中從事某種行業的現象，例如福建人多是大小商人、種植者、腳夫與泥水匠。潮州人多從商，是甘蜜園主、種植者、漁夫與商販。廣東人較少做生意，多是木工與建築工人。客家人多是裁縫、補鞋匠、鐵匠與伐木工人。海南人多是商店雇員或家庭傭工。因此，當時有一些行業工會的出現，以保障同行業的權益，也充滿幫派主義的濃烈色彩。許多產業的獨占特性一直維持到現在。

以當店的經營為例，產業的網絡性是建立在移民的網絡上，許多移民除了有同鄉關係外，多數是同一個家庭的人一起移至新馬地區。

問：您是哪一年出生的？

答：1930年代，在新加坡出生的。

問：可以談一下您的家族移民史嗎？

答：我父親是從中國大埔來的，來的時候是住在新加坡，那時我的三伯已經在新加坡了。

問：您父親有幾個兄弟？

答：四兄弟，二伯父很早就死了，其他三個兄弟都來新加坡。

問：所以你們跟藍允藏，他們姓藍的，有關係嗎？

答：我們叫叔公，我們是同祖父的。

問：那時候來有住在藍先生的當鋪裡嗎？

答：我不太記得。

問：所以您父親三兄弟來新加坡就從事當鋪業嗎？

答：三伯父他好像在馬來西亞做過當店，父親在1930年代去幫忙三伯父。後來三兄弟就一起再開一間店。

問：您後來就幫父親看店？

答：我父親後來的店改為金店，我哥哥和我的堂叔跟人家合資開金店，我是19歲去金店幫忙，我就在那做六個月。後來又開了這××當，我才來這邊，一直到現在。

（SIPAM7_2007）

（二）產業特性與網絡關係

1. 招牌與產業特性

　　新加坡的老當店沿用了清朝廣東的當押制度，取其「餉當」作為行業標誌的招牌（何謙訓 2005: 7），當鋪每日交易的主要內容是錢財與貴重物品，因此需要甄選誠實可靠的職員，最好是「自家人」加入經營，次之為「親朋好友」，然後是「同鄉人」，形成「任人唯親」的政策，也使得新加坡的典當業90%以上都是客家人。因為網絡

的密切性，過去的「鄉緣」慢慢轉換成「業緣」。

> 問：您祖父的店是第一間客家人開的當店，請問有沒有族譜可
> 　　以借看一下？
> 答：很簡單啦，我們都是「允」字輩，很多人，有些人我甚至
> 　　都不認識。
> 問：都還在新加坡嗎？
> 答：檳城有，吉隆坡也有一些。因為隔了二、三代，都失去聯
> 　　絡。不過，很多都是跟當店有關係的。開當店的，我們就
> 　　認識。沒有開當店，就可能不認識了，因為沒來往了。
> 問：我等會兒會去訪問藍××，他是您的親戚嗎？
> 答：喔！藍××的祖父跟我們有一點關係。他的祖父剛開始是
> 　　在我祖父的當店裡面學習，後來才出去自己做。我們會一
> 　　起在當商公會討論事情。

（SIPAM2_2007）

2. 組織成員

　　典當業是屬於比較傳統，而且比較特殊的一個行業，有自己的一
個體系，而且分工很細。一般而言，當店的經理又稱為司理，主要的
工作是對外聯繫與監督其他職員的工作，通常是當店的大股東。

　　職員中最重要的當屬頭手，是當店的主幹人物，相當程度地影響
當店經營的成功與否。在傳統的當店裡，頭手不但是當店裡的「長
者」，也握有管理各級職員的實權，以及對貴重典當物交易做最後決
定的權力，還要是經營者最信任的人。

> 問：請問您們如何聘用頭手？
> 答：頭手其實是很重要的，店裡每個人都很重要，因為我們的
> 　　物品很小，通常頭手是親戚朋友，和自己的股東。

問：所以一定要有關係。

答：對。這是信任的第一層保障。第二層如果是有懷疑的人，我們都不用。用人不疑，疑人不用。所以在用以前一定會打聽清楚，也會跟自己同業的人打聽清楚。

（SIPAM2_2007）

　　這個行業算是比較封閉的，不會特意去登廣告，去招聘員工。缺工時先看哪一些家族的人或是親戚朋友有意願來這邊學習，然後再進入產業中。這是很敏感的部分，因為典當的東西都比較名貴，體積很小價值很高。如果不經過朋友親戚的介紹，對品性方面不能掌握時，就比較不容易接受。

　　就經營知識而言，頭手本身必須要能夠掌握他所接受的那些典當品，而且第一件事情要考慮的是，這些東西如果斷當之後，有沒有銷路，掌櫃必須具備許多知識。要成為當店的頭手並不容易，由學徒升至頭手的位置，需經歷十幾、二十年的學習過程。然而，豐富的經驗並非成為頭手的主要條件，得到老闆的信任、或是和老闆有親戚關係才是決定是否能升為頭手的主要關鍵。如果當店的老闆對營業狀況不熟悉，就必須聘用有能力的頭手，並以高配額的「花紅」留住他們，有時甚至邀請頭手入股。1970年代頭手的薪資約為300至500元間，二手的薪資約為150至200元間，助手約能領取100至150元，寫當票的薪資介於60至80元間，雜役只有40至60元。

　　另外就是文書方面的學徒，學寫票的和打雜的，這些都要經過很長的時間才能夠升上去做二手、做三手。所以大的當鋪一般有10人。二手和三手等只是負責櫃面上的典當工作，負責估計一些較為普通物品的當價，然後和典當者討價還價。如果典當者的要求和他們所出的價格差距過大時，便需要頭手裁決。基本上，二手就是未來的頭手，也具有相當豐富的經驗，有些二手實際上已具備頭手的資格，只是缺乏客觀條件的配合。

學徒是當店培養人才的基礎，一般是從打雜開始做起，多是由於親戚關係而進入當店學習，當店不會接受沒有人介紹或擔保的人來當學徒。學徒必須處理當店內的一切雜務，例如掃地、擦窗戶和磨墨等，因為以前當鋪的掌櫃必須以毛筆寫當票，學徒必須磨很多墨汁。此外，以前的當票是每家當鋪自己印，蓋上木頭印的店章，店裡必須有人負責在前一天印製第二天所需的當票，如果沒有準備好會遭到頭手的責罵。打雜幾年以後，就有機會當上寫當票的工作，開始和典當物有所接觸，慢慢學習鑑價的能力。但是，這些學習必須靠學徒本身的學習動機、人際關係來累積，通常店中的頭手、二手等不會傳授經驗給其他工作人員、教授職員如何分辨物品，所有的人都必須留意觀察，在歲月中累積經驗和經營當鋪的知識。經手師傅寫當票時，必須以暗號加上自己的記號，以便晚上結帳。當票上只記載當多少錢，不會寫原來的價錢以及重量，如果是手錶等物品，物品名稱前面一定要加個「破」字，以求自保。

　　綜合上述分析，典當業的勞資關係與成員是親屬關係的延伸，而且職員的養成過程非常的久，除了學習經驗外，重要的是取得經營者的信任。一個被當鋪開除的員工，無法在其他同業中找到工作。此外，店員由打雜做起，幾年以後才能掌握一些初步的經驗，如果不想繼續從事典當業想轉業，又必須從頭學習起，因為在當店所學的知識很難運用在其他行業。因此，典當業的職員流動性不大。除了當鋪內的職員外，1930年代的新加坡當鋪，曾雇用錫克籍的守衛（何謙訓2005: 11），算是另外一種族群分工。

3. 議價術語與鑑價

　　數字在典當業交易中多與金錢有關，因而數字的保密至關重要，在櫃台前主顧雙方爭議當價時，朝奉與同事不便用明語商議，會使用顧客聽不懂的術語或隱語，例如「麼、夾、川、交、抓、流、粘、撤、鉤、拾」代表客家人從一到十的隱語（何謙訓 2005: 129）。鑑

價的高低，也可以看出經營的保守性。

> 問：您覺得其他族群和客家族群經營當店的方式是否不一樣？
> 答：稍微不同之處是在於，其他族群他們是比較沒有這麼保守。所以他們對物品鑒定是比較高，給的價錢比較高，沒有客家人這麼保守。他們也私下去蒐集別家當店的當票，然後去把它贖出來，回自己的店裡。以前老一輩，我們是同一個族群，不會搶別人的生意，比較講義氣。加上很多是親戚，不好意思用這樣的方式去挖別人的顧客。可是現在就不同。
> 問：這種情形什麼時候出現？
> 答：1990年代以後。也是已經有了好幾年啦！
> （SIPAM2_2007）

4. 資金來源

早期的當鋪可以吸收民間游資，利息比存在銀行高，人稱「小銀行」。吸收游資主要是當成生意的周轉金，不會用在其他的事業上或是轉投資。後來政府不允許當店向民間吸收游資，就都是親戚朋友的資金，所以交叉持股的比例很高，接近70%。

> 問：請問當店中的網絡關係怎麼分？
> 答：大體上可以分成幾組。這個「萬」字頭的當店是屬於一組，然後「福」字頭「福順」、「福聯」這些。
> 問：一個是「萬」字頭，一個是「福」字頭。然後呢？
> 答：對。還有另外一個就是「民」字頭，「民生」、「民聯」、「民泰」這些也是有親戚關係。還有「泰」字頭也是，「泰山」、「泰通」也是屬於一組的。那其他就是屬於零星的。

問：您講的親戚關係有可能是父親的，也可能是母親的？

答：對。

問：「恆」字頭呢？

答：我們會長的，就是「恆生」、「恆順」這兩間。「恆隆」沒有關係。「聯」是屬於另一個系統。最基本的關係是同一個客家族群，只是不同的家族。

問：有很強的朋友關係？

答：有，有時候股東也是交叉持股。

問：交叉持股的比例高嗎？

答：蠻高的。好像我爸爸姓藍的，他在「萬順」有股份，「萬隆」有股份，還有這邊也有，還有盛港也是有。所以交叉持股的比例很高，大概60到70。通常是當店要成立，消息會放出去，朋友會入股。

問：有沒有哪些跟你們都沒有關係的當店？

答：這些沒有關係的是這兩年才出現。

（SIPAM3_2007）

　　民眾將錢存在當鋪時，會領到當鋪印的存款單，每個月可以憑存款單拿利息，只要是一個月以上就可以計算利息，不到一個月就不算利息。為了防止存單遭人盜領，還可以在當鋪的存底上留上密碼，以辨識身份。資金來源不限族群，但是當店的經營者或是店裡的頭手一定是客家人（SIPAM4_2007）。

　　幾乎每位當店的經營者都有開聯號[39]，或是投資其他的當店，平均3至4家是很平常的。

　　問：您除了經營這個××當，有沒有開其他的分店？

---

39 聯號跟分店的差別在於帳目的獨立性。聯號間的帳目必須是獨立帳目，分行的帳目可以是合在一起的。

答：還有××當、××當，其他的我兒子、女兒經營。

問：您有幾個小孩？

答：一個兒子兩個女兒。

問：所以您開3間店，給他們一人一間嗎？

答：連這間一共4間，××當，我幫忙兒子經營。××當給他姊姊管，××當，妹妹在管，另一間××當是和人家合股，讓別人經營。

（SIPAM5_2007）

5. 客家族群所占比例

　　1878年，何云尊向政府領取第一任開設當店8間餉碼，每間年納執照費200元。1886年，根據紀錄有23間當鋪，餉碼者必須向每家當鋪徵收最少4,000元的執照稅。1920年至1929年是當店鼎盛時期，共有當店25家，客家人經營的有22間，其他3間是廣東人經營。每個月總營業額為200餘萬元，每年繳足碼金40多萬元，各店流動的資本額有1,000多萬元之巨（何謙訓 2005: 41）。

　　1935年至1941年，當店增至26間，其中客家人經營者有24間，占92%，每間當店的流動資金約為700到800萬元間，不及1920年代時期。1955年以後，當店經營由盛至衰，當店總共32家，其中26家是客家人經營。1958年，各籍人士經營的當鋪共42家，客家人經營者有35家，占80%以上。

　　1981年，55家當鋪，總營業額達4億600萬元。1995年，當業的總交易量高達20億元。1996年開始，當商註冊局規定所有當店的營運程式必須電腦化，不過有些年紀大的還是習慣用算盤計算。此年度，全新加坡共有62家當店，估計每天約有1萬多人走進當店，每天的總交易額高達100多萬元，反映出各階層人士對當店的需求[40]。1999年

---

40 1996年10月新加坡當商公會關於典當業之業務簡報。

時，當店主要接受金是珠寶和名貴的表筆，當價介於300到1,000元之間最普遍[41]。

　　根據2006年新加坡當商公會的紀錄，92位會員中（參見附錄三）約有80位是客家人，是因為開枝散葉，先在這個領域裡面占有比較重要的位置，以前的宗族觀念都是儘量拉自己的親戚，等到差不多，或者時機成熟了，羽毛比較豐富了，這些已經培訓出來的又出去開業了。大家用同樣的聯號。其中有一個比較有趣的現象，就是以姓氏為重，新加坡當店經營者中姓「藍」的非常多。即使不是姓「藍」，也多少和「藍」姓有親戚朋友的關係。

　　　　問：您父親從1932年開店到現在，所有的員工都是客家人嗎？
　　　　答：都是客家人。
　　　　問：都是親戚朋友嗎？
　　　　答：其實親戚朋友都是很多。早期時候，可以講到我祖父時
　　　　　　期，很多都是從中國來的鄉親，他們人生地不熟，很多都
　　　　　　是寄居在我們家裡面。那時候我祖父的家很大，而且後面
　　　　　　有一排好像宿舍之類的房子給工人住，他們就是寄居在那
　　　　　　邊。有些後來就幫我的祖父，在當店裡面從事打雜、學
　　　　　　習，慢慢升。有些找到其他工作就搬出去。
　　　　問：所以許多當店都跟您們家有關係？
　　　　答：是啊，很多當店都跟我們有一點淵源關係。
　　　（SIPAM2_2007）

6. 新加坡、馬來西亞的網絡

　　許多華人移民到海峽殖民地時，會在三個港口城市間移動，然後選擇最適合的地方停留下來。

---

41 《新明日報》，1999年7月1日。

表5-6：1875-2005年新加坡當店數目表

年度	當店間數	客籍人士經營家數（百分比）
1875	16	
1883	22	
1886	23	
1896	16	
1920-1929	25	22（88%）
1935-1941	26	24（92%）
1945	23	
1956	32	26（81%）
1958	42	35（83%）
1965	39	
1977	55	
1978	50	
1981	55	
1996	62	
2006	92	82（89%）

資料來源：張翰璧（2007: 100）。

問：請問一下您家族遷移史？

答：我是來海外移民的第二代，我父親那個時候是跟我祖母一起過來的，因為我父親年紀很小的時候，父親就去世了。我父親他在家族裡面是長子，以前家裡對長子的觀念，就是要出去外面工作賺錢，他14歲就跟我祖母從大埔出來，到汕頭然後轉過來馬來西亞，到馬來西亞的彭亨，一路遷徙然後來到新加坡，就在這裡定居生根，剛開始在這裡先工作了一段時間，之後他就開始搞進出口貿易。

問：他到馬來西亞那邊大概待了幾年？幾歲到新加坡？

答：他在馬來西亞那邊大概待了十幾年，大約是20歲的時候，

到新加坡這邊定居。

問：那他14、15歲到20歲這段時間有受教育嗎？

答：沒有受教育，那時候我祖母在打工，他也跟著一起打工，在新加坡小坡那裡落居之後，那時候他有經營雜貨店，什麼都做啦。

（SIPAM6_2007）

這裡所談的網絡關係，除了進入產業和創業時的親緣和地緣基礎外，因為地理的接近，以前同屬海峽殖民地的範圍，許多經營者會在現在的馬來西亞開其他的當店。

問：您瞭解馬來西亞的當店嗎？

答：新加坡的當店跟馬來西亞有一個很強的網絡關係。我爸爸幾年前還在馬來西亞，也是有經營當鋪。因為馬來西亞的當鋪是每年要去標，他開了這間當店沒多久，之後就幫朋友在馬來西亞柔佛開了2間。

問：所以這個是什麼時候？

答：197多年。

問：所以您父親在1970年代，陸續在馬來西亞都有經營當店。

答：對，好像有2、3間。

問：都一直在柔佛。

答：對。所以我父親常常跑來跑去。

問：所以那邊也是客家人嗎？

答：也是客家人，要不然就是親戚，要不然就是朋友。

（SIPAM3_2007）

除了跨地理區域的網絡外，因為經營當店和藥店的多為大埔人，所以有些人也會在這兩個行業間轉換。

問：請問您原來有經營藥店，為什麼沒有繼續經營？

答：因為藥材店很辛苦，要切、要曬、要挑，做批發也很辛苦，我那時是做水客，在大陸和新加坡間帶藥、賣藥，飄洋過海也很辛苦。有人介紹就開始做當店，做當店比較好，去賺人家利息這樣。

問：所以就開始決定經營當鋪。

答：對，白手起家。

（SIPAM5_2007）

（三）政治力與當商公會

1. 法令制度

　　典當業在新加坡的發展受不同時期法令的規範，法令反反覆覆。新加坡第一間當店創設於19世紀晚期，當時期的殖民政府，對新加坡的自由港、各行業都逐漸有了新的制度管理法。當時對典當業的管理是採取「投標」制度（標碼制），由當局劃分地區，每區一家。碼金以月算，三年一期，碼金高者可以領取執照准予經營[42]。

　　1822年萊佛士認為必須制定條規來管理當店的經營，於是任命駐紮官威廉・法考爾草擬《新加坡當商條規》，同年3月11日條規草擬好，並開始規範典當業的經營，此套條規也成為往後典當條例的發展基礎。1822年的《新加坡當商條規》共5條：

　　1）凡有意經營典當業者，必須要向政府申請執照，並每年繳納執照費。2）為了遏止不法之徒參與及經營典當業，執照申請者必須是品格優良，並獲取本宗族首長（即甲必丹）之推薦。政府絕對拒發典當業執照予任何經營賭館、鴉片或酒店者。3）當店必須在店內陳列公眾人士所當之物品，以便警方或任何人士隨時可查詢或辨識典當

---

42 1996年10月新加坡當商公會關於典當業之業務簡報。

物是否為贓物。4）當店必須有一本帳簿，清楚記錄來往帳目，以便員警隨時都可檢查。5）典當物品贖還期不能少過一個月。其他貴重物品之贖還期，則根據典當時雙方之合約（何謙訓 2005: 36）。

八年後（1830）東印度公司改變政策，採取餉碼投標制度（Farming System），典當業的執照發給權由東印度公司轉給一個最高投標的當商餉碼者（Pawnbroker Farmer），一旦在競標過程中取得這項特權，當商餉碼投標者必須將標價金額付給東印度公司，作為稅收之用。其他有意參與當鋪經營者，就必須以高價向上述得標者領取當店執照。此一條規的改變，對東印度公司有三個好處（何謙訓 2005: 38）：1）政府不必費勁管制非法當鋪的設立，將管理當鋪的責任轉移給當商餉碼者，合法當商對非法當鋪的投訴，由當商餉碼者採取行動因應。2）政府不必去每家當鋪收取費用，只需向當商餉碼者收取一次。3）由於是競標制度，所有的投標競爭者會以高價來取得此專利，政府所得的收入會高於原來固定執照的收入。

餉碼投標制度實行二十年後，1850年海峽殖民地政府又回復1822年的制度，由當商直接向政府領取執照。1870年議政局又採取1830年的餉碼投標制度，實施僅一年，就受到英國殖民部的反對，理由如下（何謙訓 2005: 39）：1）轉讓發行當店執照專利權給一個人，需小心監督。一旦該名人士行為不良、任意妄為，遭殃的是老百姓。2）法令未有明文規定，有關贖還典當物品之利息。3）政府堅決反對專利權售予私人。因此，1871年議政局又採取當商直接向政府領取執照的條規。到了1872年，為了支付英國政府在軍事上的龐大開銷，海峽殖民地政府必須以各種餉碼稅，如鴉片、煙草、酒等來填補軍費，還是改變成餉碼者制度，實施了十七年。下列數據是1873年至1886年當商餉碼稅的收入（表5-7）。

從當商餉碼稅收的急速增加，可以看出當時社會對典當業的需求，在銀行和其他金融機構尚未發達時，當鋪成為民生經濟活動的樞紐。1889年議政局又將制度改為由政府直接發給當商執照，以降低當

表5-7：1873年至1886年當商餉碼稅

1873年	18,000元
1875年	19,830元
1880年	30,756元
1886年	90,246元

資料來源：何謙訓（2005: 40）。

商對典當物品者收取過高的利息，降低窮人的痛苦。1934年殖民地政府採取新制度（《海峽殖民地法律》第216章第8節），發行數十張執照給當商投標，每張執照都指定得標者可以在劃定的那一條街開當鋪。並修改條文，將原訂「凡典押價值200元以上物品者，須有擔保人，方許受押」之規定取消，給予當商和典當者許多方便（何謙訓2005: 43）。1935年典當業在世界經濟蕭條後逐漸好轉，政府也修改了當店條例，對當店登記簿籍有嚴格的規定。

　　1958年9月政府當局取消投標制，恢復了昔日的領取執照制度（禮申制，license），取消了劃分地區的規定，允許欲設立當鋪者可以在任何地段開業。每家當店除了繳交年執照費2,000元，還需付5,000元的保證金，並規定當店收取顧客利息之計算方式，一律改為月息2分[43] 計算。1959年是新加坡典當業面臨最大危機的一年，政府有意將當店法令做如下的修改：1）每月的利息由2分減至1分。2）典當物品由三個月延長至六個月。3）超過50元之典當物品，如逾期不贖者，當商必須公開拍賣。

　　這次的法令修改，揭開了當商與政府發生衝突的序幕，當店職員發起聯合簽名運動，希望阻止法令的修改。到了1960年3月23日，當商公會屬下會員採取一致行動──「止當候贖」，暫時停止典當物品。典當業的罷市促使政府採取更激烈的手段，考慮吊銷當店的執

---

43 以往的法律允許當商收取2分至3.5分的利息，當商在1958年將利息減至2分。

照。四天之後，會員決定恢復照常營業，結束了新加坡有史以來的「罷當」運動，政府也將法案中的建議調降利息改為1.5分（何謙訓 2005: 65-66）。

1970年代是當店經營的黃金時期，有些當店會跨行經營金店。

> 「我家第一間當店是1971年開的，然後第二間是1976年開的，那時候是黃金時期，經濟起飛，所以那時開當鋪的也跟著開金店，相輔相成，那時候我們也有跟著開金店，後來我弟弟跟我哥哥發現，那時候的當店太刻板、傳統老舊，那在80年他們就去搞了一間金鑽店，現在還有，不過我們剛剛把它關了，因為把它轉成賣鐘錶、手錶，那時候我們還在小印度有投資，在那邊開金店，那時候是黃金時期。」（SIPAM6_2007）

1977年國會通過了當商修正法案，禁止當商接受民眾的任何存款，並立即將所借貸的款項歸還存款人，當店的資金只允許作為典當用途。自此之後，政府嚴格控管當店的資本與借款比率。1920年至1929年，共有25間當店，每月營業總額為200餘萬元。1929年世界經濟不景氣，當店也受到衝擊，1930年有數家當店因周轉不靈而倒閉。政府於是調降三分之一的碼金，幫助當店度過危機。1932年政府再度減碼金，1935年之後當店營業逐漸好轉，至1941年時，共有26家當店。戰後營運旺盛，1955年時有32家當店。1958年以前，新加坡是英國殖民地，英政府派有總督管理一切行政。1956年至1958年間英政府准予新加坡自治。1958年時，政府取消標碼制，改採用領取執照制度，月息訂為2分，也不再劃分區域，當店在此年增為42家[44]。由於過去的銀行金融業未發達健全，當業的確扮演領導經濟的角色，對民生經濟有相當程度的助益。

---

[44] 新加坡當商公會內部文件。

2. 當商公會的成立與未來的發展

當商公會於1920年9月12日在豆腐街成立，1930年搬遷至南京街上段（俗稱松柏街）43號2樓，松柏街被徵用後，搬遷到芳林苑，向建屋發展局租用房舍。到了1999年，當商公會集資92萬元，購買芽龍街（Geylang Street）23 巷之3、4樓兩個單位作為永久會所。由於日治時期許多檔案被燒毀，創辦初期的史實無法考察，能知道的是藍森堂和林文田曾當過主席。初期的房舍是一間三層樓的房間，樓下廣東人居住，當商公會租用2樓，3樓是粵籍人藍正沛的住家，他是當年的二房東，也是當商公會開幕時的司理。開幕時期的會長是林文田，副會長是藍森堂。成立後，每個月舉行一次商業會，會後會舉行宴會，只有當商的會員才能參加，這種慣例一直延續到1941年。日本統治時，必須向日本政府領執照，並在門口掛一個日本的招牌「質物業」（新加坡國家歷史檔案館口述訪談資料000989/26）。

有些會員只專門經營當鋪生意，也有些會員或其家族會經營相關產業，以現任何謙誠會長為例，其兄弟也經營恒順當（何謙證）、恒安珠寶金行（何謙評）與恒達金飾工業公司（何謙贊）。

因為法令的限制以及典當、拍賣程序的透明化，許多受訪者都認為當店的經營已經到了一個瓶頸，不期待下一代會接班經營，有的則認為經營方式應該轉型，朝微型經濟的方式經營。

> 問：您認為當店的前景如何？
>
> 答：我是認為十年之內這個行業一定會走下坡。
>
> 問：為什麼？
>
> 答：主要是因為各族群對於購買黃金為投資的習慣已經不在。就算是印度族群和馬來族群其實也是一樣。我想還是可以做，但是我們這個行業必須轉型。
>
> 問：如何轉型？

表5-8：新加坡當商公會歷屆會長

年代	會長
1941-1961年	藍允藏（森泰當）
1960-1975年	張夢生（大裕當）
1976-1980年	藍標猷（泰山當）
1981-1987年	蕭建（南昌當）
1988-1991年	何吉昌（恒生當）
1992-	何謙誠（恒生當）

資料來源：何謙訓（2005）。

> 答：我們不可以用現在的這種營業模式來繼續經營下去。必須
> 轉型成一種綜合式的典當服務、綜合式的營業服務。就是
> 因為現在我們還是受典當條例的約束，所以有很多東西都
> 不可以做。如果條例改變，是可以變成小型的貸款公司，
> 提供一個暫時的貸款，還有金融服務。
>
> （SIPAM3_2007）

另一個重要的發展是電腦化的典當流程，和電子化拍賣平台。

> 問：您從1985年進來經營當店到現在已經二十年，您碰到最大
> 的困難是什麼？
> 答：有，當然經營一個行業不可能一帆風順，因為這個行業是
> 受制於政府的監管機構，監管機構對我們這個行業的認識
> 理解不是很深入，他們就有時候做出一些不必要的調整管
> 制措施，給我們一些壓力，有些事情我們可以向政府爭
> 取，改變他們的一些做法；但是有些部分我們當商自己也
> 要調整，我們不是為自己而反對，當然一定要接受。那調
> 整的過程一定比較痛苦，要做調整，在心態、操作、在營

運方面要做出一些調整，這些都無所謂，例如說，他現在
要叫我們準備電子拍賣，電子拍賣是我先跟他們講說，在
三年內我們可以實現電子拍賣，不過他要加快這個速度，
不過加快這個速度，很多當商跟不上來。

（SIPAM6_2007）

五、中藥業的發展

新加坡開埠之初，1819年至1829年之間，便有數間中藥店在經
營，如同善堂、福和堂、開源堂和成德記藥行，但不知業主是否為客
家人。戰前新加坡中藥店共有319間，其中客家人所經營者有256間，
占80.5%以上（李金龍 1990: 182）。最鼎盛的中藥店是福建人劉金榜
和客家人何云礱合創的萬山棧（後人稱為老萬山），地址在大坡披立
街（Phillip Street）。當時，萬山棧從閩粵兩省聘請中藥行家來新加
坡，泡製各種中藥品。其後，大埔客家張弼士於1890年先後創設張裕
和藥行、萬安和藥行、新吧剎的萬山棧（後人稱之為新萬山）。1898
年，周蘭階[45] 在大坡松柏街成立周蘭記藥行，專營生藥的進出口批
發，當時新加坡80%的中藥店都向周蘭記藥行批貨，成為當時最重要
的中藥材大盤商。此外，福建永定客家的胡文虎和陳家庚在小坡土橋
頭的陳家庚公司設立藥品部，生產中藥藥品。1923年胡文虎由緬甸遷
至新加坡，便在大坡廈門街開設永安堂分行（1926年遷至大坡尼律設
立永安堂總行），出產虎標萬金油、八卦丹、清快水等，暢銷全世
界。此後更跨足銀行、報館、其他商業領域（李金龍 1990: 182）。

---

45 大埔大麻區大留鄉人，生於1867年。剛開始至香港在同鄉的「泰記客棧」打工，後獲資助，移往新加
坡，在新加坡、香港、汕頭間販賣土產。數年之後，在大坡松柏街開創「萬裕祥客棧」，兼營匯兌業，
之後又增設「周蘭記藥行」，批發生熟藥材。生意愈做愈大，又在香港開設「萬福祥旅店」，在汕頭開
「廣萬山旅店」，在吉隆坡開「周蘭記棧藥行」、「新萬泰布業」等，並投資豐盛港「合源錫礦公
司」，在柔佛買膠園，成為富甲一方的巨富（饒靖中 1965: 辰12）。

客家人對新加坡中醫保健事業的貢獻非常大。

根據中藥公會會員名單，直至1965年客家人經營中藥材店數占華人的68.4%，仍占總數的一半以上。1970年代，梧槽路上有約20間的藥店，其中12或13間是客家人開的（SICHM6_2010）。

本章中7位受訪者的創業過程幾乎都是繼承家業，當初的創業過程，80%都在藥材店打過工。

表5-9：1965年新加坡藥材店經營者籍貫比例

籍貫	店數	百分比
客家人	134	68.4%
潮州人	18	9.2%
福建人	14	7.0%
廣東人	16	8.2%
瓊（琼）州人	3	1.5%
不詳	11	5.6%
總計	196	100.0%

資料來源：黃枝連（1971: 4）。

表5-10：新加坡中藥業受訪者資料表

受訪者	性別	出生年代	籍貫	移民世代	家族成員最早從事中藥業
SICHM1_2010	男	1950	永定	第三代	祖父
SICHM2_2010	男	1930	永定	第二代	祖父
SICHM3_2010	男	1950	大埔	第三代	叔公
SICHM4_2010	男	1950	大埔	第二代	父親
SICHM5_2010	男	1930	大埔	第二代	父親
SICHM6_2010	男	1930	大埔	第二代	父親
SICHM7_2010	男	1930	永定	第三代	祖父

說明：以受訪者代碼SICHM1_2010為例，SI是指地名新加坡、CH是指中藥店、M是指性別為男性（F是指女性），2010是指訪問時間。

客家族群為何選擇了學藥材呢？如何進入中藥生產與零售的領域？在《新加坡華人中藥行業史》調查研究提到藥店的老闆與工人之間存在的還是「半封建」關係，因此在語言、風俗習慣上都必須有共通點，尤其是語言，特別是在學習的過程中，它是溝通工具，因此老闆物色學徒時，無形中便在血緣、地緣的基礎上打圓圈；早期藥店的學徒，不是自己繼承先輩的藥店，便是同鄉、朋友經營此業，互相介紹才能進去（黃枝連 1971: 24）。因此，語言使用的影響使得不同方言群的人傾向進入相同的產業。例如過去新加坡的雜貨店，不是潮州人就是福建人在經營，那你進去潮州人、福建人開的雜貨店，就要使用他們的方言，即使去潮州人的店，你跟他講印度話或馬來話，他還是跟你講潮州話。方言的使用初步將不同人群區隔在不同的職業與商業領域中。

　　客家人對中醫師的尊重，或許可以解釋發展的原因。另一方面，客家人喜歡學藥材，似乎與重視文化或教育有關，也或許是因為客家族群不是新加坡華人中的優勢團體，為了融入在地生活與其他華人社群，因此努力學會許多不同的方言，可以和不同的方言群溝通、抓藥。也因為認識多一點字，以及需要較好的語言掌握能力，當時的移民認為中醫師或開藥材行是很高尚的行業。

　　　「以前的人為什麼想學藥材，因為很多人受的教育不高嘛，那你去學生鐵啊，白鐵啊那些，你接觸文化的機會很少，以前的人覺得做藥材是一個很高尚的行業，為什麼呢？做藥是人命關天的行業，你一定要懂客人說的話（語言），才能夠瞭解他要買什麼藥材，你才能夠清楚跟他講使用方式，所以以前做藥材店的人，文化的修養要比人家好，對語言的掌握要比人家好，所以為什麼很多客家人喜歡學藥。」（中藥公會訪談2010/05/07）

過去藥材業象徵一種較高的社會地位，鄉親有大小事都會來詢問藥材店店主。

> 「以前我們做藥材店，沒有三、五年，你不能上櫃面的，沒有十年、八年的實力是無法開藥材店的。現在這個行業淪落到誰都可以隨便開店，就沒有價值。以前我爺爺他們那一代做中藥的時候，說藥材業是高人一等的行業，做藥材是絕對高人一等。人家有糾紛，就找藥材店老闆來排解。所以以前藥材店是自覺高人一等的那種，現在藥材店沒有這樣。」
>
> （SICHM5_2010）

正因習醫而識字，有些藥材店會幫忙鄉親填寫寄送物資的表單，許多顧客礙於人情面子上，會多少買藥店的商品，也是一種互相幫忙的社會交換模式。

> 「我們那時喔，很多潮州人就拿衣服來我們店裡，要我們幫他包郵包後寄回去潮州，可是在包郵包的時候，他們會買一些魚肝油、風油，包在一起寄回去。因為許多要寄回鄉下的文化水平比較低，要他寫信封填那個表格他們有困難。做藥材店的要會提供這個服務，他們就順便買一些藥品啊。」
>
> （SICHM3_2010）

除了職業聲望外，客家人創業時所用的人脈，都是來自於過去在藥店打工所認識的人。

> 問：您父親如何創業？
> 答：我爸爸幾乎所有華人的方言都能講，而且都可以講得很標準，所以很容易就跟顧客建立很好的關係。他年輕的時候

就在藥材界打工嘛，他在×××的時候，就是負責騎腳踏車去供應商那邊拿貨。

問：所以×××那位姓×的，跟×××這位姓×的是同一個家族嗎？

答：是同一個家族，新加坡藥材店姓×的大概都是同一個家族。

（SICHM1_2010）

有時族群間在買藥材時，可以提供賒貨或延遲付款的方便性。

問：父親開店的資金哪裡來？

答：存了一點錢。剛好那時認識的批發商××，客家人開的，他有支持我父親。

問：如何支持？

答：不是大筆金錢資助，是先把貨給你賣，賣了錢再還給他，就是賒貨。

（SICHM3_2010）

創業除了需要資金，還要有專業知識，受訪者在回憶父親輩或自己的學習過程中，在過去並沒有專業學校提供學習課程之前，藥店「打工」是取得相關知識的重要養成過程。

問：父親會把脈嗎？

答：會啊，他本身會。

問：請問他在哪裡學？

答：這個很奇怪，他就從後堂做到前堂，邊打工邊向其他醫生學。

問：那他後來有沒有去上中醫學校？

答：沒有，跟我們一樣沒有。

（SICHM3_2010）

問：傳統中藥店的學徒要從哪些工作開始學？

答：打雜的先開始學這個研藥，研藥之後就用剪，剪藥材啊，一枝枝的藥啊，剪藥之後就學切，然後再刨。刨藥是刨一片片，剪藥有的是剪一段段，有的要薄薄的，像白芍啊那些要薄薄的，以前很認真的，做藥不是像現在很簡單的什麼。

問：是啊，打雜、研藥、剪藥、切藥。還有其他的嘛？

答：還要學泡製，硫磺打火薰藥材啊！藥材比較不會被蟲蛀。

問：還要學泡藥、做藥丸，是不是？

答：做藥丸，全部大家一起做。

問：這樣子訓練完要多久？

答：我看要三、五年吧。把脈看診要更久。

（SICHM6_2010）

三、五年，只能學到處理中藥材、製藥的方式，學會把脈問診則需要更長的時間，所以現在藥店都找不到學徒，大部分請的是馬來西亞的華人。

問：請問學徒要學多久？

答：要學差不多要七、八年。

問：現在還有人願意當學徒嗎？

答：馬來亞的華人，新加坡人不願意做。

問：大部分都是來自於哪些地方？

答：柔佛、怡保、檳城、馬六甲。

問：那怎麼找到這些人呢？

答：就登報紙。南洋商報，星洲日報。他們先打電話來問，工作時間、薪水、住、吃的條件，有意願的再來interview，很多時候啊，一interview就上班了。因為他們很需要做工，在新加坡薪水比較高，一倍半或兩倍。

（SICHM4_2010）

整個中藥產業結構大致上可分為製造商、進口商、洋行（以上通稱頭盤）、二盤（為切貨賣者，又稱之百家貨，商品較為多元）、門市零售等類型。據受訪者（SICHM5_2010）表示，頭盤、出品（自有品牌）以前是客家人居多，還有草藥類、生產類也是客家人在做；二盤不限於客家人，其他籍貫的亦很多；門市現在還是客家人占一半。

「我們是製造商，進口商算頭盤，有些洋行算頭盤，現在是頭盤、二盤不分啦！因為有些洋行會跟代理商切貨，也會自己有代理東西，甚至出產成藥，變成頭盤。所謂的頭盤是有自己的產品，以前有客家家族開了1、20間的，現在沒有了，現在比較多是在做門市。」（SICHM5_2010）

以往零售部門中，客家人占的比例最大，尤其是有中醫師駐診的店鋪。在上游的草藥進口批發中，客家人占的比例不多。1960年代以來，最有名的進口中草藥的是廣東人，生草藥的進口主要是廣東幫，原因是貨源多從香港進口。

問：請問新加坡的中藥材店多是誰經營的？
答：中藥材店都是華人開的，客家應該有80%。
問：那接著下來呢？
答：接著下來是潮州，應該是7%、8%。然後海南、廣東，都

有5%。

（SICHM4_2010）

雖然，草藥進口批發的客家商人不多，但是中成藥的生產領域中就有許多客家人，尤其是永定的客家人，最有名的就是胡文虎的虎標，以及三角標驅風油。

> 問：新加坡的中藥材業或是中藥業的發展，跟胡文虎有沒有關係？
> 答：多多少少有關係。
> 問：什麼樣的關係？
> 答：胡文虎早期在緬甸那邊嘛，有進口藥材，多多少少會有關係。
> 問：他會找同鄉的人到那邊打工嗎？
> 答：大家會去找他。來了新加坡，也很多人到他的店打工。
> （SICHM4_2010）

傳統而言，中成藥生產這部分是客家人多，而且是客家裡面的永定人多。「做出名的，什麼『中央』，『有聯化學製藥廠』……都是永定人，慢慢就有其他人進來了，80年代就開始有其他進來了。」（SICHM1_2010）其中，永定人幾乎都有親戚朋友的關係。

> 問：您的親戚朋友開藥店的多嗎？
> 答：很多，有幾十家。基本上永定人還是在開藥店的，大部分都姓曾。在新加坡開藥材店的永定人幾乎都有關係。現在比較少一點了，現在的藥店難做了，賺錢不多，孩子也不要做了。
> （SICHM7_2010）

在貴重藥材的部分，則是以潮州人為主要經營的族群。客家人經營的規模不大，主要是江西的客家人。新加坡中藥的貴重用料一定要找潮州人，例如泡蔘、高麗蔘、鹿茸，「這些昂貴的中藥材百分之百是潮州人的天下，其他族群的人連邊都碰不上，那個財力要很大才可以，都是他們在賣的。」（SICHM2_2010）

在經營的過程中也需要同鄉的支持，一位經營中成藥的受訪者談到父親推銷藥品就是利用同鄉網絡。

> 問：您父親當時如何開始推銷藥品？
> 答：很難做耶，所以那時候我們專找永定人在推銷，像「啟和堂」、「萬全堂」都是永定人。「天祥藥局」、「大安藥行」，也都是我們客家人。小時候我跟我爸爸到處跑，就認識這一群人，現在剩下的老前輩我都認識。

（SICHM1_2010）

此外，新馬地區的藥材店會傳承到現在，多少受到虎標永安堂胡文虎的影響，當時永定會館會照顧南來的鄉親，來的人不是經由會館找工作，就是到永安堂的藥店工作，等到找到其他工作之後才離開，有些也自立門戶開店。胡文虎是在緬甸出生的永定人，父親在緬甸即創設永安堂國藥行，1927年胡文虎將成藥廠的總廠設於新加坡，成為萬金油、八卦丹和頭痛粉的東南亞銷售中心。

中藥零售業與中醫一半以上是永定人，有部分與永定客原鄉的維生方式有直接的關係，有些則是移民到新加坡後才開始接觸藥店的產業。

> 問：請問永定人進入中藥產業，與在大陸原鄉的職業有關聯嗎？
> 答：有幾個是在大陸做中醫，但是沒有很多啦。總的來講，我

回去永定縣看，永定的中藥也不發達嘛，醫藥不發達。

問：那為什麼這麼多永定人他去從事中藥行業？

答：其實我們永定人在新加坡的不是很多，你來的時候可能就幾個行業，就打鐵，或者是做五金，或是做藥。

（SICHM1_2010）

「我猜想一百多年前新加坡、馬來西亞醫藥比較少。我們同鄉的人來一定會投靠自己人，如果同一村的人在這一行發展，我們自然會跟著他走。如果本來在原鄉就做得很好的，生活不錯的，就不用出來了。」

（中藥公會訪談2010/05/07）

「人命關天」也使得客家和中藥業產生密切的關聯性。顏清湟（2005: 114）研究會館時，指出客家方言社團的重要性，除了負擔社會福利的種種照顧功能外，最獨特的是創辦了復康中心（回春社）。創辦此福利兼醫藥的機構，是因為客家人的職業結構多為礦工與工匠，當時又缺乏住院設備與免費醫療設施。因此，在檳城、吉隆坡與新加坡陸續成立回春社，照顧鄉人健康。

直到現在，新加坡中藥材的門市一半以上還是客家人在經營，但是產業的上游，例如二盤或頭盤就非客家人天下，而且愈上游、愈需要大量資金的部分，客家人愈少。

問：現在中藥產業的族群分布如何？

答：目前來講，藥材店還是客家人多啦。二盤就不見得。頭盤的話，賣草藥的還是有客家人。可是，在以前，藥品品牌是客家人的天下，60、70年代，80年代之前，新加坡做成藥品牌的，你想得到的都是客家人做的。

問：您剛才提到，有出品中成藥也算頭盤，對不對？

答：對！頭盤以前是我們客家人的天下。

問：那二盤呢？

答：二盤就不一定，有客家、福建、廣東。門市裡頭還是客家人比較多。

（中藥公會訪談2010/05/07）

基本上，中藥產業從批發、中盤到零售都有客家族群在經營，而以往也多為客家族群所壟斷。自1970年代以來，其他族群慢慢進入此產業，客家的獨占性也漸漸消失。根據田野觀察，客家人對於進貨較保守，也不會經營昂貴食補藥材的買賣，經營上偏向「守成」。

組織經營上，藥店最重要的就是頭手，許多頭手是從學徒升級上來的。頭手的主要工作是店面的管理與經營，且負責店中貨款的出入，可以說是藥店經營的核心，因此需要信任的人擔任。通常藥店中的雇工不會挑選特定的族群，只有頭手需要是自己信任的人，一般多是自己的親戚。

問：只有頭手，只有信任的那個頭手是自己親戚。

答：頭手很重要嘛！

問：對啊，對啊。

答：全部要靠他，所以要是自己的親戚。

（SICHM6_2010）

新加坡是個多元族群的社會，因此在地的中藥店也發展特有的經營模式，並且影響其他族群開始吃中藥。有受訪者表示，一間成功的藥店要生意興隆，必須理解不同族群喜歡的產品特色，配合各族群的口味，例如華人中的廣東人的煲湯文化、福建人要吃補、客家人要物超所值的藥材（重視藥材實用性，不會買最貴的藥材）等。

問：中藥店的經營重點是什麼？

答：都要有自己的獨門配方。然後就是跟藥店的location有關。不論是客家幫、廣東幫，還是潮州幫開藥材店，如果當地馬來人多，你一定要賣一些馬來人喜歡的東西。如果在廣東人聚集的地方，一定要吻合廣東人的習慣，廣東人喜歡煲湯，廣東人什麼東西都要吃潤的，他們講究潤那個字；福建人要補；客家人就是要一分錢買兩分的貨，一定要物超所值，客家人是不願把錢花在不實在的包裝上面，不實在的那種虛榮上面，所以他不會去買最漂亮的伏苓，最漂亮的人蔘，要買價錢便宜，但是具有同樣藥效的藥材。所以像我們自家吃的高麗蔘都是蔘節，賣給別人都是大條的。但是廣東人不一樣，廣東人要漂亮的、大片的、新鮮的。

問：那潮州人呢？

答：潮州人，潮州人最精，潮州人對吃蔘最精，所以你在潮州人在的地方賣的蔘都必須是好的蔘，如果你在潮州人聚集的地方，你去買便宜的洋蔘冒充是好的蔘，你招牌一定爛。老潮州，他們比我們還要精。

問：那海南人呢？

答：我本身對海南人的習慣不熟，我們藥材界來講，海南人生意是比較少做的。

問：那馬來人呢？

答：馬來人好做，馬來人是他只要相信你，你講什麼都對的，但是要讓馬來人覺得你跟他是真的朋友。而且你做他一個人生意，等於做他一條村生意，他會呼朋喚友來跟你買。我們藥材店傳統就不喜歡印度人，印度人錢很難賺耶。印度人他不捨得花錢，什麼東西都要講價。每一個方言族群一定有他特別的地方，摸清楚生意就好做。

在中藥銷售上，每個方言群或族群都有其些微的差異性。而且這些差異性會受到中成藥規格化生產的影響，讓顧客看不到藥材的好壞，也消弭社區中藥材店的獨家特色。現在藥材店特色的流失，在於大部分的飲片是不需要自己泡製以及貨源都相同，逐漸消失的差異性也就無法突顯個別藥店的特色。

> 問：中藥界的隱憂是什麼？
> 答：現在隱憂是中藥界普遍的差異很小，大家都變成一樣。
> 問：為什麼？
> 答：因為傳統的技藝沒有被重視也沒有被保護。以前的人就是
> 　　比較一脈傳承吧，都有自家的秘方的醫病方法。
> （SICHM3_2010）

另外就是加入與原本療效無關的「保健」成分，「現在中醫的另一個發展趨勢，似乎就是『保健』，大量的就做了一些在市場上流行的藥品。像現在還加上膠原蛋白、冬蟲夏草、珍珠粉。可是實際上是不是真正需要那些成分，每個人看法不同。」（SICHM1_2010）

除了傳統中藥的逐漸沒落，要面對中國藥業崛起的競爭，就必須堅持在新加坡製造。

> 問：新加坡的藥廠如何面對大陸的競爭？
> 答：因為大陸的貨經常出問題，現在東南亞很多人不敢貿然使
> 　　用中國的產品，同樣的東西，只要標上新加坡，在新馬一
> 　　定賣得很好。我爸是很有眼光的，四十年前他就以「新加
> 　　坡」為品牌，生產中成藥。人家笑他，他很生氣，當時他
> 　　說「我生通公司的招牌不能見人啊？」他因為這樣子常常

跟顧客吵架，想不到現在「新加坡」多麼值錢。現在回去中國也賣得很好。

（SICHM1_2010）

大環境並沒有讓藥店無法生存，經營上的真正問題，是找不到真正欣賞中藥價值的接班人。

問：您經營藥店這麼長的時間，有沒有碰到什麼困難？
答：我們中藥這個行業現在最大的問題，是沒有辦法找到適當的人。
問：什麼意思？
答：你可以請到人，可是那個人不見得適任，我可以很大膽的講，我們這行真正專業的人不多，有些人生意做得很好，規模做得很大，錢賺得很多，不見得專業。我個人的觀察是這樣子，不單只是中藥這個行業，也不單是新加坡或者是馬來西亞。我普遍認為全世界面對同樣的問題，年輕一代的觀念跟我們這一代不一樣，他們太急功近利、唯利是圖，覺得為什麼要浪費時間去做一個不賺錢的行業。
問：還是賺錢啊！
答：所以賺錢變成是做藥的唯一目的了。有些人是為了要賺錢可以不講原則。我認為這是一個普世的現象。
問：那你對中藥業在新加坡發展的看法是什麼？
答：全世界來講，中藥是一個朝陽工業，全世界都這麼講。但是我們身處這個行業，我們會有不同的感覺。中醫基礎理論講的是整體觀，第一堂課就教要把人當作是一個整體。所以藥材也是一個整體。我不是藥理專家啦，我也沒有做過試驗，沒有辦法很肯定的告訴你說到底是靈芝好，還是靈芝孢子好，我簡單的這樣子推論啦，要是所有的孢子都

比它的主體好，那你以後吃雞蛋就好了不要吃雞，那你以後吃榴槤的種子就好了。我們這個產業面對的問題是，大家的思維已經不在藥本身，不在醫本身，而在錢，怎麼樣快速的把產業做大，把餅做大，把最大的利潤拿回來，那才是目的。

（SICHM1_2010）

最後我們詢問受訪者的金錢使用方式，不論是日常花費，或是轉投資都是偏向節儉與保守（買地產）。「看華人或者是客家人的話，他能夠白手起家，基本上都是自己存錢然後投資，不太會亂花錢，沒什麼娛樂。」（SICHM4_2010）

問：現在中藥材店毛利率一直下降？怎麼辦？
答：就是儘量去做，營業時間拉長，然後家裡人進去做。
問：那家裡人領不領薪水？
答：也是有。那有剩餘的錢就買一些產業。投資馬來亞的園坵。
問：園坵種什麼？
答：種油棕。經濟好的時候還有一些收入。
問：不會投資股票嗎？
答：不會，不會，客家人不會玩那種金錢遊戲，要買看得到的東西才實在。

（SICHM4_2010）

一般來講，中成藥生產到目前為止還是客家人多，而且大埔還是比永定人多。貴重藥材的進口，客家人做的不多，其中有一家是江西的客家人，加上另一位客家人共兩家，這兩家就是客家幫做用料批發裡面最早期的，但是規模做得不大。名貴藥材的批發也不是客家人的

專長，主要都是潮州人與福建人。而目前最大的草藥批發，做得最大的可能是潮州人經營的「永發隆」，他們是新加坡做藥的潮州幫，由「永太隆」發展出來的。雖然，許多零售店面是客家族群的天下，但是做用料批發的就百分之百是潮州人的天下，因為需要龐大的財力。

另一方面，許多傳統的藥材店現在都面臨同樣的問題，除了傳統中醫逐漸沒落的情形外，還面臨後繼無人的問題。其原因除可從文化與學習的面向來看，還與過去以來新加坡政策發展較著重英文教育，而輕華語教育的情形有關，華語文與中醫習得兩者間息息相關，例如中藥材的名稱皆是中文，以及中醫的知識體系是根植在華人傳統文化中的醫學觀。

在市場結構與社會流動面向上，我們從族群經濟理論的觀點來看，移民的第二代如果可以進入主流社會，找到更好的職業，將會放棄族群經濟的經營，正因族群經濟來自於與主流社會的區隔，與無法適應當地的社會等現象有關，而逐步與當地社會融合等因素使得新加坡的中藥產業（尤其是傳統的藥材店）面臨未來經營上的一個困境。

六、小結

海峽殖民地華人資本家的一個主要特徵是：跨三個港口城市移動，殖民政府在管理新加坡時，為了藉助馬六甲海峽華人的商業資本和語言能力，將一批馬六甲的資本家移入新加坡。表5-11顯示出，1819年到1900年間華人領導層，15位重要商人中，福建籍的有10人（4位在馬六甲出生），潮州籍的3人，2位是廣東籍的商人，其中完全沒有客家籍的大商人。

直到19世紀末，一批中國南來的華商才逐漸崛起，慢慢取代了在拓荒時期的海峽華人企業家，在幫群和華人社區中扮演領袖的角色。而早年的商業行會特徵，因為多數是由使用相同方言的商人所成立的，因此具有很強的方言特性（顏清湟 2007: 275）。華人領導階層

表5-11：1819-1900年間華人領導層

姓名	出生地	祖籍	職業
陳志生（1763-1836）	廣東	廣東	商人
蔡滄浪（1788-1838）	馬六甲	福建	商人
陳篤生（1798-1850）	馬六甲	福建	零售商兼地產商
佘有進（1805-1883）	廣東	潮州	甘蜜和胡椒種植者兼經營者、地產商、棉商和茶商
陳金聲（1805-1864）	馬六甲	福建	商人兼有產者
胡亞基（1816-1880）	廣東	廣東	丹戎巴葛船塢有限公司發起人和董事主席
章芳琳（1825-1893）	新加坡	福建	經營航運業務、承辦鴉片和煙餉、房產商
陳明水（1828-1884）	新加坡	福建	商人
陳金鐘（1829-1892）	新加坡	福建	經營鋸木業、航運業
陳成寶（1830-1879）	廣東	潮州	火藥商、鴉片和煙的專賣
顏永成（1844-1899）	馬六甲	福建	買辦商人、承包商兼地產商
佘連城（1850-1925）	新加坡	潮州	經營甘蜜和胡椒生意、黃梨罐頭廠主
陳若錦（1857-1917）	新加坡	福建	經營錫和其他土產生意、海峽船公司創始人
林文慶（1869-1957）	新加坡	福建	醫生
宋鴻祥（1871-1941）	新加坡	福建	律師

資料來源：楊進發（2007: 6-7）。

的組成，與商業組織和方言性結合的現象，一方面顯示客家族群在早期新加坡商業中的分量不足，一方面說明族群產業的封閉性。也就是因為族群產業的封閉性，客家在中型產業（典當業、中藥業）才能占有一席之地。

　　新加坡的例子中，我們的確看到典當業與客家族群的高度關聯性，成為客家的族群經濟，族群經濟指涉一個產業或一個部門是被一

個族群所擁有，或是那個產業或部門的經營管理者剛好都是某一個族群、同樣族群，或大部分來自某一個族群，他們在族群上有特色。歷史的偶然性加上有限的社會資源，客家族群在經營當鋪時，因為身邊就只有同族群的人，當需要雇人或找人合資時，會覺得比較信任同一族群人。這種選擇不盡然是一個「族群」的考量，而是在於產業特性和資源的限制，很自然的選擇客家人，因為只認識客家人。在政策制度、外在環境與歷史偶然的狀況下，客家選擇了典當業、中藥業，典當業和中藥業也因為客家族群而開枝散葉。

第六章　當店、藥店與東南亞客家

　　客家是台灣社會的五大族群之一，也是東南亞華人社群的五大方言群之一。雖然共同擁有「客家」名號，在文化上卻有著顯著的差異性，「客家文化」的文化內涵看似相同，卻又存異。以新馬地區的典當業和中藥業為例，從過去的歷史到現在的發展，客家人（尤其是大埔人）都扮演舉足輕重的角色，其中原因並不盡然是客家文化的因素，而是初期先人卡位發展出的網絡關係。這種血緣和地緣高度重疊的網絡關係，加上族群的群聚、語言的隔閡，使得族群分工的現象相當明顯。而典當業又因為產業的特殊性，直到現在，不論在馬來西亞或新加坡，族群產業群聚的現象依舊明顯。這種發展代表客家人並沒有在海峽殖民地或新馬現代國家的商業化和都市化中缺席。甚至，經由血緣和地緣的網絡，建立起跨區域（以前的海峽殖民地的三個港口城市，現在的馬來西亞、新加坡）的商業聯結。客家族群產業不僅回應了大環境的外部結構（華人移民社群的資金與健康需求），也經由血緣和地緣的網絡，有效的運用族群內部的有限資源。

　　過去幾年，已有學者陸續進行東南亞客家的研究，累積不少關於西馬客家的研究成果性。然而，對於東馬客家的研究較少著墨。

一、組織性移民對東南亞「客家」形構的影響

　　英殖民政府於1786年接管檳城，1819年入主新加坡後，是華人大量移入東南亞的重大轉變的年代。顏清湟（1976）指出在19世紀的最後二十年期間，移民到東南亞的華人分為親族集團制與票券制兩種不同的類型。不同的移民方式中的族群類別、移入的地區、在移入國的組織與適應、經營的行業等都不同。

　　1840年代是移民方式轉變的重要關鍵時間，之前主要是兩種小規

模、尚未完全組織化的移民方式（Yen 1986; Wang 1991; 王賡武 1994），之後則出現苦力貿易，西方代理商與中國的秘密會社在移出與移入地間，創造出嚴密且完整的控制制度。1840年代之前的移民方式可以分成以下兩種，1）親族集團制（kinship-based immigration）：事業有成的人，回鄉召募更多的親戚或同鄉到東南亞（Yen 1986: 4; 王賡武 1994: 4; Khoo 1996）。主要是在東南亞具有生意的華人移民，在事業上略有成就，為了擴展業務就會派人把家族中的成員或親戚接到東南亞。2）票券制（credit ticket system）：19世紀初期至1840年代，由「客頭」（ketou，同時指涉人口捆客與容克船船長）協助有移民需求的人到東南亞，仲介的費用由人口捆客與船長決定（Yen 1986: 4）。「客頭」是早期在海外華人社區中扮演提供勞力的重要角色，同時也控制了中國的人口流動，因為當馬來亞與荷蘭東印度的勞力市場急需勞工時，許多華人船主就會馬上包雇輪船開赴中國口岸招募苦力勞工。1840年代以後，由苦力貿易所取代。

大量苦力貿易的出現，是因為19世紀錫礦貿易的發展，使得馬來亞的錫礦區需要大量工人，海峽殖民地政府便從大陸東南沿海引進華工到馬來亞（Purcell 1967; Turnbull 1972）。而當時中國東南沿海省份有強大的人口壓力與天災（Purcell 1967: 1-13），加上1851年的太平天國之亂（Andaya & Andaya 1982: 137），促使許多華人經由苦力貿易的網絡，進入馬來聯邦的霹靂、雪蘭莪、森美蘭開礦。

除了中國內部的推力，國際局勢的發展與條約的簽定，也是影響華人移民方式轉為苦力貿易的外部因素。1842年的《南京條約》，尤其是《根特條約》（Treaty of Ghent of 1814）和《韋伯斯特－阿什伯頓條約》（Webster-Ashburton Treaty of 1842），因為禁止英國與美國的黑奴貿易，使得他們必須另外找尋替代的工人，逐漸將焦點轉至貧窮的中國東南沿岸省份（Yen 1985: 32-33），東南沿岸省份的人民也因為貧窮等因素，即使海禁也偷渡到東南亞找尋生機（Purcell 1967: 1-13；李恩涵 2003: 147-176）。因此，苦力貿易應運而生，第一個苦

力貿易的港口是廈門。19世紀中葉，外國商人在大陸東南沿海的通商口岸，設立許多苦力代理商（coolie agency），當時的苦力貿易掌握在英國、德國、荷蘭、葡萄牙、義大利及西班牙商人手中（Campbell 1923: 95），將華工運至世界各地，如秘魯、古巴等地（Aimes 1967: 159; Stewart 1970: 5）。

苦力貿易中最上層的是歐洲商人，中間則是代理商——客頭，代理商又分成不同的類別，一種是港口間的代理商（principle broker），負責港口間苦力的運送與安置；另一種是往內陸尋找華工的掮客（the subordinate coolie brokers），運用不同的方言，從港口往內陸推進，尋找願意出國工作的華工。前者與代理商關係較密切，後者則進行實際尋找工人的任務（Yen 1985: 37-40）。客頭也不是所有的人都可以擔任的工作，他們大部分都與秘密會社有所關連（Yen 1985: 40-41）。

> 「苦力掮客在秘密會社中擁有相當大的權力。中國東南沿海省份是秘密會社活動的溫床，在中國南部及海外華人社區眾所周知的三合會，在福建和廣東特別活躍，這些通商口岸的崛起促使他們的活動更為頻繁，並為其提供額外保障。導致這些通商口岸成為組織犯罪，如賭博、賣淫、勒索和鴉片走私的天堂，苦力貿易興起，加上其高獲利的特性，無法逃過秘密會社關注。苦力掮客和秘密會社之間的確切關係目前還不清楚，掮客可能本身就是秘密會社的成員，或是秘密會社的成員就是掮客。不論其關係為何，此兩個團體間有個很大的共同點：都是黑道且對民眾皆有險惡的權力，皆依賴成員秘密及非法手段維持生計，且同時運作於法律之外。」

秘密會社同時在大陸與目的地港口控制苦力貿易（Blythe 1969: 22）。影響英國與西方商人透過秘密會社控制苦力貿易的一個原因，

是1853年的廈門暴動。暴動的「小刀會」秘密會社成員，曾居住在海峽殖民地，當被清朝軍隊擊潰後，即搭船前往新加坡和東南亞其他地方，加入當地的秘密會社，協助控制苦力。以檳城為例，「廣東人透過Ghee Hin（義興）秘密會社，擴大其對苦力的控制權，有效的分配來自澳門和汕頭的苦力，以有效的滿足各地對勞動力的需求。」（Yen 1986: 202）因為，1983年以前，苦力貿易在中國大陸是不合法的，這也使得西方國家的苦力貿易必須仰賴秘密會社的中介（Yen 1986: 112）。當許多苦力到達馬來亞時，就被秘密會社送入錫礦場工作，錫礦的開採也由秘密會社與甲必丹所控制（Gullick 1955; Comber 1959; Blythe 1969; Yen 1986; Godley 1981）。殖民檔案中（CO273/69, Protection of Chinese Immigrant, Straits Settlements Original Correspondence, 30/9/1873），英國殖民官員Mr. R. Little也有描述相關的現象。

> 「早期他們都以非常簡單的工具從中國來，如舢舨或帆船，後來才使用輪船載送苦力，也有部分採用租賃船舶的方式，以便運送更多人到東南亞。這些代理商與掮客付出了許多錢租船並載運，當苦力抵達東南亞時，代理商或秘密會社便與雇用苦力雇主協商，以支付搭船費用。苦力以這種方式得以支付船費，代理商也得到一定的利潤，而非常廉價的勞動力也因此被引入。苦力抵達時，先簽約十二個月，並明訂每月的薪資、食物和衣物，以及這筆薪資如何直接支付代理商代墊的錢，而不至於流入『新客』或其他人手中。」

這群人被稱之為「新客」（sinkeh或singkek，意為新來的人），在1870年代英殖民政府尚未建專責機構前，苦力貿易幾乎全操控在幫派手中（Yen 1986: 8）。1871年與1873年，馬來亞當地的商人與社區領袖遞交兩封請願書給海峽殖民政府希望改善新客的社會處境。1873

年英殖民政府正式通過「中國移民法令」（Chinese Immigration Ordinance），在法令中「移民」正式取代「苦力」與「新客」，1877年更成立「華民護衛司」，處理華人與移民的相關事務。自1889年禁止秘密會社的活動以後，華人社群在英殖民政府的制度下，重新分類與組合。

二、族群職業、產業與「客家」

（一）農、工階層的「客家」

18世紀末至20世紀初，有三種華人移民定居的模式：他們分別是港口城市、礦區和農村社區型（顏清湟 2005: 159-161）。

1. 港口型城市

港口城市移民始於15世紀馬六甲王朝的小貿易社群，但在1786年後英國實行自由貿易政策，吸引大批東南亞鄰近及中國的華人前來經商與定居。檳城、新加坡在英國占據前是未開闢的島嶼，它們提供華人移民更寬大的運作範圍。港口城市的設立使華人移民更容易與外界接觸及與中國家鄉的港口聯繫，它為居民提供更大幅度的流動，這意味它比礦區和農村地區移民更開放和自由。與此同時，它與外界保持更大的接觸面和較易受影響，也提供社區成員更好的機會獲得和消化訊息。這使得他們更容易更換工作和把握新的經濟機會。港口城市也成為更有活力的社區，為移民提供與歐洲人和非華人居民交流的機會，華商也在這三個重要的海峽殖民地的港口城市遊走，尋找作生意的機會。

福建因為開港得早，比其他華人群體更早移入海峽殖民地，三州府對外貿易發展最早的就是馬六甲，因此，福建與馬六甲形成早期的網絡關係，當時的移民多經商，有較多的男性與馬來女性通婚，形成「峇峇」、「娘惹」的混合文化。也因為這樣的網絡關係，馬來西亞

的峇峇和娘惹幾乎都是福建籍的華人後裔，後來都上英文學校，與海峽殖民政府官員沒有溝通的障礙。然而，港口型的城市也不是沒有其他族群團體，許多是在苦力貿易之前移入的商人階級，或是之後留在城市的手工業者，以及在郊區園坵從事種植工作的勞工。

2. 礦區社區型

　　華人礦區移民始於19世紀初，砂拉越河流域石隆門（Bau）的金礦中心。18世紀中葉，華人金礦工人從加里曼丹西部湧至石隆門礦區。1848年當地客籍金礦工人大約有600名。此外，整個19世紀，客籍礦工被組織化的大量引進馬來西亞的礦區。他們在森美蘭州的蘆骨與芙蓉市，霹靂州的拉律及雪蘭莪州的吉隆坡開採錫礦。為什麼是客家人？除了殖民地官員認為客家人是最有價值的勞工外，客家人許多居住在中國的山區，離港口遠且資訊不足，使得客家人移民的時間較晚，又受到世界錫礦貿易興起的影響，加上秘密會社與苦力貿易代理商的推波助瀾，客家人便大量進入礦區型的社區。

　　這群客家苦力在中國就居住在相對封閉的地區，到了馬來半島的礦區，因地理形勢關係也不易與外界接觸，加上礦區因距離海港較遠的緣故，較難與中國沿岸的故鄉聯絡，這些不便造成這個社區較為封閉。與港口城市移民比較，礦區移民較少流動、也較難隨意換工。但是，客家礦工團結在共同方言和地理基礎上，秘密會社的兄弟義氣更加強了他們的聯繫，堅強的意志導致了他們的成功。他們鮮少受外界的影響，態度比較內向，他們對外也較有排斥性和敵意。這樣的移民網絡與職業的特性，對東南亞客家人的文化特質有相當重要的影響。

3. 農村社區型

　　華人農村社區移民比前兩種較遲出現。它的出現主要是應19世紀中葉商品化農業的發展而來。在1819年萊佛士還未登陸新加坡之前，島上已有小部分華族農業移民定居，但沒有形成農村型的社區模式。

早期在新加坡，以及19世紀中葉的柔佛，在港主制度下發展胡椒和甘蜜的種植，逐漸構成農村社區的移民模式。這種模式迅速地在馬來西亞其他的地區形成。例如1883年4月北婆羅洲（沙巴）古達（Kudat）的客家農業移民，以及20世紀初砂拉越福州籍農業移民（顏清煌 2005: 160-161）。正如礦區移民一樣，農村地區移民也屬於較封閉的社群。他們甚少與外界接觸和受外界影響，其成員也較少更換工作。他們的族群特色較強，也通過秘密會社的組織進一步加強團結。農村社區的移民領袖比礦區移民領袖享有更大的權力，主要是因為大部分的農民經由社區領袖們直接向中國負責招募。

值得注意的是北婆羅洲，西海岸的客家農業移民也是由殖民政府引入，藉著教會的管道從大陸引進移民，前後一共有三次移民計畫。1881年至1941年這段期間，華人被渣打公司有計畫性的移入，並歷經三次主要的移民計畫（Wong 1998: 14-21, 54-61, 85-90）。此外，殖民政府也開始借助教會的力量，將許多客家基督徒（Hakka Christian）移入西海岸，導致小農（smallholders）社群的浮現，這些小農絕大多數都是客家人。有趣的是，北婆羅洲的第一位統治者 Treacher，和西馬的海峽殖民地統治者一樣，對客家族群具有非常好的印象，他在1890年寫道（Wong 1998: 20）：

「北婆羅洲中值得一提的其中一種移民——客家人，他們是一個農業氏族（agricultural clan），許多移民的原因是因為這是基督教區，有些則是過來依親。在移墾區男人會規律地努力工作、種植蔬菜與照顧咖啡園，以及飼養家禽或餵豬。女人也如同男人般穩定地（steady）工作。他們可能是對這個國家的殖民相當有價值的要素，對園主來說也是便宜的勞動力來源。」

移民之前居住的地理環境（封閉的山區），移民的社會網絡（有組織的大規模移民，西馬是秘密會社，東馬的西海岸是教會組織），

加上在移居地的職業特性（封閉的礦區、園坵），使得客家族群的內部凝聚力相對較其他族群強，也因為在城市以外的礦區、園坵工作，與馬來族群和原住民的接觸較多。西馬的族群經驗是，日常生活中客家人還是和馬來人有所交往，只是礙於宗教和生活習慣的不同，使得社會交往的程度不深，尤其是宗教的因素，華人多半不會和馬來人通婚，即使年輕一代也無法接受。「華人」和「馬來人」間的族群界限是沿著具體的宗教、血統、語言差異所建構出的文化和心理的認同狀態，族群的界限是沿著賦予性情感的開展，這種發展又被不平等的國家政策強化，造成族群間幾乎不可跨越的鴻溝（張翰璧、張維安2003）。相對於西馬清楚的馬華族群界限，東馬的客家人和原住民通婚的比例高很多，原因在於原住民的宗教信仰不是伊斯蘭教。

農、工客家的職業類型，使得他們的客語，以及在大陸原鄉的日常生活文化得以在馬來西亞繼續維持下去。這種文化的延續性，並非因為要強調族群認同而刻意維持，而是為了與家中長輩的溝通，以及維持過去習慣的生活方式。即使是客家信仰，也是維持著地域性的區分。也因為職業階級的關係，農工職業的客家人，許多並沒有回過中國原鄉探親，有些是沒有親人（家族不大），部分是不清楚祖籍地（受教育的年限不多）。如果沒有宗教作為不可跨越的文化鴻溝（凡是跟馬來人結婚，都要信伊斯蘭教，小孩、子孫也都要皈依），這群客家人的族群界限不是很難改變的。東馬的客家人就有許多與原住民通婚，雖然會稱自己「唐人」（非「華人」），稱原住民「拉子」，但還是會通婚一起生活。從移民時間（較晚）與職業類型（工、農），似乎可以看出職業塑造了這群客家的「保守性」。

（二）商業的「客家」

華人移民的社會與語言背景及移民過程的特性決定了早期華人社會的組織與結構。華族血緣性的宗親會、地緣性的會館及秘密會社是構成早期馬來西亞華人社會的主要結構（顏清煌 2005: 161）。與客

家人相比，福建人的宗親關係主要是地方的血緣性，而前者則大部分不是。造成差異的部分原因，是因為福建人早期已在海峽殖民地經商，因在海外不斷地擴展商業，使得福建商人不得不從中國招募親戚，前來馬來西亞當店員和商業貿易的助手。其他族群，如果是在城市經商也會產生相同的情形。以客家為例，許多當店與藥店業者的訪談資料顯示，祖父或父親輩在三個港口都市的第一份工作，都是在親戚或朋友家打工，學得經營知識、湊足本錢後就出去開店，有些更是親戚回中國帶來的人手。移民的社會網絡，移居地的族群政治，移居地社會對產業的接受程度，加上不同產業的特性，使得當店和中藥材店成為客家族群壟斷的產業，並一直維持到現在。

歐洲人殖民統治的一些地方，中國商人往往居於殖民者和土著人民之間，成為中間的買辦階級。歐洲殖民政府需要中國人，但也畏懼人數眾多的中國商人或勞工，會使用各種措施，包括屠殺事件，控制和遏制他們的勢力發展。Kuhn（2008）將航海人口劃分成不同的方言群體，包括來自福建省的閩南語組，廣東珠江三角洲潮州地區的潮州人，和邊陲地帶的客家人。每個群體內共享的不僅是一種共同的方言，而且常常從事相同的職業。這種職業分殊性的形成過程，受到殖民地政府對華人社會的分化政策影響。殖民政府一方面將華人置於歐州政府與馬來蘇丹間，提供給華人各式各樣的利基（從體力勞動者到街頭小販、小店主、大商人），並從華人身上抽稅或運用華人勞動力，取得大量的經濟利益。一方面又運用都市規劃政策，以及族群政治，利用華人內部團體間的相互制衡，以華人控制華人，建立動態平衡的社會秩序。這種買辦的族群政治，雖然創造華人經商致富的機會空間，也延緩了華人的在地化過程，並維持不同族群團體間的文化差異性。

不同族群團體間的文化差異性，也表現在經濟領域中族群產業的發展。Light與Gold（2000）認為，族群經濟就是由相同的雇主和受雇人組成，族群經濟不但屬於大眾市場的一部分，也屬於某些移民和

族群少數。19世紀以來的客家族群產業，就是在殖民經濟的發展脈絡下形成的，而且不論是雇主或受雇人都是屬於華人內部的客家族群。除了鉅觀的結構鑲嵌外，客家族群產業的形成，更是一種封閉性的網絡創造與維持的過程（network creating and maintaining pro-cesses）。

1. 封閉性

有幾個層次，首先是制度層面的設計，殖民政府對典當業採取「餉碼制」，進入此產業的資金相對龐大，加上資訊的不透明，不是所有的人都可以輕易取得經營執照。接著是社會層面對此產業的看法，馬來人所信仰的伊斯蘭教不可以賺取他人的利息，因此馬來人不會涉足此產業，百分之百的當店都是華人在經營。中草藥的傳統，是華人的文化資本，也不是馬來人可以經營的行業。因此，中藥材店都是華人在經營。最後是產業的特性，因為當店是個需要高度信任的產業，而一開始當店的經營者與受雇者都是客家人，店內的術語也都是客家密語，相當程度限制其他華人族群進入的可能性（雙重的封閉性）。相對於當店，中藥材店是華人共享的「文化資本」，加上中醫藥學院的制度性支持，經營成本不會太高，只要肯努力學習，華人比較容易進入此產業（單層的封閉性）。

2. 網絡的創造過程：區域性的差異

Heidhues（1974）指出東南亞地區華人方言群有其分布的類型：城市或貿易中心裡的華人移民，主要以福建跟潮州籍為主，他們在殖民經濟體系中占據了重要的中間商位置，其中也有一些客家商人，但通常都是少數的群體。這些華人方言群的存在，可以從多樣化的地緣性會館來表現。都會地區的方言群社團，具有互助福利、宗教祭拜以及社會的功能。對於都市中的方言社團而言，親屬（主要是指血緣或擬血緣的同鄉組織）、方言群壟斷特定的行業以及財富，似乎是社團領袖權威的三大來源。

華人中經營當店和中藥的客家人是最多的，其中「大埔客」又占有多數的位置。相對於礦區和農村社區型的客家人的祖籍來源，大埔籍的客家人多分布在城市中（幾乎沒有在礦區和農村社區中），造成差異的原因，可能是因為離港口較近的關係。當我們在討論當代族群經濟時，往往會將「華人」視為同一個族群，而忽略其中的差異性，因此，Light（2005）將香港、中國和台灣的商人區分成三個類型。

　　回到東南亞「華人」的脈絡中。可以清楚看到華人內部的異質性，從移民的時間、類型、人群組織方式、職業等都有所不同，福建、客家、廣東等方言群或是亞族群都有不同的文化特質。如果再進一步分析，「客家」內部也是大不同，除了城鄉客家的祖籍地不同外，城市中的「大埔」，在族群產業的經營上，也呈現出區域差異（指的是檳城、馬六甲與新加坡）的特性。本書使用1965年出版的《海外埔人工商概覽》，比較分析大埔客在三個地區經營當店與藥店的差異性。

　　（1）相對於典當業，中藥產業的封閉性較低，在三個地方中同一個經營者開聯號的情形不多見，當店的經營者則較常有一間以上的當店，多的可達7、8間，並由同一家族的人經營。當店網絡的封閉性比藥店高出甚多。

　　（2）以當店為例，如果進一步分析經營者的祖籍地，可以看到大埔客在三個地方的網絡差別。這種差異，可以從「同縣」到「同區」，再到「同鄉」。

　　新加坡當店經營的大埔客，前三個最多的祖籍地是：同仁（占18/41，「藍」姓最多，占11/18），黨溪（占5/41）（全部姓「李」）和高道里（占3/41，全部姓「藍」）。檳城的經營者最多的是來自湖寮（占9/11，全部姓「藍」，有4間店屬於同一個人[46]），接

---

46 此人為藍仲友先生，父親在泰國經營錫米生意。父親死後，隨母親回中國，直到16歲渡海南來新加坡。
　　到新加坡時，就在當店打工，升至頭手。1933年時遷至檳城，初開「大山當」，後來又創「萬昌當」、
　　「大利當」、「大安當」、「大通當」。並於1951年當選「檳城當商公會」首任主席。次子藍武昌繼承

著是姓「何」。

馬六甲的網絡特性和前兩個地區非常不一樣，祖籍地最多的是莒村（占4/10，3/4姓「陳」），接下來是彰溪（占3/10，2/3姓「賴」）。在檳城和新加坡的經營者中，完全沒有來自莒村的，甚至其他的崧坑、長治和楊梅也都沒有。

從經營者鄉籍地的差異可以看出三個地區當店網絡的不同，相同的是開聯號的比例都很高，加上許多受訪者指出很多店都是和親戚朋友合資開設的，就知道當店間的網絡關係非常的強，幾乎是以「血緣」和「姻親」為主。

（3）相對於當店的「鄉籍」與「氏族」的特性，藥店因為數量相對多，鄉籍地也較分散，加上同時開兩間店以上的經營者不多，產業相對較不封閉。

以新加坡為例，經營藥店前三名之大埔客的鄉籍為：同仁（占31/251），與典當業相同；接下來是百侯（22/251），所有當店經營者沒有來自百侯的，包括檳城和馬六甲；第三位是三河（20/251），在檳城藥店經營者沒有此鄉籍者，馬六甲則有1名（占1/43）。其中鄉籍與姓氏完全一樣的是崧里，占新加坡大埔人經營藥店的18/251，18人名字雖然不一樣，但全部姓「何」，應該是屬於同一個家族。但是檳城與馬六甲的經營者沒有來自崧里的（另一個是長治），可見其移民網絡集中在新加坡，也並未向其他兩個城市擴散。

檳城最多是來自漳溪（12/59），12人中有10人姓「陳」；第二多的是縣城（5/59），這個鄉籍在新加坡與馬六甲中沒有人經營藥店；在城也是占5/59，馬六甲經營者沒有來自此鄉籍，新加坡則有3人（3/251）；接下來的汶上（4/59），這也沒在新加坡和馬六甲出現。

馬六甲經營中藥材店的大埔客共有43間，最多的是來自莒村

父業，亦擔任過數任當商公會主席。（饒靖中 1965: 已138）

（7/43），7人全部姓「何」；以及湖寮（7/43）；第三是長教。

　　三個地方的相似性就是湖寮的鄉籍，不論是檳城、新加坡或馬六甲都有湖寮人經營藥店。新加坡經營當店、藥店最多的是同仁人，馬六甲都是莒村；檳城在當店的經營者最多的是湖寮，但是藥店卻是漳溪。

　　從以上的分析可以看出，客家內部差異性的層級性，從「華人」、「客家」、「大埔」，一直到「鄉籍」。新加坡經營藥業的永定人，甚至來自同一間圍龍屋「天平煥耀」。

> 問：請問您在永定「天平煥耀」的圍龍屋中的親戚朋友，在永
>   定的時候有開中藥店嗎？
> 答：有、有、有。在新加坡也開很多藥材店。
> 問：所以都是姓吳的。
> 答：嗯，姓吳的，現在有些店結束，有些還在。
> 問：「天平煥耀」裡頭有多少人移到新加坡來？「天平煥耀」
>   移到新加坡都是開中藥行嗎？
> 答：幾乎都開藥材店，7間店。「裕安和」、「仁愛棧」、
>   「萬安和」、「懷安堂」、「達隆」、「泰興堂」、「萬
>   山棧」。
> 問：這些都是從這個「天平煥耀」的圍龍屋出來的？
> 答：對。
> 問：這裡頭歷史最久的是哪一間？
> 答：是「仁愛棧」。
> 問：哪一年開的，您知道嗎？
> 答：很久了，不知道。
> （SICHM4_2010）

　　圍龍屋的家族、鄉籍的區分不外就是「血緣」為基礎的擬家族網

絡，以當店和藥店這兩項族群產業的發展來看，「方言群」、「亞族群」的分類，還不足以說明其網絡如何造成產業的封閉性，更重要的「鄉籍」的網絡，加上產業的特性，使得客家族群（大埔客）幾乎壟斷上述兩種產業。當店和藥店的網絡封閉性的強度不同，在於社會對不同產業的觀感，以及產業經營所需要的信任關係不一樣。從外部看起來，這樣的網絡關係是一種族群性的動員，彷彿族群性是先天繼承的，經由移民的社會過程形塑出來。從內部觀點而言，是否是「族群性」的動員，就看受訪者在面對何種族群的環境所作的選擇。

上述經濟領域的「鄉籍」差異，只是從商業網絡中呈現出來的分類，由於特定方言群與壟斷特定行業的關係，使得方言不只是一種語言，它還具有經濟面向的意義（張翰璧 2007）。然而，方言群也只有在華人內部才會產生意義。雖然幾乎所有大大小小的方言群，都在新馬有其代表性的地緣性社團，但在社會上他們的語言是否具有優勢，卻經常不是與人口數量成正比，而是根據城鄉差別以及經濟力來分高下。

客家話除了在少數地區流行，譬如沙巴的古達、砂拉越的石隆門、加里曼丹的山口洋（Singkawang）等，以及少數城市中具有優勢外，通常只在鄉下客家人居多的地方成為優勢語言，這跟客家語並非商業用語而使它的傳播受限有很大的關係，譬如客家人雖是吉隆坡與怡保地區華人中的多數，但在吉隆坡，優勢的華人方言卻是具有商業力量的廣府話而非客家話（Tan 2000）。語言的保留對鄉村地區客家認同的維持非常重要（Heidhues 2003: 265-266）。

3. 移民網絡與獨占產業的維持

移民向外遷徙的開始，就面臨到一連串的生存競爭，在經濟領域中，尋找利基是維持生計的第一步。所謂的利基，就是尋找自己有優勢的職業，努力工作並維持此優勢的繼續存在，到最後就會形成族群經濟或族群產業的現象，某個產業被某個特定群體把持住，就像當店

和藥店被客家人壟斷一樣。從組織的觀點,利基的維持還必須借重組織的力量,找出適合的同鄉進入產業學習,培養「商業預備軍」,以擴大產業的占有率。

因此,網絡的維持,一方面是節省交易中的溝通成本,縮短信任關係建立的時間;一方面也是家鄉的延長,除了兼顧商業利益、同鄉凝聚,也延伸對原鄉的情感。網絡的維持包含兩個層面,首先是在移居地組織或加入同鄉組織,組織提供會員資訊交流的場所,也會在當地幫忙處理與排解糾紛。因為同鄉關係,也容易找到可以信任的員工和合作的夥伴,可以獲得照顧同鄉的社會聲望。在雇用的基礎上容易錄取,而且亦可以參加組織,當移民同鄉開拓利基並保護自己的利基產業時,移民者會維持與原鄉的聯繫,如在原鄉尋找新的移民或者勞工。第二是對原鄉親族的照顧與回饋,移民在商業有成後,會在大陸與東南亞來回跑,除了帶物資與金錢回原鄉外,也希望找一些信得過的兄弟、親戚到東南亞一起經營生意。不論哪一種方式,都幫助客家移民維持商業的利基。

Kuhn(2008)分析至少有四種因素影響移民團體的職業利基:

(1)從家鄉帶來的能力與慣習:就是族群本身的文化資本。到海外當地先尋找與自己原鄉相類似的地理生態,如廣東移民尋找當地的經濟作物、土地開墾、或者機器生產;潮州移民則會尋找大農莊的農業生產;客家移民善於森林開拓、礦業、金屬加工;福建移民在金融業與海洋商船貿易的擅長等。

(2)職業的社會分類:在原鄉具備哪種職業能力,到南洋的當地幫會或者方言社團會介紹相類似的工作給移民者,移民者也會循管道找到有講原鄉方言的幫會尋找工作機會。例如馬來西亞的礦業,透過廣東或者客家的方言幫會管道,補充海外移民礦工或者地方親屬。

(3)先到的移民已經進入特別的職業領域,職業能養活他們的親屬與後到的同胞:馬來西亞和新加坡的興化與福清方言團體,在腳踏車業非常著名。由於這兩地居民較其他東南沿海居民晚來,但是他

們占領了人力車業並壟斷市場，1900年代新加坡與馬來西亞開始引進腳踏車，興化移民自願向英國人學當腳踏車學徒，並開起一連串的方言產業鏈；福清移民則因較晚踏入而往其分支——摩托車業、三輪車業與計程車業發展。

（4）招募移民或移工的過程：幫會組織會透過原鄉管道回原鄉招募新血，通常是簽契約，幫會領袖會因應雇主的需求尋找雇工從事不同的工作，例如錫礦開採工人或在園坵種植的農工。

客家的移民在農工的部分或許是屬於第一、四類的職業利基，但是這個族群發展出來的「勤奮」特質，也是影響殖民政府選擇客家人採礦或是務農的重要因素。相對於農、工階級，商業部分的典當業，很清楚可以歸類到第三類，因為受訪者的家人在原鄉都沒有經營過相關行業。至於中藥材店，部分的受訪者的祖父或父親曾經有在原鄉經營相關的行業，或是當過中醫師，新加坡經營藥店的永定客的例子中有少數是符合第二項的特性。

三、當代不同國家的政策對客家族群產業的影響

（一）中藥業

馬來西亞建國後，馬來人忌憚華人經濟上的實力，因而採取獨尊馬來文化、伊斯蘭教與本土的政策，華人則被視為忠誠有問題的外來者。政治上採取以族群分立政黨、共治政府，並於1965年排除華人居多數的新加坡，以確保馬來人的優勢。1969年大選後的反華暴動，更加確立馬來人的優勢（Debernardi 2009: 1）。

馬來西亞第四任首相Tun Mahathir（2002）指出，「1957年的社會契約」與「513種族衝突事件」是馬來西亞制定「1970年新經濟政策」的主要原因。英國自1946年解散海峽殖民地，在馬來亞多逗留了十一年至1957年，以協助馬來亞聯邦邁向獨立。而在邁向獨立的主要難題，就是解決在馬來亞逗留已久、來自中國與印度移民勞工的國

籍，以及各族群之間所存在的經濟鴻溝之問題。為了解決上述問題，各族群的領袖代表簽訂了具備雙重妥協的「1957年的社會契約」，契約的主要內容為：馬來人賦予約一百萬的外來移民及其後裔獲得馬來西亞的國籍（principe *jus soli*），但是必須遵守協助馬來土著族群改善其經濟地位，並在不久將來與其他族群一樣，擁有平等的經濟地位。而上述的社會契約內容，也成為了馬來西亞獨立後出現在憲法中的馬來人特權之起源。

然而，在1969年的全國大選中，上述已經簽訂的社會契約卻遭到反對黨的抨擊與推翻，由於憲法中有關馬來族群的特權被頻頻質疑，造成了吉隆坡在1969年5月13日發生種族衝突流血事件（引自Mukhriz and Khairy 2004: viii-x）。Mukhriz與Khairy（2004: xii-xiii）指出，當時的從政者認為，若馬來族群持續處於貧窮與弱勢的地位將演變成社會中的亂源，為了杜絕種族衝突事件的發生，馬來西亞政府在1970年制定並推行了「新經濟政策」，並從職業、收入以及財富三大範疇來進一步拉近各個族群之間的經濟鴻溝。

馬來西亞第四任首相Tun Mahathir（2002）認為，英國殖民馬來亞幾個世紀，馬來族群就落後幾個世紀，雖然土地權屬於馬來人，但是馬來人的經濟競爭力卻沒有獲得培養，同時也不具備任何技術或工業知識（引自Mukhriz and Khairy 2004: viii）。已故的馬來西亞國父Tunku Abdul Rahman在1988年也曾經表示，馬來人必須獲得其他族群的幫助，才能改善他們長久以來處於弱勢的地位。

> 「經驗告訴我們，馬來人在英國所殖民的所有州屬裡沒有任何棲身之所，馬來人的權益統統被拋諸腦後。馬來人的學校是整個教育領域中最簡陋的，大部分馬來子弟只接受三到四年的教育，之後他們能做的，就僅僅是找份工作糊口而已。只有非常少部分富有的馬來人有能力供他們的孩子到海外留學，但是大部分的馬來人，都是被人們輕視的族群……馬來人必須被幫

助，以便提升他們的生活水準。」

　　因此，在「各個族群共享經濟財富與資源」的前提下，「新經濟政策」的內涵也隱含著必須藉由來自其他族群的協助，馬來族群才能逐漸改善他們的弱勢地位的含意。換言之，馬來西亞政府乃在英國殖民政府的族群架構下制定相關經濟政策。除了上述的族群政策架構外，由於文化的差異，馬來西亞政府的中醫藥政策，從開始的「無為」到現在希望建立管理制度，經歷一段長時間的發展過程。

　　馬來西亞前衛生部部長拿督蔡細屬表示，馬來西亞是個多元文化與族群的國家，因此各族群都擁有本身的傳統醫藥文化。為了讓傳統醫藥文化獲得保存，馬來西亞政府一直以來均採取讓各族群的傳統醫藥產業自由發展的醫療政策。[47] 關於馬來西亞政府對中醫藥產業的管制，在中醫藥產業方面，過去任何人只要向政府相關單位申請執照，無需通過衛生部鑒定便可開設中藥店或中醫診所。為了更有效管理各個族群的傳統醫藥發展，衛生部1998年宣布了「傳統醫藥政策」（Traditional Medicines Policy），希望將傳統醫藥納入國家醫藥主流體系。由於衛生部並不瞭解各個族群之間的傳統醫藥文化與經營結構，衛生部因而推行了「傘狀組織」的監督措施，即通過召集馬來西亞五個全國性的傳統醫藥組織，包括馬來西亞華人醫藥總會、馬來人醫藥總會、印度人醫藥總會、西方輔助醫藥總會以及順勢療法總會，以擬定各總會進行「自我管制」的舉措，以讓衛生部更有效統一與管理各個不同族群的傳統醫藥機構與店鋪。2000年11月13日，馬來西亞華人醫藥總會正式接受衛生部的委任，成為負責管理全馬華人傳統中醫藥團體的單位，其「自我管制」的規範內容與管理工作事項分別是：1）醫師註冊準則，2）醫師品行道德準則，3）醫師教育課程綱要，4）中醫學院及訓練中心管理準則。

---

47 《馬來西亞華人醫藥總會50周年金禧紀念特刊》，2005年，頁7。

馬來西亞華人醫藥總會也決定將註冊與規範傳統中醫藥的工作分為兩個階段，第一階段為1998年至2003年，對象為在籍的中醫藥執業者；第二階段則從2004年開始，主要針對新入行的對象。在第一階段的規範工作中，馬來西亞華人醫藥總會根據其執業年份、年齡，加上簡單的審核分類，即完成註冊「中醫師」（Chinese Physician）與「傳統治療師」（Traditional Healer）的手續。與此同時，總會也將其他華人的民俗療法業者納入「傳統治療師」的規範範疇內。而在第二階段有關新入行的中醫師資格則比第一階段的在籍執業者嚴格許多，新入行的中醫師必須持有國外受承認的中醫藥大學或本地受承認的中醫藥學院的資格，並通過全國中醫師資格的鑒定統一考試才能註冊成為中醫師。傳統治療師則必須接受專門的療法鑒定以及為期一年的行醫安全訓練、基本教育，才能完成註冊手續。

　　對於馬來西亞華人醫藥總會願意負起監督全馬華人族群的中醫藥產業，馬來西亞衛生部總監Datuk Dr. Hj. Mohd Ismail Merican表示，因為必須通過華人醫藥總會的配合，衛生部才能及時獲知哪個中藥藥材對人體有害，同時也可以確保市面上的傳統中藥可以被安全服用（《馬來西亞華人醫藥總會50周年金禧紀念特刊》2007: 13）。馬來西亞衛生部藥劑局總監Dato Che Mohd. Zin則指出，馬來西亞共有17.4%的註冊藥物是中藥製成品，而在這之中，有60%的成藥是由本地製造廠商所製造，其餘的則從國外進口。2004年，藥劑局頻頻接獲有關偽造藥物的投訴，在接獲的案件當中，一共有43宗與服食中藥後產生副作用有關。由於不熟悉中藥材的功能與藥性，藥劑局往往無法有效管制中藥。因此，藥劑局希望馬來西亞華人醫藥總會能夠對外分享中藥的知識，以便藥劑局對中藥有更深入的認識（《馬來西亞華人醫藥總會50周年金禧紀念特刊》 2007: 13）。根據觀察，在馬來西亞衛生部所推行的「傘狀組織」的傳統醫藥組織監督措施底下，不同族群的五個全國性傳統醫藥組織在名義上雖為同一組織結構，但是實際上各個不同族群的傳統醫藥組織皆各自擬定「自我管制」的舉措。

馬來西亞政府對典當產業較早採取法律上的控制與約束，反之對待中醫藥產業的管制則遲至1998年，而對中醫藥產業的控制亦是透過第三者的配合進行間接管制。表6-1為馬來西亞政府對典當與中醫藥產業的管制模式。

表6-1：馬來西亞政府對典當與中醫藥產業的管制模式

	中醫藥產業	典當產業
展開時期	1998年	1972年
管制方式	間接式管制：透過衛生部推行「傳統醫藥政策」，衛生部結合了華、巫、印以及其他各族群形成「傘狀組織」的管制模式。	直接管制：透過制定「1972年當商法令」直接管制典當業的運作。

資料來源：作者整理。

但是，馬來西亞華人社會中的典當與中醫藥業者則比馬來西亞政府進行制度管制之前更早成立公會組織（參見表6-2）。

上述的制度性文化的發展，使得1998年以前的中醫藥產業的發展具有相當多的自主性，這個自主性多由社會網絡所支撐，以應付政府對中藥業的管制。

表6-2：馬來西亞典當與中醫藥產業公會組織的成立年表

產業	公會組織	成立年份
中醫藥產業	柔佛麻坡中醫研究所	1924
典當產業	霹靂怡保當商公會	1950

資料來源：作者整理。

問：國家對中藥、中醫藥政策有改變嗎？

答：喔，這改變太大了，他在1990年的時候開始要控制這個中藥，之前你要做什麼廣告，你要做什麼都可以。1990年他

說要開始讓中藥註冊，每個藥品都要申請。而且註冊每五年更新一次，而且愈來愈嚴。可是政府裡面都是馬來人，不懂中藥，用西藥的眼光來管理中藥，我們面對的是這個問題。

問：您有加入公會嗎？

答：有，我是中醫中藥公會，這樣才可以互相幫忙。

（PECHM6_2009）

政府的管制，較有利於成藥或科學中藥的發展。

問：政府如何管制中藥的發展？

答：主要還是管制的人的知識體系，他沒有辦法接受手工做的藥，因為他不瞭解，所以他沒有辦法接受。比方說做藥丸，政府可能不能接受，因為用手不衛生，所以這個已經全部不能做了，沒落了，淘汰了。將來馬來西亞肯定都是科學中醫、現代中醫，都是化學的東西。

問：科學中醫跟傳統中藥的療效不一樣嗎？

答：療效差很多。湯藥最好，湯藥絕對沒有副作用，可是衛生部說有很多副作用，這個是我們沒有辦法可以解釋的。

問：中醫中藥工會沒有反應嗎？

答：有有有，有爭取，但是起不了作用，中醫師不夠力。

（PECHM2_2009）

除了國家的管制措施，自1970年代以後傳統中藥的利潤下滑，也是威脅中藥業生存的原因。加上家中小孩不願繼承家業，許多受訪者都表示，只能做到自己不能做為止（PECHM2_2009）。

新加坡則是從1975年開始草擬醫藥法令，管理整個醫藥體系，並不是特別針對中藥管制。1990年代正式成立「中醫藥管理委員會」，

開始政策性的管理中醫跟中藥，從「醫」的部分開始。2002年，新加坡政府成立「中藥學院」，並要求業者要去上課。

問：新加坡政府什麼時候開始對中藥管制？
答：1975年，新加坡國會開始草擬醫藥法令。這個醫藥法令他不是針對中藥，是整個醫藥體系。其中跟我們切身有關的，是他要把一些政府認為不適合在新加坡使用的藥，歸在毒藥法令裡管制，一旦他把你列入毒藥法令管制的法令裡的範圍，這個藥就不能公開的販賣食用。

問：前陣子不是有黃蓮事件？
答：黃蓮，到現在為止都不能解禁。黃蓮是第一個被禁的藥。第二個管的就是廣告法令，70幾年他就開始管廣告了，中藥西藥都管。到了1995年、1996年的時候，政府就成立了一個「中醫藥管理委員會」，開始政策性的去管中醫跟中藥，他們先從醫開始管。大概在2000年左右他們就完成了中醫針灸師的那個註冊，先從針灸開始，然後後來就變成中醫全科，所以現在新加坡你要做針灸師，你要做中醫師都要執照。

問：規範也適用於之前執業中醫師嗎？
答：開始的時候他有實行老人老辦法，新人新辦法，什麼叫老人老辦法呢，年齡超過多少歲，你執業了多少年。你能夠提呈最少30個病人名字，說這些是你的病人，有病歷紀錄，通常他是免試讓你拿執照。那有一些人不屬於這一類的，可是他有一定的執業經驗跟時間，比如說五年或是十年，政府讓你去參加統一考試，考試過關就給你執照，還有一些人條件是比這些人還要低一點，他就讓你去上一個月的加強課程，惡補之後參加考試，及格了就讓你就業。那個時間過了之後，就全部用新的法令了，要學歷的。

問：新的法令承認哪些學歷？

答：中國有五所被承認的中醫藥大學，北京、上海、廣州、成都、南京。這五間中醫藥大學的本科生，碩士生、博士生不算喔，一定要本科生，本科生畢業的來新加坡就參加那個政府的統一考試。如果你是這五家大學以外的中國大學畢業生，你要來新加坡中醫學院重修，五年制全日的或是七年制部分時間的，合格之後要有400個小時的實習，然後參加。

問：藥的部分呢？

答：藥的這一塊，是從2000年開始要登記，叫做中成藥管制，成立一個「中成藥管理署」。從那時候開始你進口中成藥、批發中成藥、生產中成藥都必須領執照。

問：這個政策對你們來講是幫助還是阻礙？

答：一刀兩面！有好有不好。2015年他強制每個人要有GMP認證。你申請還不難，但是你要維持很難。關鍵是政府是外行人在領導內行人，我們現在新加坡拿到GMP的廠，清一色是從中國進來的半成品，不是原料開始加工是半成品，在我們專業的人看來這不叫廠。只是一個裝配線而已。隨便作業員都可以做，不需要醫藥的專業。

（SICHM1_2010）

（二）典當業

　　新加坡和馬來西亞的典當業，都是受到國家法律嚴格規範的行業。以新加坡為例，新加坡當店的數量，由1958年的32間增加至2005年的92間，數量每年都還在增加中。1989年的年總營業額為6億7千多萬元，升至1998年的11億6千萬元，到2004年約為11億元，逐年增加（何謙訓 2005: 16）。所有的當店都由律政部所屬之「當商註冊局」發照與管理。只有具有200萬註冊資金、符合專業、遵守各項法律之

品德兼優的當商，才能給予每年更新其營業執照。當商自有資金不足時，可向銀行貸款，最高可貸註冊金的五倍。據官方資料統計，1955年典當業貸出的款項達10億2,000多萬元新幣，1998年到達12億元，以新加坡300多萬人口估算，每年典當公司融資的就有200多萬人次。一般人都有能力購買價格昂貴的精品，包括金飾珠寶、名牌錶筆，遇到周轉不靈或需要現金應急時，到當店套現就能派上用場，簡易快捷，不必求人。

在2000年當商公會成立80周年會慶上，何謙誠會長指出，典當業能夠穩健的發展，應歸功於當商註冊局修訂了公正透明的典當營運和監督管理程式，保障了典當業者權益，也強化公眾對當店的信任。與此同時，在嚴格的法令規範和管制，以及互惠互利的基礎上，銀行業者也樂於提供融資援助，使當商有充足的營運資金，能給予顧客更具吸引力的典當貸款。

然而，目前的典當業，首先必須面對的瓶頸是消費金融。以往認為在當店可以比較容易取得融資，而且手續簡單，不需要擔保人。現在的年輕人比較能夠接受銀行，而且銀行手續也簡化了，年輕人就開始遲疑是否要到當店。另一個新的發展是國家介入典當業的經營。政府可能認為這個行業需要來一個大肅清，要清理門戶，從過去到現在，政府都認為當鋪業是一群吸血鬼。2002年政府開始經營當鋪，現在有5間，還繼續擴展，一開始時是向當鋪挖角鑑定師，和客家當鋪有競爭關係。

此外，家庭企業的延續與否也是現在經營者所面對的難題。現在經營的這一代還好，因為早一兩代中，一個家庭有5、6個兄弟姊妹，有時候生10個，就比較容易從這些兄弟姊妹、或是這群兄弟姊妹的第三代選人繼承。近二、三十年來，因為政府的人口政策，大部分生2個，最多也只有3個，加上接受現代化教育，對當店的經營缺乏興趣，所以如果要像從前一樣在家族或客家族群中找人的機會和成功率都很低。

至於當店的管制政策，在新加坡獨立前後有所不同。

問：請您談一下馬來西亞和新加坡的政策是否有些不同？

答：獨立以前，海峽殖民地那個時候的當鋪政策都是餉碼制。獨立以後，新加坡的比較開放，現在什麼人都可以申請，只要有資金。可是這裡（指馬來西亞）不一定。這裡要用很多政治手段啊。馬來西亞都是這樣子的。而且，馬來西亞的當店是受到法務部管理，而不是經濟部、財政部什麼的。

問：所以政府規定，當店利息是2%嗎？

答：是，新加坡才1.5％，新加坡當店一年生意做多少，都可以去他們的website抓下來。全部都有，很公開的。馬來西亞沒有的，就不透嘛。在新加坡是講透明，但是馬來西亞，讓人家知道你賺多少錢，政府如果要來跟你要錢或怎麼樣，很麻煩。所以我們就是要低調這樣子。

問：難怪這邊的業者不太接受訪問。

答：對啊。

（PEPAM3_2009）

相對於馬來西亞，新加坡的當店競爭激烈。

問：那你覺得新加坡的當店跟馬來西亞的當店有什麼差別？

答：當然他們的競爭很厲害。你看他們人口400萬，就有100多間當店。我們馬來西亞有差不多1,600萬人口，以新加坡的比例來講，馬來西亞應該有400間當店。我們現在只有200多間，所以我們這裡當然比較好做啊！

（PEPAM3_2009）

在《新加坡華人中藥行業史》調查研究一書中指出，藥材店學徒進入中藥行的原因，主要有五種由親到疏的介紹方式，1）由自己人去著手物色；2）親戚或其子弟；3）同鄉或其子弟；4）朋友或其子弟；5）親戚介紹來的。前面兩種屬具血緣關係的連帶，這在當時教育尚不普及，且職業尚未十分複雜，而新加坡一切都是以英文為主的社會下，華人繼承父親的職業或加以發展是很有可能的；而親戚的子弟，倘若自己沒有孩子來繼承或把孩子升至頭手，若看到親戚在尋找工作的，或待在家中，便由他自願或招他來做，因此當中有段描述：「新客到南洋來謀生，因人地生疏，便在親戚或同鄉的家裡，碰巧是一間藥材店，因為找不到其他工作，便在店中幫助打理一些雜務，無形中成為打雜的學徒；若無其他發展，便順理成章的在藥店學起工來。」（黃枝連 1971: 24）。

據訪談資料顯示，如此的職業與產業發展模式，一直保留到現在，但會因為不同產業文化而有些微的差異。例如典當業，因為典當的物品多在店內，且為大量現金流動的行業，加上飾碼制對擴店的限制，雇主與職員間需要相當穩固的信任基礎，所雇用的員工多為親友與同鄉。甚至許多行話與術語多是客語發音，不是相同方言群的人，和雇主沒有社會網絡作為信任基礎的人，很難進入典當業工作（張翰璧 2007）。若以新加坡的中藥材店而言，中藥材店都是華人開的。其中客家占80%，接下來是潮州人占7、8%，廣東、海南約占10%左右。客家人中，大埔的比例又多於永定人。儘管現代教育會降低方言群之間的差異，但是不同的方言群仍控制了某些特殊的行業和經濟領域，許多典當業和中藥材店的老闆和頭手都是客家人，客家人仍控制著新馬地區的典當業與中藥業。

上述的分析，可以看出客家人移民到東南亞的網絡與分布，受到四個因素的影響。

1. 殖民政府的族群政治的影響：

（1）殖民政府早期採取族群分而治之的架構，以甲必丹管理不

同族群的事務，使得華人社會的組織與秘密會社產生密切關聯性。

（2）海峽殖民政府將華人視為賺錢工具，將客家人視為最有價值的勞工，將其安置在礦區與園坵，形成農工階層的客家。

2. 華人移民網絡的影響：客家從中國往東南亞移民的時間點，決定其移出所使用的網絡，因為客家大量移民的時間與苦力貿易出現的時間一樣，因此客家移民的網絡很多是透過外國代理商和秘密會社。

3. 移入地區的產業性：早期的客家移民，移入的地區是在海峽殖民的三個港口，但是苦力貿易後的大部分客家人多集中在礦區，是在馬來聯邦（霹靂、雪蘭莪和馬六甲郊區）的範圍，而非海峽殖民地的三個港口。

4. 在移入地的人群組織方式不同：雖然是以祖籍地和語言為基礎，但在不同領域，祖籍地的內涵不同，可以是「縣籍」，也可以是「鄉籍」。

東南亞地區是除了中國、台灣之外，客家移民最多的地區，對瞭解客家族群文化的發展，具有一定程度的重要性。客家人的祖籍跨越閩、粵兩省，很難以「省籍」的地理區分來定義「客家」，因此，許多學者認為客家人社群更多是基於方言群認同，因為這種方言群的認同，使他們更易於建立起一種超越地域的全國性乃至全球性的客家人認同及聯繫網絡。然而，這種全球性的網絡並不是自然形成的，而是透過族群運動的方式建構出來的，重點是這種網絡只屬於商人階級。

然而，從當店和藥店的研究中，可以發現族群認同具有多樣性、可變性及多層次的特性。個人的自我認知中可能存在多種族群認同，但是它們對行動者的意義可能不盡相同。有些族群認同只是建立在「共同祖先」的信念，及薄弱的文化共同特徵上；在這種情況下，行動者雖然仍把自己歸為一族群的成員，但這樣的族群認同通常對行動者的意義不大，它只是自我認知中眾多群體認同的一種，而且是較沒有「我群感覺」的一種，對日常生活行動發揮的影響通常也極有限，例如受訪者的「客家認同」。但是「縣籍認同」或「鄉籍認同」卻在

日常生活中，經由商業活動時被操作的社群概念，有時只限於某一城市的範圍（例如檳城、馬六甲或新加坡），不必然超越全國或全球。這種網絡關係是一種以「鄉緣」和「血緣」為基礎，自然形成的擴散網絡，然後因為產業特性的關係，具有不同層次的「產業封閉性」（業緣），回過頭來再加強網絡內部成員間的認同。

因此，不同的族群認同對主體的意義並非固定不變的，會隨時間而有所修正、補充。一個原先無足輕重的族群認同可能經過特定的個人經歷或社會事件，重要性突然凌駕其他認同之上，例如，1957年馬來西亞獨立後，「華人」的身份認同就開始凝聚，使得族群界線的定義有所變動，連帶地也讓主體產生新的族群認同（「馬來西亞華人認同」）。換言之，族群認同是歷史的過程，也是歷史的產物。在公領域中，政治層面的族群政治問題，和族群的延續的對話，創造出「馬來西亞華人」認同，但是在經濟領域中，族群網絡的操作會更細緻到「縣籍」（大埔）、「鄉籍」（湖寮、同仁、莒村等）。族群的認同並沒有不變的本質性內涵，只是反應了複雜社會下因應不同的社會需求，在不同領域產生的人群區分。

附錄一　新加坡口述歷史檔案館相關資料

表一：新加坡口述歷史檔案館典當業相關書面資料

編號	Interviewee	Access No	篇數	文字	錄音
01	LAN Khong Kon	000120	1-15		
02	NG Kia Cheu	000236	1-11	◎	
03	LOW Cheng Gin (Dr)	000287	1-23	◎	
04	YAP Siong Eu	000316	1-11	◎	
05	ZEE Swee Fook	000412	1-12		
06	CHIN Chan Wei	000771	1-7		
07	CHIN Sit Har	000882	1-24		
08	LAM Joon Chong	000989	1-26	◎	
09	SINGH BAL Chanan	001006	1-5	◎	
10	LEE Soon Sum	001096	1-17		
11	CHIA George Cho Chee	001208	1-4		
12	LEE Ket Yam	002069	1-3		
13	SONG Moh Ngai	002304	1-25		
14	LAM Pang Chuang	002387	1-12		
15	NG Hong Fatt	002397	1-15		
16	WOO Choy Yin	002402	1-26		
17	TAN Lip Kiang	002429	1-15	◎	

表二：新加坡口述歷史檔案館中藥業相關書面資料

編號	Interviewee	Access No	篇數	文字	錄音
01	NG Whay Teck	001349	1-13	◎	
02	ANON 16	001889	11		
03	TAN Lip Kiang	002429	1-15	◎	
04	CHAN Meng	002430	1-33		
05	LEE Kim Leong	002460	1-50		◎
06	TAN Chwee Heng	002480	1-24		
07	THENG Kar Pheng	002526	1-87		
08	KOH Chin Aik (Dr)	002558	1-20		
09	LOO Geuang Fiyau	002604	1-6		
10	ANG Liang Kuan	002628	1-72		
11	HO Beng Teng	002639	1-22		
12	HO Wing	002702	1-26		
13	ONG Boo Gong	002718	1-12		
14	WONG San Lian	002719	1-63		
15	SIA Bak Chiang	002801	1-24	◎	
16	CHONG Soo Seng	002808	1-3		
17	ONG Cheng Her	002810	1-5	◎	
18	KOK Choon Siong	002811	1-7	◎	
19	KWEK Mei Lin (Ms)	002816	1-13	◎	
20	CHAN Kam Choon	002817	1-8		
21	TAN Hong Leng (Dr)	002819	1-7	◎	
22	CHIN Pan See	003088	1-9		◎
23	WONG Peng	003104	1-18		◎
24	NEO Say Hai	003105	1-7		◎
25	LIEW Show Kiat	003157	1-11		◎
26	NEO Kiat Siong	003174	1-16		◎

表三：新加坡口述歷史檔案館與華人族群經濟相關書面資料

編號	Interviewee	Access No	篇數	文字	錄音
01	黃二甲			◎	
02	林廣喜			◎	
03	鄭桂妹			◎	
04	黃璃萍			◎	
05	WOO Lai Tong			◎	
06	LIM Soo Gan			◎	
07	KWANG Poh			◎	
08	楊文彥			◎	
09	FONG Chiok Kai			◎	
10	ONG Koh Bee			◎	
11	SOON Eng Boh			◎	
12	KWANG Koon			◎	
13	CHING Foo Kun			◎	
14	GOH Hong Giap			◎	
15	CHIU Jim			◎	
16	NG Kia Cheu			◎	
17	林南生			◎	
18	劉蘭香			◎	
19	THAM Kum Wing			◎	
20	施方平			◎	
21	LEE Sam			◎	
22	LIAW Ching Sing			◎	
23	CHUA Koon Seng			◎	
24	ONG Chye Hock			◎	

表四：新加坡口述歷史檔案館與華人族群經濟相關錄音資料

編號	Interviewee	Access No	篇數	文字	錄音
01	LEE Soon Sum	001096	1-17		◎
02	CHIA Georgr Cho Chee	001208	1-4		◎
03	CHIN Chan Wei	00771	1-7		◎
04	CHIN Sit Har	000882	1-24		◎
05	CHONG Chun Yung	0001346	1-5		◎
06	FOO Kuan Ying	000154	1-4		◎
07	HO Teck Min	002940	1-3		◎
08	HO Chow Hong	001220	1-6		◎
09	LAI Kok Siong	001080	1-4		◎
10	NG Hong Fatt	002397	1-15		◎
11	TAN Soon Hua	001159	1-6		◎
12	WONG Kwong Sheng	000439	1-2		◎
13	WOO Choy Yin	002402	1-26		◎

附錄二 新加坡與馬來西亞當商與中藥商訪談資料表

表一：新加坡受訪當商基本資料

個案編號	性別	受訪者身份	受訪時間	祖籍
P001	男	當店老闆	2006	大埔
P002	男	當店老闆	2006	大埔
P003	男	當店老闆	2006	大埔
P004	男	當店老闆	2006	大埔
P005	男	當店老闆	2006	大埔
P006	男	當店老闆	2006	大埔
P007	男	當店老闆	2006	大埔
P008	男	當店老闆	2006	大埔
P009	男	當店老闆	2006	大埔
P010	女	當店經營者	2006	河婆
P011	男	當店老闆	2006	大埔
P012	男	當店老闆	2006	大埔
P013	男	當店老闆	2006	潮州
P014	男	當店老闆	2006	大埔
P015	男	當店老闆	2006	大埔
P016	女	當店經營者	2006	廣東
P017	男	當店老闆	2006	大埔
P018	男	當店老闆	2006	大埔

表二：馬來西亞受訪當商基本資料

個案編號	性別	受訪者身份	受訪時間	祖籍
P001	男	當店老闆	2007	大埔
P002	男	當商公會理事長	2008	大埔
P003	男	當店老闆	2008	大埔
P004	男	當店老闆	2008	大埔
P005	男	當店老闆	2008	大埔
P006	男	當店老闆	2008	大埔
P007	男	當店老闆	2009	大埔
P008	男	當店老闆	2009	大埔

表三：馬來西亞受訪中藥商基本資料

個案編號	性別	受訪者身份	受訪時間	祖籍
P001	男	中藥店老闆	2007	大埔
P002	男	中藥店老闆	2008	大埔
P003	男	中藥店老闆	2008	大埔
P004	男	中藥店老闆	2008	大埔
P005	男	中藥店老闆	2008	大埔
P006	男	中藥店老闆	2008	大埔
P007	男	中藥店老闆	2008	大埔
P008	男	中藥店老闆	2008	大埔
P009	女	中藥店老闆	2009	大埔
P010	男	中藥店老闆	2009	潮州
P011	男	中醫學院院長	2009	大埔
P012	男	中藥店老闆	2009	大埔
P013	男	中藥店老闆	2009	大埔
P014	男	中藥店老闆	2009	大埔
P015	男	中藥店老闆	2009	大埔

附錄三　當商公會會員名單

編號	當鋪名稱（中文）	當鋪名稱（英文）	當鋪負責人
1	旺倡當（私人）有限公司	BAN CHONG PAWNSHOP PTE LTD	藍健明
2	萬和當（私人）有限公司	BAN FOH PAWNSHOP PTE LTD	藍善德
3	萬興當（私人）有限公司	BAN HIN PAWNSHOP PTE LTD	楊萬柱
4	萬裕當（私人）有限公司	BAN JOO PAWNSHOP	朱松茂
5	萬金當有限公司	BAN KIM PAWNSHOP PTE LTD	黃國興
6	萬聯當（私人）有限公司	BAN LIAN PAWNSHOP PTE LTD	Tan Hong Yee
7	萬成當（私人）有限公司	BAN SENG PAWNSHOP PTE LTD	藍鈞隨
8	萬順當（私人）有限公司	BAN SOON PAWNSHOP PTE LTD	黃偉強
9	萬山當（私人）有限公司	BAN SUN PAWNSHOP PTE LTD	藍仲鳴
10	萬侑當（私人）有限公司	BAN YU PAWNSHOP PTE LTD	何應培
11	萬利當（私人）有限公司	BANLI PAWNSHOP PTE LTD	藍福生
12	勿洛當（私人）有限公司	BEDOK PAWNSHOP PTE LTD	楊開發
13	昌利當（私人）有限公司	CHONG LEE PAWNSHOP PTE LTD	何利國
14	再發當有限公司	CHYE FATT PAWNSHOP PTE LTD	劉再光
15	再興當（私人）有限公司	CHYE HIN PAWNSHOP PTE LTD	劉愛群

16	再順當有限公司	CHYE SOON PAWNSHOP PTE LTD	劉再光
17	金文泰當（私人）有限公司	CLEMENTI PAWNSHOP PTE LTD	鄔始衡
18	達利當（私人）有限公司	DA LI PAWNSHOP PTE LTD	關如竹
19	第一當店（私人）有限公司	FIRST PAWNSHOP PTE LTD	林錦省
20	福昌當（私人）有限公司	FOOK CHEONG PAWNSHOP PTE LTD	楊興發
21	福興當（私人）有限公司	FOOK HIN PAWNSHOP PTE LTD	楊開發
22	福聯當（私人）有限公司	FOOK LIAN PAWNSHOP PTE LTD	藍松威
23	福順當（私人）有限公司	FOOK SOON PAWNSHOP PTE LTD	藍長安
24	福泰當（私人）有限公司	FOOK THAI PAWNSHOP PTE LTD	藍貴平
25	恒發當（私人）有限公司	HENG FATT PAWNSHOP PTE LTD	饒尚仁PPA
26	興興當（私人）有限公司	HENG HENG PAWNSHOP PTE LTD	藍啟來
27	恒隆當（私人）有限公司	HENG LEONG PAWNSHOP (PTE) LTD	饒尚仁PPA
28	恒生當（私人）有限公司	HENG SENG PAWNSHOP CO PTE LTD	何謙誠
29	恒順當（私人）有限公司	HENG SOON PAWNSHOP PTE LTD	何謙證
30	興發當（私人）有限公司	HIN FATT PAWNSHOP PTE LTD	藍滾泉
31	興隆當（私人）有限公司	HIN LOONG PAWNSHOP PTE LTD	藍建權
32	華聯當（私人）有限公司	HUA LIAN PAWNSHOP PTE LTD	陳泅吉

33	合發當（私人）有限公司	HUP FATT PAWNSHOP CO PTE LTD	李志發
34	裕華當（私人）有限公司	JOO HWA PAWNSHOP PTE LTD	羅天榮
35	裕達當（私人）有限公司	JOO TUCK PAWNSHOP PTE LTD	范亞財
36	裕榔當（私人）有限公司	JURONG PAWNSHOP PTE LTD	何利正
37	金興當（私人）有限公司	KIM HENG PAWNSHOP PTE LTD	葉鴻林
38	公興當（私人）有限公司	KONG HIN PAWNSHOP PTE LTD	黃德昭
39	光興當（私人）有限公司	KWONG HIN PAWNSHOP PTE LTD	劉再光
40	聯昌當（私人）有限公司	LIAN CHONG PAWNSHOP PTE LTD	藍欽海
41	聯豐當（私人）有限公司	LIAN FOONG PAWNSHOP PTE LTD	胡立
42	聯合當（私人）有限公司	LIAN HE PAWNSHOP PTE LTD	藍銳泉
43	聯興當（私人）有限公司	LIAN HIN PAWNSHOP PTE LTD	藍雄兒
44	聯泰當（私人）有限公司	LIAN THYE PAWNSHOP PTE LTD	李克炫
45	聯發當（私人）有限公司	LIEN FATT PAWNSHOP PTE LTD	李志發
46	隆盛當（私人）有限公司	LOONG SHING PAWNSHOP PTE LTD	藍其樑
47	馬西嶺當有限公司	MARSILING PAWNSHOP PTE LTD	鄔順山
48	民聯當（私人）有限公司	MIN LIAN PAWNSHOP PTE LTD	李克鐺

49	民生當（私人）有限公司	MIN SENG PAWNSHOP PTE LTD	李克炎
50	民泰當有限公司	MIN TAI PAWNSHOP PTE LTD	藍潤煜
51	明盛當（私人）有限公司	MING SHING PAWNSHOP PTE LTD	劉達煒
52	南昌當（私人）有限公司	NAM CHEONG PAWNSHOP PTE LTD	蕭鴻佑
53	三泰當紹記	SAM THAY SIEW KEE PAWNSHOP	黃良天
54	三巴旺德興當（私人）有限公司	SEMBAWANG TECK HING PAWNSHOP PTE LTD	藍延坤
55	盛港當（私人）有限公司	SENGKANG PAWNSHOP PTE LTD	廖樞昇
56	盛昌當（私人）有限公司	SHENG CHEONG PAWNSHOP PTE LTD	藍嘉興
57	盛興當（私人）有限公司	SHING HENG PAWNSHOP PTE LTD	劉智評
58	盛發當（私人）有限公司	SHING HUAT PAWNSHOP PTE LTD	劉達煒
59	新聯當（私人）有限公司	SIN LIAN PAWNSHOP PTE LTD	鄔祖壽
60	順昌當（私人）有限公司	SOON CHONG PAWNSHOP PTE LTD	賀樂基
61	順興當（私人）有限公司	SOON HIN PAWNSHOP PTE LTD	賀安基
62	順豐當（私人）有限公司	SOON HONG PAWNSHOP PTE LTD	鄔東成
63	順順當（私人）有限公司	SOON SOON PAWNSHOP PTE LTD	姚賢周
64	順利當（私人）有限公司	SOONLI PAWNSHOP PTE LTD	姚賢周

65	德利當（私人）有限公司	TACK LEE PAWNSHOP PTE LTD	藍維銘
66	德盛當（私人）有限公司	TACK SING PAWNSHOP PTE LTD	藍偉鳴
67	泰英當（私人）有限公司	TAI ENG PAWNSHOP PTE LTD	楊啟鑫
68	泰興當（私人）有限公司總行	TAI HIN PAWNSHOP PTE LTD	楊萬成
69	泰興當（私人）有限公司分行	TAI HIN PAWNSHOP PTE LTD	楊萬仰
70	大祥當（私人）有限公司	TAI SIANG PAWNSHOP PTE LTD	廖健良
71	淡濱尼當（私人）有限公司	TAMPINES PAWNSHOP PTE LTD	藍南鳴
72	德昌當（私人）有限公司	TECK CHONG PAWNSHOP	何雨村
73	德興當義記（私人）有限公司	TECK HING PAWNSHOP (NGEE KEE) PTE LTD	藍道修
74	泰昌當（私人）有限公司	THAI CHONG PAWNSHOP PTE LTD	藍南賽
75	泰豐當（私人）有限公司	THAI HONG PAWNSHOP (PTE) LTD	黃炳坤
76	泰安當（私人）有限公司	THAI ONN PAWNSHOP PTE LTD	謝耀煌
77	泰盛當（私人）有限公司	THAI SHIN PAWNSHOP PTE LTD	饒尚仁PPA
78	泰山當（私人）有限公司	THAI SUN PAWNSHOP PTE LTD	翁佛生
79	泰通當（私人）有限公司	THAI THONG PAWNSHOP PTE LTD	翁佛生
80	大益當（私人）有限公司	THYE EIK PAWNSHOP PTE LTD	鄔順山

81	大裕當（私人）有限公司	THYE JOO PAWNSHOP PTE LTD	鄔高傳
82	大聯當（私人）有限公司	THYE LIAN PAWNSHOP PTE LTD	劉鏑發
83	大順當（私人）有限公司	THYE SOON PAWNSHOP PTE LTD	胡和平
84	友聯當（私人）有限公司	UNITED PAWNSHOP PTE LTD	陳油吉
85	方圓當（私人）有限公司	VALUEMAX PAWNSHOP PT LTD	姚正偉
86	萬強當（私人）有限公司	WAN KEONG PAWNSHOP PTE LTD	何旺先
87	萬安當（私人）有限公司	WAN ONN PAWNSHOP PTE LTD	黃念沛
88	榮德當（私人）有限公司	WING TECK PAWNSHOP PTE LTD	藍秉樞
89	益權當（私人）有限公司	YICK KOON PTE LTD	黃炳權
90	永盛當（私人）有限公司	YONG SHENG PAWNSHOP PTE LTD	陳行良
91	永德當（私人）有限公司	YONG TECK PAWNSHOP PTE LTD	范慶福
92	正港當（私人）有限公司	ZHENG GANG PAWNSHOP PTE LTD	廖樞升

資料來源：新加坡當商公會（Singapore Pawnbrokers' Association），檢索日期：2008年3月25日。

參考文獻

Aimes, H. H. S., 1967, *A History of Slavery in Cuba, 1511-1868*. New York: Octagon Books.

Aldrich, Howard E., & Waldinger, R., 1990, "Ethnicity and Entrepreneurship." *Annual Review of Sociology* 16: 111-135.

Andaya, B. W., & Andaya, L. Y., 1982, *A History of Malaysia*. London: The Macmillan Press.

Baker, Jim, 1999, *Crossroads: A Popular History of Malaysia & Singapore*. Singapore: Times Editions.

Barth, Fredrik, 1969, "Introduction." pp. 9-38 in *Ethnic Groups and Boundaries: the Social Organization of Culture Difference*, edited by Fredrik Barth. U. S. A.: Waveland Press.

Biggart, Nicole Woolsey, 2001, "Banking on Each Other: The Situational Logic of Rotating Savings and Credit Associations." *Advances in Qualitative Organization Research* 3: 129-153.

Bloch, 1941, "Apologie pour l'histoire ou le métier d'historien." Paris, 1949, 1974.

Blythe, Wilfred, 1969, *The impact of Chinese secret societies in Malaya: a historical study*. London: Oxford University Press.

Bonacich, Edna, 1973, "A Theory of Middleman Minorities." *American Sociological Review* 38(5): 583-594.

Bonacich, Edna, 1980, "Middleman Minorities and Advanced Capitalism." *Ethnic Groups* 2: 211-219.

Bonacich, Edna, 1993, *The Other Side of Ethnic Entrepreneurship: A Dialogue With Waldinger*. Aldrich, Ward And Associates.

Bonacich, Edna, and Modell, John, 1980, *The Economic Basis of Ethnicsolidarity*. Berkeley And Los Angeles: University of California Press.

Bonacich, P., 1987, "Power and Centrality: A Family of Measures." *American Journal of Sociology* 92: 1170-1182.

Bort, Balthasar (Trans. M. J. Bremner), 1927, *Report of Governor Balthasar Bort on Malacca, 1678*. Singapore: Malayan Branch, Royal Asiatic Society.

Bourdieu, Pierre, 1979, "Les Trios Etats Du Capital Culturel." *Actea De La Recherche En Sciences Sociales* 30: 3-6.

Bourdieu, Pierre, 1980, "Le Capital Social: Notes Provisoires." *Actea De La Recherche En Sciences Sociales* 31: 2-3.

Bourdieu, Pierre, 1986, "The Forms of Capital." pp. 241-258 in *Handbook of Theory and Esearch for the Sociology of Education*, edited by J. G. Richardson. Westport, CT: Greenwood Press.

Bourdieu, Pierre, 1992, *The Logic of Practice*. Cambridge: Polity.

Bourdieu, Pierre, 2005, "Principles of an Economic Anthropology." pp. 75-89 in *The Handbook of Economic Sociology*, edited by Neil J. Smelser and Richard Swedberg. Princeton: Princeton University Press; New York: Russell Sage Foundation.

Boyd, Monica, 1989. "Family and Personal Networks in International Migration: Recent Development and New Agenda." *International Migration Review* 23: 638-670.

Breckenridge, Carol A., & Van der Veer, Peter, 1993, *Orientalism and the postcolonial predicament: perspectives on South Asia*. U. S. A: University of Pennsylvania Press.

Brooks, Ann, 2004, "The Uncertain Configurations of a Politics of Location: The Intersection of Postcolonial, Feminist, and Nationalist Discourses in Understanding Chinese Diasporic Communities." pp. 15-31 in *Asian Diasporas: Cultures, Identities, Representations*, edited by Robbie B. H. Goh and Shawn Wong. Hong Kong: Hong Kong University Press.

Burt, Ronald S., 1992, *Structural Holes*, Cambridge: Harvard University Press.

Campbell, P. C., 1923, *Chinese Coolie emigration to countries within the British Empire*. London: P. S. King & Son.

Cardoso, F. H., and Faletto, E., eds., 1979, "Preface to the English Editions." pp. vii-xxv in *Dependency and Development in Latin America*. Berkeley: University of California Press.

Carstens, Sharon A., 1983, "Pulai, Hakka, Chinese Malaysian: a labyrinth of cultural identities." pp. 79-98 in *The Chinese in Southeast Asia: Identity, culture and politics*, edited by L. A. P. Gosling and L. Lim. Singapore: Maruzen Asia.

Carstens, Sharon A., 1993, "Chinese culture and polity in nineteenth-century Malaya: The case of Yap Ah Loy." pp. 120-152 in *"Secret societies" reconsidered: perspectives on the social history of early modern South China and Southeast Asia*, edited by David Ownby and Mary Somers Heidheus. New York: M. E. Sharpe.

Carstens, Sharon A., 1996, "Form and Content in Hakka Malaysian Culture." pp. 124-148 in *Guest People: Hakka Identity in China and Abroad*, edited by Nicole Constable. Seattle and London: University of Washington Press.

Chai, Hon Chan, 1967, *The development of British Malaya, 1896-1909*. Kuala Lumpur: Oxford University Press.

Chander, R., 1972, *1970 Population and Housing Census of Malaysia: Community Groups*. Kuala Lumpur: Department of Statistics.

Chen, Ta, 1967, First published in 1923, *Chinese migrations, with special reference to labor conditions*. Taipei: Ch'eng Wen.

Cheng, Lim Keak, 1985, *Social change and the Chinese in Singapore*. Singapore: Singapore University Press.

Cheng, Lim Keak, 1990, "Reflection on the changing roles of Chinese clan associations in Singapore." *Asian Culture* 14: 57-70.

Cheng, Lim Keak, 1995, "Patterns of social alignment: a case study of Hakka associations in Singapore." *Southeast Asian Studies* 32 (4): 477- 494.

Caiden, G. E., 1991, *Administrative Reform Comes of Age*. Berlin: Walter De Gruyter.

Chou Yu-min, 1998, "The Role of Overseas Chinese Capital in the Economic Integration of East Asia." pp. 111-119 in *The Chinese Diaspora: Selected Essays*, Vol. I, edited by Wang Ling-chi and Wang Gungwu. Singapore: Times Academic Press.

Chow, Rey, 1993, "Postmodern Automatons." pp. 55-72 in *Writing Diaspora: Tactics of Intervention in Contemporary Cultural Studies*, Bloomington: Indiana University Press.

Clammer, John, 2002, "Diaspora and Identity: Cultural Studies and Southeast Asian Realities/Studies." pp. 9-33 in *Diaspora and Identity: The Sociology of Culture in Southeast Asia*. Selangor Darul Ehsan, Malaysia: Pelanduk Publications.

Clark, M., and Payne, R. L., 1997, "The Nature And Structure Of Workers' Trustinmanagement." *Journal of Organizational Behavior* 18: 205-224.

Cohen, Myron L., 1996, "The Hakka or 'Guest People': Dialect as a Sociocultural Variable in Southeast China." in *Guest People: Hakka Identity in China and Abroad*, edited by Nicole Constable. Seattle: University of Washington Press.

Cohen, Myron L., 1976, *House United, House Divided: The Chinese Family in Taiwan*. U.S.A: Columbia University Press.

Cohen, Myron, 1969, "Agnatic Kinship In South Taiwan." *Ethnology* 8(2): 167-182.

Coleman, James S., 1988, "Social Capital In The Creation Of Human Capital." *American Journal of Sociology* 94: 95-120.

Coleman, James S., 1990, *Foundations of Social Theory*. Cambridge: Harvard University Press.

Coleman, James S., 1994, "Social capital, human Capital, and investment in youth." pp. 34-50 in *Youth unempolyment and society*, edited by A. C. Peterson & J. T. Mortimer. Cambridge: Cambridge University Press.

Comber, Leonard Francis, 1959, *Chinese secret societies in Malaya: a survey of triad society from 1800-1900*. New York: J. J. Augustine.

Constable, Nicole, 1994, *Christian Souls and Chinese Spirits: A Hakka Community in Hong Kong*. Berkeley: University of California.

Constable, Nicole, 1996, *Guest People: Hakka Identity in China and Abroad*. Seattle: University of Washington Press.

Cornelius, W. A., and Kemper, R. V., eds., 1978, *Metropolitan Latin America: the Challenge and the Response.* Beverly Hills: Sage.

Coughlin, R. J., 1960, *Double Identity: The Chinese in Modern Thailand.* Hong Kong: Hong Kong University Press.

Craib, Ian, 1997, *Classical Social Theory.* New York: Oxford University Press.

Dalton, Melville, 1959, *Men Who Manage.* New York: Wiley.

Dasgupta, Partha, 1988, "Trust as a Commodity." pp. 49-72 in *Trust: Making and Breaking Cooperative Relations*, edited by Diego Gambetta. Oxford: Basil Blackwell.

Debernardi, Jean, 2009, *Penang: Rites of Belonging in a Malaysian Chinese Community.* Singapore: National Singapore University Press.

Del Tufo, M. V., 1949, *Malaya Comprising the Federation of Malaya and the Colony of Singapore: A Report on the 1947 Census of Population.* London: Crown Agents for the Colonies.

Dinerman, I. R., 1978, "Patterns of Adaptation among Households of U. S.-Bound Migrants from Michoacan, Mexico." *International Migration Review* 12 (4): 485-501.

Durkheim, E., 1984, *The Division of Labor in Society*, pp. 257-262.

Eitel, E. J., 1873-74, "An outline history of the Hakkas." *China Review* 2: 160-164.

Fawcett, James. T., 1989, "Networks, Linkages, and Migration Systems." *International Migration Review* 23: 671-680.

Fernandez, Roberto M., Castilla, Emilio J., and Moore, Paul, 2000, "Social Capital at Work: Networks and Employment at a Phone Center." *American Journal of Sociology* 105: 1288-1356.

Freedman, Linton C., 1979, "Centrality in *Social Networks*: I. Conceptual Clarification." *Social Networks* 1: 215-239.

Geertz, Clifford, 1973, *The Interpretation of Cultures.* New York: Basic Books.

Gmelch, George & Zenner, Walter P., eds., 2002, *Urban Life: Readings in the Anthropology of the City. Part 4 Migration and Adaptation of Migrants to City Life.*

Godley, Michael R., 1981, *The Mandarin-capitalists from Nanyang: Overseas Chinese enterprise in the modernization of China, 1893-1911*. Cambridge: Cambridge University Press.

Goh, Robbie B. H., 2004, "Diaspora and Violence: Cultural/Spatial Production, Abjection, and Exchange." pp. 33-51 in *Asian Diasporas: Cultures, Identities, Representations*, edited by Robbie B. H. Goh and Shawn Wong. Hong Kong: Hong Kong University Press.

Goh, Robbie B. H., 2004, "The Culture of Asian Diasporas: Integrating/Interrogating (Im)migration, Habitus, Textuality." pp. 1-13 in *Asian Diasporas: Cultures, Identities, Representations*, edited by Robbie B. H. Goh and Shawn Wong. Hong Kong: Hong Kong University Press.

Granovetter, Mark, 1973, "The Strength of Weak Ties." *American Journal of Sociology* 78(6): 1360-1380.

Granovetter, Mark, 1985, "Economic Action and Social Structure: The Problem of Embeddedness." *American Journal of Sociology* 91: 481-510.

Granovetter, Mark, 1992, "Problems of Explanation in Economic Sociology." pp. 25-56 in *Networks and Organizations: Structure, Form, and Action*, edited by N. Nohria and R. Eccles. Boston: Harvard Business School Press.

Granovetter, Mark, 1993, "The Nature of Economic Relationships." pp. 3-14 in *Explorations in Economic Sociology*, edited by Richard Swedberg. N. Y.: Russell Sage Foundation.

Granovetter, Mark, 1995, *Getting a Job: A Study of Contacts and Careers*. 2d ed. Chicago: University of Chicago Press.

Gullick, J. M., 1953, "Capatain Speedy of Larut." *Journal of the Malayan Branch of the Royal Asiatic Society* 26(3): 1-103.

Gullick, J. M., 1969, *Malaysia*. London: Benn.

Guyot, Lucien, 劉燈譯，2006，《香辛料的歷史》。台北：玉山社。

Harris, J. R., and Todaro, M., 1970, "Migration, Unemployment and Development:

A Two Sector Analysis." *American Economic Review* 60: 139-149. March.

Harrison, C. Woodville, 1923, *An illustrated guide to the Malay States*. London: Oxford University Press.

Haveman, Heather A., & Nonnemaker, Lynn, 2000, "Competition in Multiple Geographic Markets: The Impact on Growth and Market Entry." *Administrative Science Quarterly* 45: 232-267.

Heidhues, Mary F. Somers, 1974, *Southeast Asia's Chinese Minorities*. Hong Kong: Longman.

Hodder, B. W., 1953, "Racial groupings in Singapore." *The Malayan Journal of Tropical Geography* 1: 25-36.

Hodder, B. W., 1959, *Man in Malaya*. London: University of London.

Hsiao, Hsin-Huang Michael, and Lim, Khay Thiong, 2007, "The Formation and Limitation of Hakka Identity in Southeast Asia." *Taiwan Journal of Southeast Asian Studies* 4(1): 3-28.

Hsu, Francis L. K., and Serrie, Hendrick, 1998, *The Overseas Chinese: Ethnicity in National Context*. Lanham, Md.: University Press of America.

Hutchinson, John & Smith A. D., 1996, *Ethnicity*. New York: Oxford University Press.

Jain, Ravindra Kumar, 2002, "South Asian Diaspora: A Global Perspective from India." pp. 1-17 in *South Asian Migration in Comparative Perspective: Movement, settlement and Diaspora*, edited by Hase Yasuro, Miyake Hiroyuki, and Oshikawa Fumiko. Osaka: The Japan Center for Area studies, National Museum of Ethnology.

Jarman, R. L., 1998, *Annual Reports of the Straits Settlements, 1855-1941*. London: Archive Editions Limited.

Johnson, Elizabeth Lominska, 1996, "Hakka Villagers in a Hong Kong City: The Original People of Tsuen Wan." pp. 80-97 in *Guest People: Hakka Identity in China and Abroad*, edited by Nicole Constable. Seattle and London: University of Washington Press.

Jones, Candance, 2001, "Coevolution of Entrepreneurial Careers, Institutional Rules, and Competitive Dynamics in American Film, 1895-1920." *Organization Studies* 6: 911-944.

Kearney, Michael, 1986, "From Invisible Hand to Visible Feet: Anthropological Studies of Migration and Development? " *Annual Review of Anthropology* 15: 331-361.

Khoo, Kay Kim, 1972, *The Western Malay States: 1850-1873*. Kuala Lumpur: Oxford University Press.

Khoo, Kay Kim, 1988, "Chinese economic activities in Malaya: a historical perspective." in *Economic performance in Malaysia: the insider's view*, edited by M. Nash. New York: Professors World Peace Academy.

Kiang, Clyde, 1992, *The Hakka Odyssey and Their Taiwan Homeland*. Elgin, PA: Allegheny Press.

Kratoska, Paul H., 1990, *Index to British Colonial Office Files Pertaining to British Malaya*. Kuala Lumpur: Arkib Negara Malaysia.

Kuhn, Philip A., 2008, *Chinese among others: emigration in modern times*. Lanham: Rowman & Littlefield Publishers.

Lam, Lawrence, 1998, "Migration and Settlement: Hong Kong Chinese Immigrations in Toronto, Canada." pp. 181-197 in *The Chinese Diaspora: Selected Essays*, Vol. II, edited by Wang Ling-chi & Wang Gungwu. Singapore: Times Academic Press.

Le Goff, Jacques, 1992, *History and memory*. U. S. A: Columbia University Press.

Lee, Kam Hing, 1998, "The Political Position of the Chinese in Post-Independence Malaysia." pp. 28-49 in *The Chinese Diaspora: Selected Essays*, Vol. II, edited by Wang Ling-chi & Wang Gungwu. Singapore: Times Academic Press.

Lee, Kam Hing, and Tan, Chee-Beng, 2000, "Introduction." in *The Chinese in Malaysia*, edited by Lee Kam Hing & Tan Chee-Beng. New York: Oxford University Press.

Light, Ivan, 1972, *Ethnic Enterprise in America*. Berkeley and Los Angeles: University of California Press.

Light, Ivan, & Karageorgis, Stravoras, 1994, "Ethnic Economy." pp. 368-402 in *Handbook for Economic Sociology*, edited by Neil Smelser and Richard Swedberg. N. Y.: Russell Sage Foundation.

Light, Ivan, & Karageorgis, Stravoras, 2005, "Ethnic Economy." pp. 379-402 in *Handbook for Economic Sociology*, edited by Neil Smelser and Richard Swedberg. N. Y.: Russell Sage Foundation.

Light, Ivan, & Gold, Steven J., 2000, *Ethnic Economies*. New York: Academic Press.

Light, Ivan, 1984, "Immigrant And Ethnic Enterprise In North America." *Ethnic and Racial Studies* 7: 195-216.

Light, Ivan, 2001, "Globalization, Transnationalism And Trade." *Asian And Pacific Migration Journal* 10 (1): 53-79.

Light, Ivan, 2005, "The Ethnic Economy." pp. 650-677 in *The Handbook of Economic Sociology*, edited by N. J. Smelser and R. Swedberg. Princeton: Princeton University Press.

Light, Ivan, and Bonacich, Edna, 1988, *Immigration Entrepreneurs: Koreans In Los Angeles, 1965-1982*. Berkeley and Los Angeles: University of California Press.

Lim, L. L., 1987, "IUSSP Committee on International Migration, Workshop on International Migration Systems and Workshop." *International Migration Review* 21 (2): 416-423. Summer.

Lim, Khay-Thiong, and Hsiao, Hsin-Huang Michael, 2009, "Is There a Transnational Hakka Identity? Examining Hakka Youth Ethnic Consciousness in Malaysia." *Taiwan Journal of Southeast Asian Studies* 6 (1): 49-80.

Lin, Nan, 1982, "Social Resources and Instrumental Action." pp. 131-47 in *Social Structure and Network Analysis*, edited by Peter Marsden and Nan Lin. Beverly Hills, CA: Sage Publications, Inc.

Loh, Philip Fook Seng, 1969, *The Malay States, 1877-1895: Political change and social policy*. Kuala Lumpur: Oxford University Press.

Low, James, 1836/1972, *The British Settlement of Penang*. London: Oxford University Press.

Ma Mung, Emmanuel, 1998, "Economic Arrangement and Spatial Resources: Elements of a Diaspora Economy." pp. 131-148 in *The Chinese Diaspora: Selected Essays*, Vol. II, edited by Wang Ling-chi & Wang Gungwu. Singapore: Times Academic Press.

Mahathir, Tun, 2002, *Growth and Ethnic Inequality: Malaysia's New Economic Policy*.

Mahathir, Mukhriz, and Jamaludin, Khairy, 2004, *Dasar Ekonomi Baru Intipati (Details of New Economic Policy)*. Kuala Lumpur: Utusan Publications.

Mak, Lau Fong, 1981, *The Sociology of Secret Societies*. Singapore: Oxford University Press.

Marsden, Peter V., 1993, "The Reliability of Network Density and Composition Measures." *Social Networks* 15: 399-421.

Milgram, Stanley, 1967, "The Small World Problem." *Pssychology Today* 2: 60-67.

Mills, L. A., 1925 [2003], *British Malaya, 1824-67*. Selangor: MBRAS.

Milton, Giles, 王國璋譯, 2001, 《荳蔻的故事——香料如何改變世界歷史?》。台北:究竟出版社。

Mispari, Masariah Binti, Abdul Wahab, Johara Binti, and Hasan, Ridzuan Bin, 2003, *Sejarah Tingkatan 2: Buku Teks (Text Book of History, Form 2)*. Kuala Lumpur: Dewan Bahasa dan Pustaka.

Mitchell, James Clyde, 1969, *Social Networks in Urban Situations: Analyses of Personal Relationships in Central African Towns*. Manchester: Manchester University Press.

Mizruchi, M. S., 1996, "What do interlocks do? An analysis, critique, and assessment of research on interlocking directorates." *Annual Review of Sociology* 22: 271-298.

Mon, Ramon Arturo, P., 1998, "The Latest Wave of Chinese Immigration to Panama (1985-1992): Legal Entry and Adapation Problems." pp. 72-77 in *The Chinese Diaspora: Selected Essays*, Vol. II, edited by Wang Ling-chi & Wang Gungwu. Singapore: Times Academic Press.

Morse, H. B., 1926, *The chronicles of the East India Company trading to China, 1635-1834* (Vol. I). London: Oxford University Press.

Morse, H. B., 1991，《東印度公司對華貿易編年史（第三卷）》。廣州：中山大學出版社。

Nathan, J. E., 1922, *The Census of British Malaya: The Straits Settlements, Federated Malay States and Protected States of Johore, Kedah, Perlis, Kelantan, Trengganu and Brunei.* London: Waterlow and Son Limited.

Neuman, W. Lawrence，朱柔若譯，2000，《社會研究方法：質化與量化取向》。台北：揚智文化。

Newbold, T. J., 1971 [1839], *Political and Statistical Accounts of the British Settlements in the Straits of Malacca* (Volume 1 & 2). Oxford: Oxford University Press.

Oxfeld, Ellen, 1998, "Still 'Guest People': The Reproduction of Hakka Identity in Calcutta, India." pp. 242-268 in *The Chinese Diaspora: Selected Essays*, Vol. II, edited by Wang Ling-chi & Wang Gungwu. Singapore: Times Academic Press.

Parkinson, C. Northcote, 1960, *British intervention in Malaya, 1867-1877.* Singapore: University of Malaya Press.

Pawnbrokers Act 1972 (Act 81) and Regulations, 2006. Kuala Lumpur: International Law Books Services.

Pickering, W. A., 1876, "The Chinese in the Straits of Malacca." *Frazer's Magazine.*

Polanyi, Karl, 1957, *The Great Transformation.* U. S. A: Beacon Press.

Polanyi, Karl, 1992, "The Economy as Instituted Process." pp. 29-51 in *The Sociology of Economic Life*, edited by Mark Granovettor and Richard Swedberg. Boulder: Westview Press.

Portes, Alejandro, 1978, "Migration and Underdevelopment." *Politics and Society* 8(1): 1-48.

Portes, Alejandro, 1982, "Modes of Incorporation and Theories of Labor Immigration." pp. 279-297 in *Global Trends in Migration*, edited by Mary Kritz, Charles Keely, and Silvano Tomasi. New York: Center for Migration Studies.

Portes, Alejandro, 1995, "Children of Immigrants: Segmented Assimilation and its Determinants." pp. 248-279 in *The Economic Sociology of Immigration*, edited by A. Portes. New York: Russell Sage.

Portes, Alejandro, 1995, "Economic Sociology and the Sociology of Immigration: A Conceptual Overview." pp. 248-279 in *The Economic Sociology of Immigration*, edited by A. Portes. New York: Russell Sage.

Portes, Alejandro, 1995, "The Economic Sociology of Immigration: Essays on networks, ethnicity, and entrepreneurship." pp. 1-41 in *Economic Sociology and the Sociology of Immigration: A Conceptual Overview*, edited by A. Portes. New York: Russell Sage Foundation.

Portes, Alejandro, and Sensebrenner, Julia, 1993, "Embeddedness and Immigration: Notes on the Social Determinants of Economic Action." *American Journal of Sociology* 98: 1320-1350.

Portes, Alejandro, and Manning, R., 1986, "The Immigrant Enclave: Theory and Empirical Examples." pp. 47-66 in *Competitive Ethnic Relations*, edited by S. Olzak and J. Nagel. New York: University of California Press.

Portes, A., and Browning, H., eds., 1976, *Current Perspectives in Latin American Urban Research*. Austin: Institute of Latin American Studies, University of Texas.

Portes, A., and Walton, J., 1981, *Labor, Class and the International System*. New York: Academic Press.

Powell, Walter W., 1990, "Neither market nor hierarchy: Network forms of organization." *Research in organizational behavior* 12: 295-336.

Purcell, Victor, 1950，劉前度譯，《馬來亞華僑史》。檳城：光華日報。

Purcell, Victor, 1956, *The Chinese in Modern Malaya*. Singapore: Donald Moore.

Purcell, Victor, 1967, *The Chinese in Malaya*. London: Oxford University Press.

Redding, S. Gordon, 1993, *The Spirit of Chinese Capitalism*. Walter de Gruyter.

Reid, Anthony, 孫來臣、李塔娜、吳小安譯，2010，《東南亞的貿易時代：1450-1680年（第二卷：擴張與危機）》。北京：商務印書館。

Rodrigo, Milan L., 1998, "Chinese in Sri Lanka: A Forgotten Minority." pp. 231-241 in *The Chinese Diaspora: Selected Essays*, Vol. II, edited by Wang Ling-chi & Wang Gungwu. Singapore: Times Academic Press.

Sadka, Emily, 1968, *The protected Malay States, 1874-1895.* Kuala Lumpur: University of Malaya Press.

Said, Edward W., 1979, *Orientalism.* New York: Vintage Books.

Salt, J., 1987, "Contemporary Trends in International Migration Study." *International Migration* 25 (3): 241-265. September.

Sassen-Koòb, S., 1980, "The Internationalization of the Labor Force." *Studies in Comparative International Development*, 15 (4): 3-25.

Sheffer, Gabriel, 2003, "Primary Questions and Hypotheses." pp. 8-31 in *Diaspora Politics: At Home Abroad*, Ch. 1. New York: Cambridge University Press.

Sheffer, Gabriel, 2003, "A Collective Portrait of Contemporary Diaspora." pp. 65-98 in *Diaspora Politics: At Home Abroad*, Ch. 3. New York: Cambridge University Press.

Sheffer, Gabriel, 2003, "Stateless and State-Linked Diasporas." pp. 148-179 in *Diaspora Politics: At Home Abroad*, Ch. 6. New York: Cambridge University Press.

Sheffer, Gabriel, 2003, "Loyalty." pp. 219-238 in *Diaspora Politics: At Home Abroad*, Ch. 9. New York: Cambridge University Press.

Shiraishi, T., 1997, "Anti-Sinicism in Java's New Order." pp. 187-207 in *Essential Outsiders: Chinese and Jews in the Modern Transformation of Southeast Asia and Central Europe*, edited by D. Chirot & A. Reid. Seattle: University of Washington Press.

Simmel, Georg, 1922 [1955], *Conflict and the Web of Group Affiliations*, translated and edited by Kurt Wolff. Glencoe. IL: Free Press.

Sinn, Elizabeth, 1998, "A Study of Regional Associations as a Bonding Mechanism in the Chinese Diaspora: The Hong Kong Experience." pp. 268-287 in *The Chinese Diaspora: Selected Essays*, Vol. I, edited by Wang Ling-chi & Wang Gungwu. Singapore: Times Academic Press.

Skinner, G. William, 1957, *Chinese Society in Thailand: An Analytical History*. N.Y.: Cornell University Press; London: Oxford University Press.

Smith-Doerr, Laurel & Powell,Walter W., 2005, "Networks and Economic Life." in *Handbook for Economic Sociology*, edited by Neil Smelser and Richard Swedberg, N. Y.: Russell Sage Foundation.

Stalker, Peter, 2002，蔡繼光譯，《國際遷徙與移民：解讀「離國出走」》。台北：書林出版。

Stenson, Michael, 1980, *Class, race and colonialism in West Malaysia: The Indian Case*. Queensland: University of Queensland Press.

Stewart, Watt, 1970, *Chinese Bondage in Peru: a History of the Chinese coolie in Peru, 1849-1874*. U. S. A.: Greenwood.

Sutherland, Heather, 2003, *From the particular to the general: local communities and collective history*. Singapore: Newsletter of Chinese Heritage Center.

Suryadinata, Leo, 2007, *Understanding the Ethnic Chinese in Southeast Asia*. Singapore: Institute of Southeast Asian Stuides.

Swedberg, Richard, 1998, "Basic Concepts in Weber's Economic Sociology." in *Max Weber and the Idea of Economic Sociology*, Chapter 2. Princeton, N. J.: University of Washington Press.

Swettenham, Frank, 1907, *British Malaya*. London: John Lane.

Tan, Chee Beng, 1998, "People of Chinese Descent: Language, Nationality and Identity." pp. 29-48 in *The Chinese Diaspora: Selected Essays*, Vol. I, edited by Wang Ling-chi & Wang Gungwu. Singapore: Times Academic Press.

Tan, Chee-Beng, 2000, "Socio-cultural Diversities and Identities." pp. 37-70 in *The Chinese in Malaysia*, edited by Lee Kam Hing & Tan Chee-Beng. New York: Oxford University Press.

Tarling, Nicholas, ed., 王士祿、李晨陽、胡華生、朱振明等譯，2003，《劍橋東南亞史》。昆明：雲南人民出版社。

Tate, D. J. M., 1979, *The Making of Modern Southeast Asia*, Vol. II. Singapore: Oxford

University Press.

Thong Choong Khat, 2005, " 'Business Plan' and Development in Traditional Chinese Medicines in Malaysia." pp. 204-214 in *Federation of Chinese Physicians and Medicine Dealers Associations of Malaysia: The 50th Golden Anniversary (1955-2005)*. Malaysia.

Tseng, Yen-Fen, and Wu, Chia-ling, 2004, "Where do epidemics prevention measures come from? Controlling the randomness of SARS risk in 2003." *Global Challenges and Local Responses*. International Symposium organized by International Sociological Association and Department of Sociology at National Singapore University, March 14-16, Singapore.

Tseng, Yen-Fen, and Jou, Sue-Ching, 2000, "Taiwan-Taiwanese American Lingkages: A Transnationalim Approach to Return Migration." Presented at American Sociological Association Annual Meetings, Asia and Asian American regular section, August 16, 2000.

Tseng, Yen-Fen, and Zhou, Yu, 2001, "Immigrant Economy in a Pacific Rim Context: Chinese Businesses in Los Angeles." in *The Chinese Triangle of Mainland-Taiwan-Hong Kong: Comparative Institutional Analyses*, edited by Alvin So, Nan Lin, and Dudley Poston. Greenwood Press.

Tseng, Yen-Fen, 1994, "Chinese Ethnic Economy." *Journal of Urban Affairs*, Vol.16, No. 2: 169-189.

Tseng, Yen-Fen, 1995, "Beyond Little Taipei: Taiwanese Immigrant Businesses in Los Angeles." *International Migration Review* 29: 33-58.

Tseng, Yen-Fen, 1996, "Economic Sociology of Immigrant Entrepreneurship: Ethnic Resources as Forms of Social Capital." Presented at the International Conference of Flexible Production and Governance Structure in East Asia, sponsored by American Social Science Research Council and Tsin-Hwa University, Taiwan, October 3-7. 1996.

Tseng, Yen-Fen, 1997, "Immigration and Transnational Economic Linkages: Chinese

Immigrants and the Internationalization of Los Angeles." Paper presented at the International Conference on Business Firms and Economic Life, Institute of European and American Studies, Academia Sinica, May, 1997.

Tseng, Yen-Fen, 1997, "Immigration Industry: Immigration Consulting Firms in Taiwanese Business Immigration." *Asian Pacific Migration Journal*, Vol. 6 (3-4): 275-295.

Tseng, Yen-Fen, 1998, "The Mobility of Capital and Entrepreneurs: Taiwanese Capital-Linked Migration." Presented at IX Pacific Science Inter-congress, workshop on New Immigration and Pacific Rim Dynamics, November 1998.

Tseng, Yen-Fen, 1999, "Ethnicization of Labor Market by Foreign Investors: Taiwanese FDI in Indonesia." Memo presented at international workshop on Changing Nature of Work in East Asia, organized by East Asian Advisory Panel of American Social Science Research Council, June, 1999.

Tseng, Yen-Fen, 2000, "Foreign Direct Investment and Changing Labor Relations in Asia." Presented at international workshop on "Changing labor relations: Latin America and Asia compared," organized by Social Science Research Council (US) and FLACSO-Costa Rica, Costa Rica, July, 2000.

Tseng, Yen-Fen, 2000, "Immigrant Firms and Transnational Embeddedness." in *Social Embeddedness of Corporate Governance under Transformation: International Perspectives*, edited by Rueyling Tzeng and Uzzi Brian. Peter Lang Publications Inc.

Tseng, Yen-Fen, 2000, "The mobility of entrepreneurs and capital: Taiwanese capital-linked migration," *International Migration*, No. 2: 143-168.

Tseng, Yen-Fen, 2001, "New Patterns of Taiwanese Emigration: Capital-Linked Migration and its Importance for Economic Development." in *Understanding Modern Taiwan: Essays in Economic, Politics and Social Policy*, edited by Christian Aspalter. London: Ashgate

Tseng, Yen-Fen, 2001, "The State and the Foreigners: Foreign Worker Policy in Taiwan." International Sociogical Association RC 31 Sociology of Migration Intercongress meetings, University of Liege, Belgium, May 2001.

Tseng, Yen-Fen, 2002, "Diasporic Linkages, Identity Politics, and Transnationalism." Accepted for formal presentation at International Sociological Association World Congress RC05-Ethnic, Race, and Minority Relations, session on "Transnationalism, the economy and identity", Brisbane, Australia, 7-13 July, 2002.

Tseng, Yen-Fen, 2002, "From Us to Them: Diasporic Linkages and Identity Politics." *Identities: Global Studies in Culture and Power* (4) : 383-404.

Tseng, Yen-Fen, 2004, "Politics of Importing Foreigners: Taiwan's Foreign Labor Policy." pp. 101-120 in *Migration Between States and Markets*, Chapter 7, edited by Han Entzinger, Marco Martiniello, and Catherine Wihtol de Wenden et al. Ashgate Publishers.

Tseng, Yen-Fen, 2005, "Permanently Temporary: Taiwanese business nomads as reluctant migrants." *Asian Migrations: Sojourning, Displacement, Homecoming and other Travels*. Singapore: National University of Singapore.

Tseng, Yen-Fen, 2005, "Upstairs, Downstairs: Ethnic Division of Hierarchy in Global Workplaces." Presented at section of work, occupations, and organizations, Annual Meetings of American Sociological Association, Philadelphia, 8-13-8/16.

Tseng, Yen-Fen, Bulbeck, Chilla, Chiang, Lan-Hung Nora, and Hsu, Jung Chung, eds., 1999, *Asian Migration: Pacific Rim Dynamics, National Taiwan University, Interdisciplinary Group for Australian Studies*. Taipei, Taiwan.

Turnbull, C. M., 1972, *The Straits Settlements 1826-1867: Indian Presidency to Crown Colony*. London: Oxford University Press.

Turnbull, C. M., 1989, *A History of Singapore 1819-1975*. Singapore: Oxford University Press.

Turnbull, C. M., 1989, *A History of Singapore 1819-1988*. Singapore: Oxford University Press.

Tweedie, M. W. F., 1953, "An early Chinese Account of Kelantan." *Journal of the Malayan Branch Royal Asiatic Society* 26 (1): 216-219.

Vaughan, J. D., 1854/1971, *The Manners and Customs of the Chinese of the Straits Settlements*. Singapore: Oxford University Press.

Vlieland, C. A., 1932, *British Malaya: A Report on the 1931 Census and on Certain Problems of Vital Statistics*. England: Office of The Crown Agents For the Colonies.

Waldinger, Roger, and Tseng, Yen-Fen, 1992, "Divergent Diasporas: The Chinese Communities of New York and Los Angeles Compared." *Revue Europeene Des Migrations Internationales*, Vol. 8, No. 3: 91-115.

Waldinger, Roger, 1986, *Immigrant Enterprise*. Theory And Society: 249-285.

Walton, J., 1975, "Internal Colonialism: Problems of Definition and Measurement." pp. 29-55 in *Urbanization and Inequality: the Political Economy of Urban and Rural Development in Latin America*, edited by W. A. Cornelius and F. Trueblood. Beverly Hills: Sager.

Wang Gungwu (王賡武), 1991, "Patterns of Chinese Migration in Historical Perspective." in *China and the Chinese Overseas*, Ch. 1. Singapore: Times Academic Press.

Wang Gungwu (王賡武), 1998, "The Status of Overseas Chinese Studies." pp. 1-13 in *The Chinese Diaspora: Selected Essays*, Vol. I, edited by Wang Ling-chi & Wang Gungwu. Singapore: Times Academic Press.

Watts, D. J., and Strogatz, S. H., 1998, "Collective dynamics of 'small-world' networks." *Nature* 393 (6684): 440-442.

Weber, Max, 于曉等譯，2006，《新教倫理與資本主義精神》。台北：左岸文化。

Westerhout, 1848, "Notes on Malacca." *Journal of the Indian Archipelago* 2.

Wilkinson, R. J., 1935, "The Malacca Sultanate." *Journal of the Malayan Branch of the Royal Asiatic Society*, Vol. XIII, pt. II: 22-67.

Wong, Lin Ken, 1965, *The Malayan tin industry to 1914*. Tucson: University of Arizona Press.

Wong, Danny Tze Ken, 1998, *The Transformation of an Immigrant Society: A Study of the Chinese of North Borneo*. London: Asean Academic Press.

Wood, Charles H., 1982, "Equilibrium and Historical-Structural Perspectives on Migration?" *International Migration Review* 16 (2): 298-319.

Wu, David Yen-ho, 1998, "The Chinese in Papua New Guinea: Diaspora Culture of the late 20th Century." pp. 206-216 in *The Chinese Diaspora: Selected Essays*, Vol. II, edited by Wang Ling-chi & Wang Gungwu. Singapore: Times Academic Press.

Wu, Xian An, 2003, *Chinese Business in the Making of a Malay State, 1882-1941*. London: Routledge Curzon.

Wynne, M. L., 1941, *Triad and Tabut*. Singapore: Government Printing Office.

Yen, Ching Hwang, 1976, "Confucian Revival Movement in Singapore and Malaya." *Journal of Southeast Asian Studies* 7 (1): 33-51.

Yen, Ching Hwang, 1976, *The Oversea Chinese and the 1911 revolution with special reference to Singapore and Malaya*. Kuala Lumpur and New York: Oxford University Press.

Yen, Ching Hwang, 1978, *The Role of the Overseas Chinese in the 1911 Revolution*. Chopmen Enterprises.

Yen, Ching Hwang, 1981, "Ching Changing Images of the Overseas Chinese (1644-1912)." *Modern Asian Studies* 15: 261-285.

Yen, Ching Hwang, 1981, "Early Chinese Clan Organizations in Singapore and Malaya." *Journal of Southeast Asian Studies* 12 (1): 62-92.

Yen, Ching Hwang, 1982, "Overseas Chinese Nationalism in Singapore and Malaya 1877-1912." *Modern Asian Studies* 16: 397-425.

Yen, Ching Hwang, 1982, "The Overseas Chinese and Late Ching Economic Modernization." *Modern Asian Studies* 16: 217-232.

Yen, Ching Hwang, 1983, *Class Structure and Social Mobility in the Chinese Community in Singapore and Malaya, 1800-1911*. University of Adelaide.

Yen, Ching Hwang, 1984, "Chang, Yu, Nan and the Chaochow Railway (1904-1908) – A Case – Study of Overseas Chinese involvement in Chinas Modern Enterprise." *Modern Asian Studies* 18: 119-135.

Yen, Ching Hwang, 1985, *Coolies and Mandarins: China's Protection of Overseas Chinese during the Late Ch'ing Period* (1851-1911). Singapore: Singapore University Press.

Yen, Ching Hwang, 1986, *A Social History of the Chinese in Sinapore and Malaya, 1800-1911*. Singapore: Oxford University Press.

Yen, Ching Hwang, 1987, "Class-structure and Social-mobility in the Chinese Community in Singapore and Malaya 1800-1911." *Modern Asian Studies* 21: 417-445.

Yen, Ching Hwang, ed., 1990, *Special Issues on Ethnic Chinese aboard*. Singapore: Singapore Society of Asian Studies.

Yen, Ching Hwang, 1995, *Community and Politics: the Chinese in Colonial Singapore and Malaysia*. Singapore: Times Academic Press.

Yen, Ching Hwang, 1995, *Studies in Modern Overseas Chinese History*. Singapore: Times Academic Press.

Yen, Ching Hwang, 2000, "Historical background." in *The Chinese in Malaysia*, edited by Lee Kam Hing & Tan Chee-Beng. New York: Oxford University Press.

Yen, Ching Hwang, 2002, *The ethnic Chinese in East and Southeast Asia: business, culture and politics*. Singapore: Times Academic Press.

Yen, Ching Hwang, 2008, *The Chinese in Southeast Asia and Beyond: Socioeconomic and Political Dimensions*. Singapore: World Scientific.

Young, Iris Marion, 1990, *Justice and the Politics of Difference*. New Jersey: Princeton University Press.

Zenner, Walter, 1991, *Minorities in the Middle: A Cross-Cultural Analysis, Albany*. New York: State University of New York Press.

Zhou, Yu, and Tseng, Yen-Fen, 2000, "Regrounding the empire: the geographical condition of transnationalism – Chinese high-tech and accounting firms in Los Angeles." Presented at Association of American Geographers Annual Meetings, Pittsburg, March, 2000.

Zhou, Yu, and Tseng, Yen-Fen, 2001, "Regrounding the 'Ungrounded Empires':

Localization as the geographical catalyst for transnationalsim." *Global Networks: A Journal of Transnational Affairs* 1 (2): 131-155. Blackwell Publishers. April.

Zimmer, Catherine, and Aldrich, Howard, 1987, "Resource Mobilization through Ethnic Networks: Kinship Ties of Shopkeepers in England." *Sociological Perspectives* 30: 422-445.

Zucker, Lynne G., 1986, "Production of Trust: Institutional Sources of Economic Structure, 1840-1920." *Research in Organizational Behavior* 8: 53-111.

尹章義，2003，《台灣客家史研究》。台北：台北市客委會。

王宏仁，2001，〈家族或企業？社會價值與市場原理的矛盾與衝突〉。頁297-312，收錄於張維安編，《台灣的企業組織結構與競爭力》。台北：聯經。

王志卿，2001，〈台灣經濟的動力：中小企業的網絡化〉。頁313-355，收於張維安編，《台灣的企業組織結構與競爭力》。台北：聯經。

王東，2002，〈客家人向東南亞的早期遷移──關於其背景及特點的初步分析〉。頁167-182，收錄於鄭赤琰編，《第三屆國際客家學研討會專輯：客家與東南亞》。香港：三聯書店（香港）有限公司。

王琛發，2006，《馬來西亞客家人的宗教信仰與實踐》。吉隆坡：馬來西亞客家公會聯合會。

王賡武，1994，《中國與海外華人》。台北：臺灣商務。

王賡武，1998，《民族主義在中國的復興》。新加坡：東亞研究所。

王賡武，2005，《移民與興起的中國》。新加坡：八方文化。

王賡武，2007，《離鄉別土：境外看中華》。台北：中央研究院歷史語言研究所。

王賡武著，張奕善譯，2002，《南洋華人簡史》。台北：水牛圖書出版事業有限公司。

古鴻廷，1994，《東南亞華僑的認同問題（馬來亞篇）》。台北：聯經。

田汝康，1949，*Report on a survey of overcrowding in Kuching*。Sarawak: [s.n.]。

全漢昇，1935/1978，《中國行會制度史》。台北：食貨出版社。

安煥然，2006，〈柔佛客家人的移殖與拓墾：以「搜集柔佛客家人史料合作計劃」成果論述〉。《南方學院學報》2: 29-52。

曲彥斌，2004，《典當史》。台北：華成圖書出版股份有限公司。

朱燕華，2000，〈人際網絡與經濟活動的辯證：傳銷商的網絡建構、行動意義與權力關係〉。《台灣社會學研究》(4): 1-50。

朱燕華、張維安編著，2001，《經濟與社會：兩岸三地社會文化的分析》。台北：生智文化事業有限公司。

何謙訓，2005，《新加坡典當業縱橫談》。新加坡：新加坡茶陽會館、新加坡當商公會聯合出版。

吳彥鴻，1988，《新加坡風土志》。新加坡：新加坡潮州八邑會館文教委員會出版。

吳嘉苓、曾嬿芬，2003，〈看見病毒：個人與邊界作為SARS檢疫的管制場域〉，「疫病與社會」學術研討會，台大社會科學院，民國92年11月16日。

宋旺相，1993，《新加坡華人百年史》。新加坡：新加坡中華總商會。

巫文玲，1999，〈1999年國內製藥產業動向〉。《生技／醫藥速報半月刊》11: 10-13。

李亦園，1970，《一個移植的市鎮——馬來亞華人市鎮生活的調查研究》。台北：中央研究院民族學研究所。

李松，1983，《新加坡中醫藥的發展（1349-1983）》。新加坡：新育書局。

李松，1986，《馬來西亞中醫藥的發展（1405-1986）》。吉隆坡：新華文化。

李金龍，1990，〈新加坡戰前中醫店史話〉。頁182，收錄於《新加坡中藥公會50周年紀念刊，1940-1990》。

李金龍，2005，〈馬來西亞中醫藥發展史略〉。頁176-177，收錄於《馬來西亞華人醫藥總會50周年金禧紀念特刊》。馬來西亞：馬來西亞華人醫藥總會。

李威宜，1999，《新加坡華人游移變異的我群觀：語群、國家社群與族

群》。台北：唐山。

李恩涵，2003，《東南亞華人史》。台北：五南圖書出版股份有限公司。

李國梁，2002，〈近年來華僑華人經濟問題研究的進展和思考〉。《暨南學報》24 (1): 1-8。

杜維運，2003，《史學方法論》。台北：三民書局。

房學嘉，2002，《客家源流探奧》。台北：武陵。

林孝勝，1995，《新加坡華社與華商》。新加坡亞洲研究學會叢書。

林志商、黃保國、高宗桂、黃柏銘，2006，〈馬來西亞中醫政策與教育發展現狀〉。《臺灣中醫科學雜誌》1: 2。

林鶴齡、林忠正著，1993，〈台灣地區各族群的經濟差異〉，頁101-160，收錄於張茂桂編，《族群關係與國家認同》。台北：業強。

范揚松，1994，〈客家族群特性與企業家性格之會通與轉化〉，收錄於徐正光主編，《客家文化研討會論文集》。行政院文建會。

施正鋒，2004，《台灣客家族群政治與政策》。台中：新新台灣文化教育基金會／台北：翰蘆圖書出版公司。

施正鋒，2006，《台灣族群政治與政策》。台中：新新台灣文化教育基金會／台北：翰蘆圖書出版公司。

施添福，1987，《清代在台漢人的祖籍分布和原鄉生活方式》，地理研究叢書第15號。台北：臺灣師範大學地理學系。

柯新治，2003，《新新加坡：南海之珠的經濟與社會新動向》。台北：天下遠見。

孫明德，2005，〈徒具資源配方、欠缺藥政管理──中國中藥產業現況與發展困境〉。《台灣經濟研究月刊》28 (6): 86-90。

徐正光主編，2000，《歷史與社會經濟：第四屆國際客家學研討會論文集》。台北：中央研究院民族學研究所。

馬來西亞統計局http://www.statistics.gov.my/portal/index.php?option=com_content&view=frontpage&Itemid=1&lang=en

馬來西亞華人醫藥總會，2007，《馬來西亞華人醫藥總會50周年金禧紀念特

刊》。馬來西亞：馬來西亞華人醫藥總會。

馬歡著，馮承鈞校注，1951，《瀛涯勝覽校注》。台北：商務印書館。

高麗珍，2010，《馬來西亞檳城地方華人移民社會的形成與發展》。台北：臺灣師範大學地理學系博士論文。

崔貴強，1994，《新加坡華人》。新加坡：新加坡宗鄉會館聯合總會。

常夢渠、錢椿濤主編，1996，《近代中國典當業》。北京：中國文史出版社。

張少寬，2003，《檳榔嶼華人史話續編》。馬來西亞：南洋田野研究室。

張典婉，1994，〈客家工商人的文化理念〉。收錄於徐正光主編，《客家文化研討會論文集》。行政院文建會。

張典婉，2004，《台灣客家女性》。台北：玉山社。

張奕善，1994，《東南亞史研究論集》。台北：台灣學生書局。

張維安，2000，〈台灣客家族群的社會與經濟分析〉。收錄於徐正光主編，2000，《歷史與社會經濟：第四屆國際客家學研討會論文集》，頁179-207。台北：中央研究院民族學研究所。

張維安，2000，《臺灣客家族群史產經篇》。南投：臺灣省文獻會。

張維安，2001，〈台灣客家族群的經濟活動〉。頁169-179，收錄於張維安、朱燕華編，《經濟與社會：兩岸三地社會文化分析》。台北：生智。

張維安，2006，〈台灣客家企業家探索：客家族群因素與金錢的運用〉。《客家研究》，第1期第2卷：43-74。

張維安，2007，〈產業經濟篇〉。頁132-151，收錄於徐正光主編，《台灣客家研究概論》。台北：南天書局。

張維安、張容嘉，2009，〈客家人的大伯公：蘭芳共和國的羅芳伯及其事業〉。《客家研究》3 (1): 57-89。

張翰璧，2007，〈新加坡當鋪與客家族群〉。頁89-111，收錄於黃賢強主編《新加坡客家》。江西：江西大學出版社。

張翰璧、張維安，2005，〈東南亞客家族群認同與族群關係：以中央大學馬來西亞客籍僑生為例〉。頁127-154，收錄於《臺灣東南亞學刊》2卷1期。

張翰璧、張維安，2006，〈文化資產的經濟轉化——桃、竹、苗茶產業為例〉。《客家研究輯刊》，第28期：87-95。

張禮千、姚枬，1943，《檳榔嶼志略》。上海：商務印書館。

梁英明，2001，《戰后東南亞華人社會變化研究》。北京：昆侖出版社。

梁純菁，1999，〈客屬會館是創業者的溫床〉。《東南亞區域研究通訊》(7): 31-42。

梁純菁，2000，〈華人企業與東南亞——馬來西亞錫礦家旦斯利張國林先生〉。頁1-38，收錄於賴觀福主編，《客家淵遠流長——第五屆國際客家學研討會論文集（續篇）》。馬來西亞：馬來西亞客家公會聯合會。

梁純菁，2001，〈華人族群關係網絡的國際化〉。《龍岩師專學報》19 (1): 60-63。

梁純菁，2002 ，〈新加坡的族群創業者——獨立前客屬會館的作用〉。頁263-276，收錄於鄭赤琰主編，《客家與東南亞——第三屆國際客家學研討會專輯》。香港：三聯書店有限公司。

梁純菁，2003，〈客家文化與創業精神〉。頁332-345，收錄於崔燦與劉合生主編，《客家與中原文化——國際學術研討會論文集》。河南鄭州：中州古籍出版社。

梁純菁，2004，〈經濟全球化與客家族群：從革命到創業的挑戰〉。頁361-362，收錄於羅勇主編，《贛州與客家世界——國際學術研討會》。江西贛州市：人民日報出版社。

梁淑梅、詹銀華、杜華福，2006，〈馬來西亞中醫現況與發展〉。《臺灣中醫科學雜誌》卷1: 2。

莊英章，2001，〈客家社會與文化：台灣、大陸與東南亞地區的區域比較研究〉。2001年國科會規劃案計劃書。

莊英章、羅烈師，2007，〈家族與宗族篇〉。頁91-110，收錄於徐正光主編，《台灣客家研究概論》，台北：行政院客委會與台灣客家研究學會。

莊國土，2002，《二戰以後東南亞華族社會地位的變化》。廈門：廈門大學出版社。

陳介玄，1994，《協力網絡與生活結構》。台北：聯經。

陳志明，1990，〈華裔和族群關係的研究──從若干族群關係的經濟理論談起〉。《中央研究院民族學研究所集刊》69: 1-26。

陳國棟，2000，《東亞海域一千年》。台北：遠流。

陳慈玉，1984年12月，〈以中印英三角貿易為基軸探討十九世紀中國的對外貿易〉。共42頁，收錄於中央研究院三民主義研究所編，《中國海洋發展史論文集》。台北：中央研究院三民主義研究所。

陳美華，2006，〈族群、歷史與認同：以馬來西亞客聯會的發展為探討〉。頁27-74，收錄於《東南亞研究的反省與展望：全球化與在地化研討會》。台南：國立成功大學政治學系暨東南亞研究中心。

陳運棟，1983，《客家人》。台北：聯亞出版社。

陳運棟，1991，《臺灣的客家禮俗》。台北：台原。

陳運棟，2000，〈臺灣客家研究的考察〉。頁45-79，收錄於《歷史與社會經濟：第四屆國際客家學研討會論文集》。

麥留芳，1985，《方言群認同：早期星馬華人的分類法則》。中研院民族所專刊乙種第14號。台北：中央研究院民族學研究所。

麥留芳，1985，《星馬華人私會黨的研究》。台北：正中書局。

黃文斌，2007，〈論析吉隆坡華人社區的形成與客家人的參與〉。收錄於《馬來西亞客家學學術會議：落地與生根》。查詢自http://blog.360.yahoo.com/blog-VkkdPUU2aaO_pvqIzlz.BxIh?p=187。

黃存燊撰，張清江譯，1965，《華人甲必丹》。新加坡：國家語文局。

黃枝連，1970，《新加坡華族行業史調查報告研究：新加坡當業發展》。新加坡：南洋大學歷史系。未出版手稿。

黃枝連，1971，《新加坡華族行業史調查報告研究：新加坡華人中藥行業史》。新加坡：南洋大學歷史系。未出版。

黃毅志、張維安，1999，《台灣客家族群史產經篇》，附錄〈台灣閩南與客家的社會階層之比較分析〉。台灣史文獻會。

黃傑明，2005，〈客家研究史略〉。頁61-64，收錄於《中華文化論壇》。

黃榮洛，2000，《臺灣客家民俗文集》。新竹縣竹北市：竹縣文化局。

黃蘭翔（與陳國偉共著），2000，〈南洋華城市初期發展中的歷史性華人「公司」之空間形構──馬來西亞檳城的案例研究〉。收錄於《東南亞的變貌》，中央研究院東南亞區域研究計畫。

黃蘭翔，2003a，〈麻六甲（滿剌加）國創立與東南亞都市雛形之出現〉。*Southeast Asia Research Paper*, No. 63。

黃蘭翔，2003b，〈麻六甲伊斯蘭王國的瓦解與西方殖民城市的誕生〉。《亞太研究通訊》20: 1-27。

單純，2002，〈略論海外華人經濟〉。收錄於《海外華人研究論集》。中國：中國社會科學出版社。

曾玲、莊英章合著，2000，《新加坡華人的祖先崇拜與宗鄉社群整合──以戰後三十年廣惠肇碧山亭為例》。台北：唐山。

曾恕梅，1993，《十八、十九世紀東南亞「華人公司」型態之研究：以西婆羅洲與新馬地區為例》。台南：國立成功大學歷史研究所碩士論文。

曾嬿芬，2001，〈族群資源與社會資本：洛杉磯華人創業過程的研究〉。頁263-295，收錄於張維安編，《台灣的企業：組織結構與國家競爭力》。台北：聯經。

曾嬿芬，1997，"Ethnic Resources as Forms of Social Capital"。《台灣社會學研究》1: 169-205。

曾嬿芬，1997，〈居留權商品化：台灣的商業移民市場〉。《台灣社會研究季刊》27: 37-67。

曾嬿芬，2001，〈族群與經濟〉。頁157-167，收錄於朱燕華、張維安編著，《經濟與社會──兩岸三地社會文化的分析》。台北：生智出版。

雲愉民，1931，《新加坡瓊僑概況》。海口：海南書局。

費信，1436，《星槎勝覽》。台北：商務印書館。

業華芬，2007，〈馬六甲華人史〉。頁59-72，收錄於張清江編，《新馬華人史譯叢》。新加坡：青年書局。

新加坡口述歷史檔案館 http://www.a2o.com.sg

新加坡統計局 http://www.singstat.gov.sg/

新加坡當商公會http://www.singpawn.org/index.cfm?lang=ch

楊長鎮，2007，〈認同的辯證——從客家運動的兩條路線談起〉。頁705-744，收錄於施正鋒編，《國家認同之文化論述》。台北：台灣國際研究學會。

楊進發，1996，〈本世紀初新加坡大埔邑人的文教與政治事業〉，收錄於潘明智編著，《華人社會與宗鄉會館》。新加坡：玲子大眾傳播中心。

楊肇遇，1973，《中國典當業》。台北：臺灣商務。

楊慶南，1989，《新加坡華僑概況》。台北：正中書局。

葉祥松，2001，〈略論東南亞華人經濟〉。《當代亞太》8: 51-56。

葛蘇珊著，張必蕙譯，1994，〈家族與社會網絡在台灣經營發展中的作用〉。收錄於《台灣政治經濟學諸論辯析》。台灣：人間。

齊力、林本炫編，2005，《質性研究方法與資料分析》。嘉義：南華教社所。

劉文榮，1988，《馬來西亞華人經濟地位之演變》。台北：世華經濟出版社。

劉宏，2003，《戰後新加坡華人社會的嬗變：本土情懷、區域網絡、全球視野》。廈門：廈門大學出版社。

劉宏、張慧梅，2007，〈原生性認同，祖籍地聯繫與跨國網絡的建構：二次戰後新馬客家人與潮州人社群之比較研究〉。《台灣東南亞學刊》(4): 31-56。

劉宏、黃堅立主編，2002，《海外華人研究的大視野與新方向——王賡武教授論文選》。台北：八方文化企業公司。

劉秋根，1995，《中國典當制度史》。上海：上海古籍出版社。

劉還月，1999，《台灣的客家族群與信仰》。台北：常民文化。

潘美玲，2008，〈印度加爾各答（Tangra）客家族群的經濟與社群存續〉。頁1-26，收錄於《第二屆臺灣客家研究國際研討會》。新竹：國立交通大學客家文化學院。

鄭資約，1972，《東南亞地理志略》。台北：正中書局。

澤西（Alex Tosey）原著，顧效齡、蘇瑞烽合譯，1985，《創造奇蹟的新加坡》。台北：長河出版社。

蕭新煌、林開忠、張維安，2007，〈東南亞客家篇〉。頁563-581，收錄於徐正光主編，《台灣客家研究概論》。台北：南天書局。

蕭新煌、張維安、范振乾、林開忠、李美賢、張翰璧，2005，〈東南亞的客家會館：歷史與功能的探討〉。《亞太研究論壇》，28期，頁185-219。台北：中央研究院亞太區域研究專題中心。

蕭新煌等，2009，《苗栗園區——東南亞客家研究先期計劃成果報告書》。台北：中央研究院亞太區域研究專題中心。

蕭靜淑，2003，《砂拉越興化族群行業發展史之研究（1912-1990）》。台北：淡江大學東南亞研究所碩士論文。

錢鉑，2006，〈大膽打造典當新形象〉，收錄於方桂香主編，《堅韌走過漫漫歲月：新加坡傳統企業的傳承故事》。新加坡：創意圈出版社。

戴寶村、溫振華，1998，《大臺北都會圈客家史》。台北：台北市文獻委員會。

謝國興，2001，〈台南幫的家族網絡〉。收錄於張維安、朱燕華編著，《經濟與社會：兩岸三地社會文化的分析》。台北：生智文化。

鍾臨杰，1998，〈西馬華族人口變遷〉。頁197-234，收錄林水檺等編，《馬來西亞華人史新編（第一冊）》。馬來西亞：馬來西亞中華大會堂總會。

韓方明，2002，《華人與馬來西亞現代化進程》。北京：商務印書館。

檳州中華總商會編，1978，《檳州中華總商會鑽禧紀念特刊》。檳城：檳州中華總商會。

藍佩嘉，2001，〈傳銷個案：人際網絡與經濟活動的相互鑲嵌〉。頁9-100，收錄於朱燕華、張維安編著，《經濟與社會：兩岸三地社會文化的分析》。台北：生智文化。

顏清湟，1962，《森美蘭史》。新加坡：世界書局。

顏清湟，1963，《雪蘭莪史》。新加坡：國家語文局。

顏清湟，1992，《海外華人史研究》。新加坡：新加坡亞洲研究學會。

顏清湟，2002，〈主題演講：東南亞歷史上的客家人〉。頁2-13，收錄於鄭赤琰編，《第三屆國際客家學研討會專輯：客家與東南亞》。香港：三聯書店（香港）有限公司。

顏清湟，2005，〈一百年來馬來一閒的華人商業（1904-2004）〉。收錄於顏清煌著，《海外華人的社會變革與商業成長》。廈門：廈門大學出版社。

顏清湟，2005，《海外華人的社會變革與商業成長》。廈門：廈門大學出版社。

顏清湟，2007，《從歷史角度看海外華人社會變革》。新加坡：新加坡青年書局。

顏清湟，2008，《東南亞華人之研究》。北京：北京大學華僑華人研究中心。

顏清湟，2008，《穿行在東西文化之間：一位海外華人學者兼社會活動家的回憶錄》。北京：北京大學華僑華人研究中心。

顏清湟，2008，《海外華人與工商企業》。廈門：廈門大學出版社。

顏清湟，2010，《海外華人的傳統與現代化》。新加坡：八方文化。

顏清湟著，李恩涵譯，1982，《星馬華人與辛亥革命》。台北：聯經出版。

顏清湟著，栗明鮮、賀躍夫譯，1990，《出國華工與清朝官員》。北京：中國友誼出版社。

顏清湟著，栗明鮮譯，1991，《新馬華人社會史》。北京：中國華僑出版社。

顏清湟著，陳翰譯，1996，〈新馬早期客家方言組織，1800-1900〉，收錄於潘明智編著，《華人社會與宗鄉會館》。新加坡：玲子大眾傳播中心。

羅英祥，2005，《飄洋過海的客家人》。河南：河南大學出版社。

羅香林，1979（1933），《客家研究導論》。台北：古亭書屋印行。

羅香林，1989（1950），《客家源流考》。北京：中國華僑出版。

羅家德，2001，〈人際關係連帶、信任與關係金融：以鑲嵌性觀點研究台灣民間貸款〉。收錄於張維安編，《台灣的企業組織結構與競爭力》。台

北：聯經。

羅烈師，2007，〈宗教信仰篇〉。頁179-201，收錄於徐正光主編，《台灣客家研究概論》。台北：南天書局。

羅肇錦，1990，《台灣的客家話》。台北：台原。

饒尚東，1995，《落地生根：海外華人問題研究文集》。馬來西亞：砂拉越華族文化協會。

饒靖中，1965，《海外埔人工商概覽》。香港：大亞出版社。

龔伯洪編著，2003，《廣府華僑華人史》。廣東：廣東高等教育出版社。

龔宜君，1997，〈東南亞華人經濟成就與跨國商業網絡初探〉。中研院東南亞區域研究計劃，東南亞研究論文系列第六號。

其他文章散見於：

英國劍橋大學Modern Asian Studies（SSCI）

新加坡國立大學Journal of Southeast Asian Studies（SSCI）

南洋學報

Official document（官方檔案）

CO273/257, Straits Settlements Original Correspondence (1838-1900).

CO273/406, Straits Settlements Original Correspondence (1838-1900).

國家圖書館出版品預行編目（CIP）資料

東南亞客家及其族群產業 / 張翰璧著 . -- 初版 . --
桃園縣中壢市：中央大學出版中心；臺北市：
遠流 , 2013.12
　面；　公分
ISBN 978-986-03-9172-5（平裝）

1. 客家 2. 產業 3. 東南亞

536.211　　　　　　　　　　　　102024210

東南亞客家及其族群產業

著者：張翰璧
執行編輯：許家泰
編輯協力：黃薰儀

出版單位：國立中央大學出版中心
　　　　　桃園縣中壢市中大路300號 國鼎圖書資料館3樓

　　　　　遠流出版事業股份有限公司
　　　　　台北市南昌路二段81號6樓

發行單位／展售處：遠流出版事業股份有限公司
地址：台北市南昌路二段81號6樓
電話：(02) 23926899　傳真：(02) 23926658
劃撥帳號：0189456-1

著作權顧問：蕭雄淋律師
法律顧問：董安丹律師

2013年12月 初版一刷
行政院新聞局局版台業字第1295號
售價：新台幣400元

YL**ib**－遠流博識網 http://www.ylib.com E-mail: ylib@ylib.com